송강스님의 벽암록 강설

碧 巖 録

上권 1~29칙

벽암록 강설을 펴내며

참선(參禪)은 모든 수행 가운데 으뜸입니다. 오직 큰 의심인 화두(話頭) 하나만 참구(參究)하면 되기 때문입니다. 그러나 잘못된 방법으로 화두참구를 하면 크게 그릇될 수 있습니다. 그래서 선지식(善知識)의 지도나 참된 선어록(禪語錄)의 도움이 필요합니다.

『벽암록(碧巖錄)』은 깨달음에 이른 선사(禪師)들의 마음이 응집된 선어록(禪語錄)의 최고봉입니다. 참선 수행자가 『벽암록(碧巖錄)』을 만나는 것은 천운(天運)입니다. 깨달음에 이르는 가장 빠른 지름길을 만난 것과 같기 때문입니다.

1992년 주지 소임을 맡으면서부터 매주 참선 수행을 하는 모임을 만들어 지금까지 불자들과 함께 정진해 왔습니다. 선문답(禪問答)을 통해 올바른 참선 수행법을 제시하고, 이어 좌선(坐禪) 실참(實參)을 통해 각자가 스스로 화두를 타파하는 기회를 제공코자 하였습니다. 그때의 교재가 『벽암록(碧巖錄)』이었습니다.

2021년 불교신문사의 요청에 따라 2년 넘게 〈벽암록 맛보기〉라는 제목으로 연재를 하였는데, 지면 관계 등으로 간략하게 정리한 내용을 실었습니다. 연재가 끝난 뒤 불교신문에 연재하였던 원고로 한지본(韓紙本) 〈벽암록 맛보기〉 10권을 출간한 바 있습니다. 그러나 그것으로 공부하던 참선 수행자들이 참선법회에서 강설했던 내용을 그대로 간행해 주었으면 하는 요청이 있었습니다. 그래서 보강된 내용으로 양장본 세 권짜리 『벽암록(碧巖錄)』을 간행하게 되었습니다.

『벽암록(碧巖錄)』은 설두 중현(雪竇重顯)선사께서 1700 공안 가운데 가려 뽑은 〈본칙(本則)〉 100가지에, 선사께서 직접 지은 〈송(頌)〉을 붙인 것이었습니다. 뒷날 원오 극근(圓悟克勤)선사께서 각 본칙의 방향을 제시하는 〈수시(垂示)〉와 본칙과 송에 대한 해설인 〈평창(評唱)〉 및 경각심을 갖게 하는 짧은 말인 〈착어(着語)〉를 붙여 유통시켰습니다.

참선법회에서 『벽암록(碧巖錄)』을 함께 공부할 때에 원오선사의 〈평창(評唱)〉과 〈착어(着語)〉 대신 송강(松江)의 설명 또는 질문으로 진행하였습니다. 이번에 간행되는 양장본은 공부했던 그대로를 실었습니다.

　참선 공부에서의 설명은 실참(實參)을 유도하기 위한 선교방편(善巧方便)입니다. 그러므로 완전하게 풀이하는 것이 아니라 의심을 일으키게 하는 데 목적이 있습니다. 따라서 설명은 간략하게 하였고, 의심을 남겼습니다. 아무쪼록 이번에 간행하는 『벽암록(碧巖錄)』을 벗 삼아, 자신의 근본문제를 해결하여 해탈하시길 간절히 바랍니다.

2025년 여름 안거 중에 개화산방에서
시우 송강(時雨松江) 합장

시우 송강
時雨 松江

- 한산 화엄(寒山華嚴)선사를 은사로 득도
- 화엄, 향곡, 성철, 경봉, 해산, 탄허, 석암 큰스님들로부터 선(禪), 교(敎), 율(律)을 지도 받으며 수행
- 중앙승가대학교에서 5년에 걸쳐 팔만대장경 일람(一覽)
- BBS 불교라디오방송 '자비의 전화' 진행
- BTN 불교TV방송 '송강 스님의 기초교리 강좌' 진행
- 불교신문 '송강 스님의 백문백답' '송강 스님의 마음으로 보기' '다시 보는 금강경' '벽암록 맛보기' '반야심경 강설' 연재
- 『금강경』 시리즈, 『다시 보는 금강경』, 『경허선사 깨달음의 노래(悟道歌)』, 『신심명(信心銘)』, 『초발심자경문』, 『도를 깨달은 노래 증도가』, 『벽암록 맛보기』, 『독송용 관음경』, 『완전히 새롭게 쓴 부처님의 생애』, 『백문백답』, 『마음으로 보기』, 『나의 사랑 나의 스승 한산화엄』, 『인도 성지 순례』, 『미얀마 성지순례』, 『발칸·동유럽 문화 탐방기』, 『영상화두 1권 꽃을 들다』, 『영상화두 2권 말·침묵 그리고 마음』, 『영상화두 3권 칼의 사랑』 출간
- 서울 강서구 개화산(開花山) 개화사(開華寺) 창건
- 현재 개화사 주지로 있으며, 인연 닿는 이들이 본래 면목을 깨달을 수 있도록 기초교리로부터 선어록에 이르기까지 다양한 강좌를 진행하고 있으며 차, 향, 음악, 정좌, 정념 등을 활용한 법회들을 통해 마음 치유와 수행을 지도하고 있음

차 례

선(禪)과 친해지기

1. 선(禪)과 교(敎)

불교는 부처님의 마음과 행을 보여주는 가르침이며, 그 가르침을 통해 스스로도 부처가 되게 하려는 종교이다. 그러므로 불교에서는 단순히 학문적으로 접근하는 것을 기특하게 보지 않는다. 부처가 되는 것이 쉽지 않으므로 처음에는 부처님을 닮는 것으로 시작하되, 결국에는 부처가 되는 것만을 참답게 여긴다.

흔히 선(禪)은 부처님의 마음이요 교(敎)는 부처님의 말씀이라고 한다. 다시 말해 선은 곧바로 부처님의 마음과 만나려는 행위이고, 교는 부처님의 마음을 설명한 것이면서 동시에 그 마음을 찾아가는 방법을 설명한 것이다. 깨닫기 전에는 아무도 부처님의 마음을 알 수가 없다. 그러므로 준비 없이 아무렇게나 부처님의 마음을 만나러 나서면[무조건 좌선(坐禪)만을 하는 것] 길을 잘못 들기 십상이기에 교(敎)를 겸

해야 한다. 또 설명 듣는 것에만 만족하고[경론(經論)을 이론적으로만 연구하는 것] 부처님의 마음을 만나려 나서지 않으면 뜬구름만 붙들고 있는 격이니 선(禪)을 겸하지 않으면 안 된다. 실제로 수행을 해보면 선(禪)과 교(敎) 둘은 떨어져 있는 것이 아님을 알게 된다.

2. 선(禪)의 전래와 간화선(看話禪)의 확립

부처님은 세 번에 걸쳐 가섭존자에게 마음을 전하셨다고들 얘기한다. 물론 이것은 후학들에 의해 정리된 말이다. 그러나 그만한 근거를 가지고 얘기하는 것이니만큼 무시할 성질도 아니다. 그렇다고 마음이라는 것이 어떤 물체처럼 전해주고 받을 수 있다는 망상을 일으키면 정말 엄청난 불행이 벌어진다.

선(禪)이 부처님으로부터 비롯된다는 것이야 말할 것도 없지만, 우리에게 익숙한 것은 달마조사(達摩祖師)로부터 비롯되는 중국선풍(中國禪風)이다. 인도의 선풍(禪風)이 사유(思惟)의 성격이 강했다면 중국의 선풍(禪風)은 직관적(直觀的)인 성격이 강하다고 할 수 있다. 물론 중국 선사(禪

師)들 중에 사유(思惟)의 성격이 강한 분들이 있긴 하지만 주류(主流)에서 빗겨나 있다고 볼 수 있다. 우리나라도 직관적인 선풍이 강한데, 비록 가장 뛰어난 방법이긴 하지만 단점을 꼽자면 접근하는 데 다소 어려움을 겪는 경우가 많다는 것이다. 그래서 요즘 일반인들이 사유의 성격이 강한 인도적 수행법을 더 쉽게 생각하고 따르는 경향이 나타나는 것이다.

달마조사(達摩祖師)로부터 비롯되는 중국의 선가(禪家)는 점차 공안(公案=話頭)을 중시하게 되고 이윽고 그 공안을 참구하는 간화선풍(看話禪風)이 형성된다. 어떻게 보면 간화선풍은 화두(話頭)만 두고 사유(思惟)가 붙을 자리를 없애 버린 셈이다. 오로지 화두라는 의심뭉치(疑團)만을 두는 것이다. 닭이 계란을 품듯이 그 화두를 품고 가는 것을 간화(看話)라고 표현한다. 그러니 더더욱 어렵다고 생각하는 이들이 많을 것이다. 흔히 이를 은산철벽(銀山鐵壁)으로 표현하기도 한다. 언어로도 생각으로도 도저히 통할 수 없어서 오도 가도 못하는 절박한 경계를 일컫는 말이다. 하지만 아무리 강한 벽일지라도 다 허물어지게 되어 있다. 다만 허물어질 때까지 부딪치지 않기에 그 벽을 부수지 못하는 것이다.

3. 화두(話頭)의 뜻과 공부하기

화두란 무엇이며 어떻게 공부해야 할까? 화두(話頭)는 선종(禪宗)에서 고칙(古則)·공안(公案)이라고도 한다. 공안은 공부안독(公府案牘)의 약칭으로, 옛날 국가에서 확정한 법률안으로서 국민이 준수해야 할 사안(事案)을 뜻하는 말이다. 선가(禪家)에서는 조사(祖師)들의 말씀이나 문답 등 부처님·조사님과 인연된 핵심적인 글귀를 수록하여 공안이라 하고, 선(禪)의 과제로 삼아 인연화두(因緣話頭)라고 했으며, 줄여서 화두라고 한 것이다.

화두 공부에서 뭘 어떻게 해야 하는지 막막해하는 사람들이 많다. 여기 간단하게 단계를 설명해서 공부에 도움이 되도록 한다.

(1) 의정(疑情 – 의심을 일으킴)

첫째로 화두에 대해 의심하는 마음을 일으켜야 한다. 간절한 의심이 없이 그냥 화두를 암송하듯 하는 것은 아무 효과도 없다. 의심을 일으키는 첫 단계는 법문을 듣다가 혹은 어록이나 경을 보다가 단어나 문장의 뜻은 알겠으나 숨은 뜻은 도저히 모르겠다고 생각되는 것을 택하면 된다. "도대체 이게 무슨 뜻인가?" 혹은 "왜 그렇게 말씀하셨을까?"로 시작하면 될 것이다. 정말로 참선 공부를 하고 싶다면 그 의문을 여기저기 물어보지 말고 직접 뚫고 나가보라는 것이다.

(2) 의단(疑團 - 의심덩어리)

공부를 계속하다 보면 의심이 모였다가 흩어졌다가 한다. 그래도 꾸준히 밀어붙이면 점차 의심이 하나의 덩어리가 되어 흩어지지 않게 된다.

(3) 의단독로(疑團獨露 - 의단이 홀로 드러남)

비록 의심이 하나의 덩어리가 되긴 했지만 이것이 계속되지 못하고 자꾸 끊어져 버리는 일이 생긴다. 그렇더라도 포기하지 않고 집중하노라면, 의단이 완전히 계속되는 단계에 이른다. 이때는 의심덩어리(疑團)만 남게 된다.

(4) 은산철벽(銀山鐵壁 - 꽉 막힘)

의심덩어리만 남은 상태가 지속되다가, 어느 순간 더 이상 언어나 생각이 미칠 수 없는 오갈 수 없는 경계가 된다.

(5) 화두타파(話頭打破 – 툭 터짐)

은산철벽의 상태가 지속되다가 기연(奇緣 – 특별한 인연 또는 계기)을 만나면 은산철벽이 무너지고 모든 것이 환하게 드러나는 깨침의 경지에 이른다.

보리달마 조사 – 오대산 대문수전

벽암록(碧巖錄)은 어떤 책인가?

　공부하는 사람이 벽암록을 처음 대하면 대개 고압 전기에 감전된 것과 같은 충격을 받는다. 그 충격은 사실 엄청난 행운과 만났음을 뜻한다. 제대로 충격을 받은 사람은 공부하지 않고는 배겨내질 못한다. 만약 그 길로 선(禪)과 담을 쌓게 되는 사람이 있다면 충격을 어설프게 받았기 때문이다.

　간화선(看話禪)이라고 하면 참 어렵다고 생각하는 이들이 많은 것 같은데, 그것은 공부법을 몰라서 그럴 뿐이다. 그리고 대개는 의심하는 것 자체를 잘 모르고 있기 때문이기도 하다. '의심'을 다른 교학에서는 번뇌로 보는데, 그때의 의심은 끝없이 흔들리는 생각을 말하는 것이다. 간화선에서의 의심은 '본질(주인공主人公)'에 대한 의심이다. 이 의심은 생각으로 헤아리는 것을 가리키는 것이 아니라 '마주 대함'을 뜻한다. 면벽(面壁 – 벽을 마주함)이라고 할 때의 '벽'이 화두라면 '면(面 – 마주함)'이 곧 간화선에서의 의심이다. 그러니 의

심만 제대로 된다면 그 어떤 공부보다도 수월한 것이기도 하다. 왜냐하면 교학을 통한 공부는 나아갈수록 복잡해지는 경향이 있어서, 나중에는 이론에 갇혀 버릴 수도 있기 때문이다. 반면에 화두 공부는 진행될수록 단순해진다.

그런데 옛 수행자들도 이 공부에서 어려움을 느낀 것은 마찬가지였다. 그래서 역대의 고승들은 후학들을 위한 지침서를 만들려고 무진 노력을 했던 것이다. 바로 엄청난 분량의 선어록이 그것을 증명하고 있다. 그 수많은 선어록 가운데 정수라고 할 수 있는 것이 벽암록이며, 우리는 이 벽암록을 통해서 이제 선(禪)의 세계로 들어갈 것이다.

벽암록 본문으로 들어가기 전에 우선 이 책이 어떤 책이며 또 어떻게 만들어졌는지를 살펴보자.

1. 벽암록이 만들어진 내력

(1) 설두 중현선사의 송고백칙(頌古百則)

벽암록은 설두 중현선사에게서 비롯된다. 선사는 처음 『경덕전등록(景德傳燈錄 – 과거칠불過去七佛에서 석가모니불을 거쳐 달마조사達摩祖師에 이르는 인도 선종禪宗의 조사

祖師들과, 달마조사 이후의 법제자들에 이르기까지의 중국선종의 전등법계傳燈法系를 밝힌 책으로 30권의 방대한 분량임)』의 1700고칙(古則 - 조사들이 남긴 언행 중에서 후세에 귀감이 될 만한 것) 가운데서 가장 중요하다고 생각한 100가지를 가려내고, 여기에 송고(頌古 - 고칙古則에 송頌을 붙였다는 뜻임. 즉 화두話頭에 시로 총평을 한 것)를 더했다. 이를『설두송고(雪竇頌古)』라고 하며, 뒷날『벽암록(碧巖錄)』의 모체가 되었다.

설두 중현(雪竇重顯 : 980-1052)선사는 어릴 때 부모를 여의고 출가하여, 처음에는 성도 보안원(成都普安院)의 인선(仁銑)스님과, 지문 광조(智門光祚)선사에게 사사하였다. 지문선사의 법을 이어받아 소주(蘇州) 취봉사(翠峰寺)와 항주(杭州) 영은사(靈隱寺)에서 머물다가, 만년의 31년간은 명주(明州 - 지금의 절강성浙江省 봉화현奉化縣) 설두산(雪竇山) 자성사(資聖寺)에 주석(主席)하였다. 스님의 법호는 바로 이 설두산에서 비롯된 것이다.

스님의 법맥을 보면 육조 혜능(六祖慧能) - 남양 혜충(南陽慧忠) - 청원 행사(靑原行思) - 석두 희천(石頭希遷) -

천황 도오(天皇道悟) - 용담 숭신(龍潭崇信) - 덕산 선감
(德山宣鑑) - 설봉 의존(雪峰義存) - 운문 문언(雲門文偃)
- 향림 징원(香林澄遠) - 지문 광조(智門光祚) - 설두 중현
(雪竇重顯)으로 이어진다. 따라서 중국 선종 가운데 운문종
(雲門宗)에 속한다.

스님은 시문(詩文)에도 뛰어나『설두칠부집(雪竇七部
集)』이라는 유명한 저술을 남겼으며, 그 밖의 저서로『설두
송고(雪竇頌古)』『조영집(祖英集)』『어록(語錄)』등이 있
다.

(2) 원오 극근선사의 수시 · 평창 · 착어

송대(宋代)의 원오 극근(圜悟克勤)선사는 설두 중현(雪
竇重顯)선사의 송고백칙(頌古百則)에 다시 수시(垂示) · 착
어(着語) · 평창(評唱)을 붙여서 후학들을 가르쳤는데, 그 장
소에 대해서도 여러 설명이 있다. 종합해 보면, 성도(成都)
의 소각사(昭覺寺), 호남의 협산사(夾山寺)와 도림사(道林
寺) 등에서 지도한 것 같다. 보조(普照)스님의 후서(後序)에
는 협산의 영천원(寧泉院)에 머물면서 수시(垂示) · 평창(評

唱)·착어(著語)를 붙였다고 하였다.

원오선사의 지도를 받은 문인들이 뒷날 그 강의록을 모아 『벽암록(碧巖錄)』이라고 이름 붙였는데, '벽암(碧巖)'은 협산의 영천원(寧泉院) 방장실(方丈室) 편액이었다. 이 편액을 법문집의 제목으로 쓴 것은, 원오선사가 이 방장실에 머물면서 가르침을 편 것을 상징한다고 볼 수 있다.

협산의 영천원(寧泉院)은 선자 덕성선사(船子德誠禪師)의 법을 이은 협산 선회선사(夾山善會禪師, 805~881)가 창건하여 초대 방장으로 주석했던 곳이다. 선사는 당나라 말기의 혼탁한 사회상을 싫어하여 깊은 산속으로 들어가 농사와 선 수행을 겸한 것으로 유명하다. 영천원에 머물던 어느 날 한 스님이 찾아와 문답을 하게 되었다.

"무엇이 협산의 경치(夾山景)입니까?
(어떤 것이 스님의 경지입니까?)"
"원숭이는 새끼를 품은 채 푸른 산봉우리로 돌아가고
(원포자귀청장리猿抱子歸靑嶂裏),
새는 꽃을 물어다 이끼 낀 푸른 바위 앞에 떨어뜨린다

(조함화락벽암전鳥啣花落碧巖前).”

‘벽암(碧巖)’은 바로 이 문답에서 유래한 것이라고 한다.

원오 극근선사(圜悟克勤 : 1063-1135)는 팽주 숭녕(彭州崇寧 - 사천성 성도) 출신이다. 어려서 출가하여 뒷날 오조 법연(五祖法演 : ?-1104)선사의 법을 이었다. 불과(佛果)라는 법호는 생전에 북송의 휘종황제로부터 받았고, 원오(圜悟)라는 법호는 입적 후 남송의 고종황제로부터 받은 것이다. 문하에는 항상 천여 명의 수행자가 있었으며, 그중 대혜 종고(大慧宗杲)스님과 호구 소륭(虎丘韶隆)스님이 유명하다.

스님의 법맥을 보면 육조 혜능(六祖慧能) - 남악 회양(南嶽懷讓) - 마조 도일(馬祖道一) - 백장 회해(百丈懷海) - 황벽 희운(黃檗希運) - 임제 의현(臨濟義玄) - …… - 원오 극근(圜悟克勤)으로 이어진다.

따라서 중국 선종 가운데 임제종(臨濟宗)에 속한다.

2. 벽암록의 전승

원오선사가 입적한 후에 그 문인들이나 후학들이 이 벽암록을 그대로 암송하여 마치 자기의 경지인 것처럼 흉내를 내는 등, 벽암록을 악용하여 궤변을 일삼는 일이 벌어졌다. 이를 안타깝게 생각한 원오선사의 수제자격인 대혜 종고(大慧宗杲)선사가 근본종지에 위배된다고 하여 『벽암록(碧巖錄)』을 불살라버렸다. 그로부터 200여 년이 지나 원(元)의 장명원(張明遠)거사가 여러 곳에 비밀리 전해오던 것들을 모아 참작하여 다시 『종문제일서 원오벽암집(宗門第一書 圜悟碧巖集)』으로 간행하였다.

3. 벽암록의 구성

벽암록은 총 10권으로 된 선어록(禪語錄)이다.

부처님께서 말씀하신 내용을 기록한 것이 경(經)이고(육조단경六祖壇經 등의 예외도 있음), 훌륭한 스님들 말씀을 기록한 것이 어록(語錄)이다. 이 어록 중에서 특히 참선 수행에 지침이 되는 선사(禪師)들의 가르침을 모은 것이 선어록(禪語錄)인데, 『벽암록(碧巖錄)』은 선어록(禪語錄) 중에서 간화선풍(看話禪風)을 가장 잘 드러낸 것이라고 할 수 있다.

『벽암록(碧巖錄)』은 다음과 같이 구성되어 있다.

(1) 고칙제목(古則題目)

『벽암록(碧巖錄)』은 여러 판본으로 전하는데, 세밀하게 분석하면 약간의 차이점이 있다. 그러나 그것은 본질적인 문제가 아니므로 종합적으로 받아들이면 좋을 것이다. 그 대표적인 것이 각 칙의 이름인데, 본래 제목이 없는 것을 편의상 본칙에서 뽑은 것이니만큼 어떤 이름이라도 상관이 없는 것이다. 예컨대 제1칙의 이름이 판본에 따라 '달마확연무성(達摩廓然無聖)', '달마불식(達摩不識)', '무제문달마(武帝問達摩)' 등으로 전하는데, 그 내용은 동일한 것이다.

(2) 수시(垂示)

본칙(本則)에 들어가기 전에 한 일종의 문제제기이면서 인도하는 말이라고 할 수 있다. 보통 큰스님들이 법문을 하실 때, 그날 법문의 방향을 잡아가는 내용으로도 볼 수 있다. '수시운(垂示云)'으로 시작한다. 원오선사의 기질을 엿볼 수 있는 곳이다.

(3) 본칙(本則)

공안 백칙은 벽암록의 핵심이다. 깨달음의 경지를 바로 보여주는 곳이다. 설두 중현선사가 탁월한 안목으로『경덕전등록(景德傳燈錄)』의 방대한 분량 중에서 가려 뽑은 백 가지가 소개된다.

(4) 평창(評唱)

본칙(本則)과 송(頌)에 대한 원오선사의 자세한 설명이다. 원오선사의 해박함이 잘 드러난 곳이다.

(5) 송(頌)

설두 중현선사가 본칙에 대한 자신의 지견을 바로 보인 곳이다.

(6) 착어(着語)

원오 극근선사가 벽암록 공부하는 사람들로 하여금 경각심을 갖게 하기 위해 한두 마디 말을 붙인 것이다. 원오선사의 날카로움이 보이는 곳이다.

곤명의 용문龍門
2,300m 높이 용문
은 해탈을 꿈꾸는
곳이라 할 수 있다

세상에는 구속을 꿈꾸는 사람들이 훨씬 더 많다
중국 연인들의 약속, 자물쇠 풍경

일러두기

- 이 책에서는 '본칙(本則)'과 설두선사의 '송(頌)' 그리고 원오선사의 '수시(垂示)'를 중심으로 하여 살펴보려고 한다.
- 이 책에서는 다음과 같은 방식으로 접근했다. 우선 원문에 우리말 음을 붙여 읽을 수 있게 했다. 다음엔 철저히 분석하고, 이어 주석을 가능한 자세히 붙였다. 그 다음으로 원문을 현대식으로 번역했고, 이어서 숨은 뜻을 자세히 해석하였다.
- 누구나 이 모든 것을 소화하라는 뜻이 아니다. 본인이 접근할 수 있는 부분만 접근하면 된다.

제1칙

달마확연무성
(達摩廓然無聖)

달마스님의 '넓고 텅 비어 성스러울 것 없음'

松江

제1칙은 중국선종의 초조인 달마대사와 불심천자(佛心天子)라고 불렸던 양나라 무제와의 대화를 선택했다. 세속적인 관념과 그 관념을 초월해 버려서 관념이랄 것이 없는 경지를 대비시켜 보여 주는 공안이다.

벽암록 공안 100가지는 제목이 정해져 있는 것이 아니다. 따라서 전하는 책마다 제목이 다를 수 있다. 필요에 따라 본문에서 뽑아 쓴 것이기 때문이다.

　　제1칙의 제목이 다른 판본에서는 '달마불식(達摩不識-달마스님의 '모름')' 또는 '무제문달마(武帝問達摩-양무제가 달마스님께 묻다.)'로도 되어 있다. 그것은 제1칙이 달마대사와 양무제가 만났을 때의 대화를 통해 무엇이 문제인지를 제시하고 있는 것이기에 '양무제가 달마스님께 묻다'라고 해도 되며, 양무제의 질문에 달마대사께서 '모른다(불식不識)'고 답한 것이 있기에 그것을 제목으로 뽑은 것이다.

　　지금 사용한 제목에서 '확연(廓然)'이란 완벽한 깨달음의 경지를 뜻하는 말이며, 모든 분별을 다 넘어서 버린 경지이다. 그 경지에 이르면 추하다거나 성스럽다고 할 것(聖)이 따로 없다(無). 그러나 정말 주의할 것은 본인의 위치는 망상의 진흙탕에서 뒹굴면서, 귀동냥한 것만으로 이런 말을 함부로 뇌까려서는 안 된다는 것이다. 그것이야말로 정법을 훼손하는 것이며, 자신의 업만 점점 더 참혹하게 하는 것이다.

隔山見煙하면 早知是火하고 隔牆見角하
격 산 견 연　　　조 지 시 화　　　격 장 견 각

면 便知是牛라 擧一明三하고 目機銖兩
변 지 시 우　　거 일 명 삼　　　목 기 수 량

은 是納僧家尋常茶飯이어니와 至於截斷
시 납 승 가 심 상 다 반　　　　지 어 절 단

衆流하면 東湧西沒하며 逆順縱橫하야 與
중 류　　　동 용 서 몰　　　역 순 종 횡　　　여

奪自在하리니 正當恁麼時에 且道하라
탈 자 재　　　정 당 임 마 시　　차 도

是什麼人行履處오 看取雪竇葛藤하라
시 십 마 인 행 리 처　　간 취 설 두 갈 등

격산견연(隔山見煙) 조지시화(早知是火) 격장견각(隔牆見角) 변지시우(便知是牛) 산 너머 연기를 보면 불이 있다는 것을 알고, 담 너머 뿔이 보이면 바로 소가 있음을 안다.

① 불교논리학(인명논리학因明論理學)에서는 어떤 현상을 직접 보지 않더라도 비교하여 판단하는 비량(比量)이라는 것을 두는데, 이것은 이미 아는 사실, 즉 '연기는 반드시 불과 같이 있다'는 것으로써 아직 알지 못하는 사실, 즉 불을 눈으로 직접 확인한 것은 아니로되 연기를 봤으니 반드시 불이 있다는 것을 인정하는 것임[추론推論]. 비량을 설명할 때 흔히 이 예를 들어 설명함.

②『금강경』제2 선현기청분에서 수보리존자가 부처님을 찬탄한 부분인 "놀라운 일입니다, 세존이시여!(希有世尊) 여래께서는(如來) 모든 보살들을 잘 보호하여 잊지 않으시고, 모든 보살들을 잘 당부하여 위촉해 주십니다.(善護念諸菩薩 善付囑諸菩薩)"에 대해, 야보선사가 "여래께서는 한 말씀도 하시지 않았는데 수보리가 문득 찬탄하였으니, 눈 갖춘 뛰어난 무리는 시험 삼아 눈을 붙여 보라."라고 설명한 후에 다시 송을 붙였는데, "담 너머 뿔을 보매 소인 줄을 알고, 산 너머 연기 보면 불인 줄을 아네." 라고 했음.

산 너머에서 연기가 오르면 직접 그곳에 가서 불을 확인하지 않더라도 경험상 불이 있다는 것을 알고, 담 너머로 뿔이 보이면 담 밖에 가서 확인하지 않아도 소가 있는 것을 짐작으로 알 수 있다는 말. 이는 이미 알고 있는 사실에 근거하여 추리하여 아는 영민함을 일컫는 말. 흔히 숨은 뜻까지 파악하는 것도 이런 경우임.

변지(便知) '문득'이라는 뜻일 때는 '변'으로 발음함. 따라서 변지(便知)는 '곧바로 알다'의 뜻

거일명삼(擧一明三) 『논어』'넷 중에 하나를 배우면 나머지 셋을 짐작할 수 있다'는 말에서 온 것. 즉 '매우 영리하다'는 뜻임.

목기수량(目機銖兩) 목기(目機)는 '눈으로 무엇을 파악한다'는 뜻이며, 수량(銖兩)은 아주 작은 저울 눈금임. 따라서 목기수량(目機銖兩)은 작은 단서로 전체를 파악하는 예리한 능력을 가리킴.

심상다반(尋常茶飯) 심상(尋常)은 '대수롭지 아니함, 예사로움'의 뜻이고, 다반(茶飯)은 '차 마시고 밥 먹듯이 너무나 흔한 일'이라는 뜻. 전체의 뜻은 너무나 흔한 일에 불과하다는 것임.

동용서몰(東湧西沒) 동에서 솟고 서쪽으로 사라진다는 뜻으로, 행동이 신속하고 자재함을 말함. 좀 더 선적으로 해석하면 공간적인 제약을 받지 아니함을 뜻함.

역순종횡(逆順縱橫) 거스르고 따르는 것이 자유자재한 것. 종횡(縱橫)은 보통 가로와 세로의 뜻이지만, 여기서는 자유자재하다는 뜻임.

정당임마시(正當恁麽時) '바로 이런 경우에' 라는 뜻으로, 위에서 설명한 자유자재한 경지에 해당되는 경우를 일컫는 말.

임마(恁麽) 주로 속어에서 쓰는 말인데, 선어록에서는 생활용어인 이런 용어가 빈번히 사용되고 있음. '이와 같이, 이러한' 등으로 풀이할 수 있음.

차도(且道) 선어록에서 자주 사용되는 말임. '다시 일러라!' '한번 말

해 봐라!’ 등의 뜻임. 일상생활에서는 “자 어떠냐?” 정도로 해석할 수
도 있음.

십마(什麼) 관행적으로 ‘습마’라고도 발음한다. ‘무엇’ 또는 ‘어떻게’
의 뜻으로 쓰이는 속어(俗語)임.

행리처(行履處) 행동하는 범위를 가리키는 말이니, ‘삶의 방식’으로
풀이할 수 있음.

설두갈등(雪竇葛藤) ‘설두스님의 갈등’이라는 뜻임. 갈등은 복잡하
게 뒤섞이어 충돌함을 가리키는 말임. 이 벽암록의 본칙을 설두스님
이 선택하여 문제제기를 함으로써 의심을 일으키게 했고, 나아가 후
학들로 하여금 공부하는 계기를 만든 것을 가리킴.

산[山] 너머로[隔] 연기를[煙] 보면[見] 바로
[早] 불이 있는 줄을[是火] 알고[知], 담[牆] 너
머로[隔] 뿔을[角] 보면[見] 바로[便] 소인 줄
[是牛] 안다[知]. 하나를 들으면[擧一] 나머지
셋까지 깨닫고[明三], 척 보면 바로 파악해 버
리는 것이야[目機銖兩] 수행자에게는[是衲僧
家] 밥 먹고[飯] 차 마시듯[茶] 일상의 일이다
[尋常]. (그러나) 온갖 번뇌를 끊어버리면[至於
截斷衆流], 동쪽에서[東] 솟아[湧] 서쪽에서
[西] 사라지며[沒], 거스름과[逆] 따름에[順] 자
유자재하며[縱橫], 주고[與] 뺏는 것을[奪] 마
음대로 할 것이다[自在]. 바로[正] 이런[恁麼]
경우를[時] 만난다면[當], 자 말해보라[且道].

이것이[是] 어떤[什麼] 사람의[人] 행동거지인가[行履處]? 설두스님의[雪竇] 얘기를[葛藤] 살펴보도록 하자[看取].

어느 정도 수행이 되면 꼭 보지 않아도 미루어 알 수 있게 된다. 그래서 한 가지를 배우면 나머지를 다 알아버리게 되고, 척 보면 한눈에 바로 모든 것을 파악해 버리기도 한다. 하지만 이런 것은 크게 특별한 것이 아니다. 어느 정도 공부가 된 경지의 수행자에게는 그저 차 마시고 밥 먹듯이 늘 있는 평범한 일일 뿐이다. 그러나 모든 번뇌로부터 완전히 자유로운 경지에 이르면 어떻게 될까? 완전한 깨달음에 이른 사람은 공간적인 차별도 넘어섰기에, 때로는 이 세계의 일을 들어 인도하고 때로는 저 세계의 일을 언급하여 지도한다. 긍정이니 부정이니 하는 차원도 넘어섰기에, 때로는 나무라고 때로는 칭찬하여 바르게 이끌어 준다. 또한 자만에 빠진 자를 만나면 자만심을 깨뜨려 정법에 들게 하고, 절망에 빠진 자에게는 밝은 희망을 주어 일어서게 한다. 이런 사람의 삶에 대하여 어떻게 말할 수 있을까? 설두스님께서 선택한 주제를 통해 살펴보도록 하자.

적멸의 세계를 보여주는 통도사 불사리탑과 적멸보궁
뒤에서 찍은 것

擧 梁武帝 問達磨大師호대 如何是聖
거 양무제 문달마대사 여하시성

諦第一義닛고 磨云 廓然無聖이니다 帝
제제일의 마운 확연무성 제

曰 對朕者誰오 磨云 不識이라하니 帝不
왈 대짐자수 마운 불식 제불

契어늘 達磨遂渡江至魏하다 帝 後擧問
계 달마수도강지위 제 후거문

志公하니 志公云 陛下還識此人否닛가
지공 지공운 폐하환식차인부

帝云 不識이로다 志公云 此是觀音大
제운 불식 지공운 차시관음대

士니 傳佛心印이니다 帝悔하야 遂遣使去
사 전불심인 제회 수견사거

請이러니 志公云 莫道陛下發使去取하소
청 지공운 막도폐하발사거취

서 闔國人去라도 佗亦不回니다
합국인거 타역불회

거(擧) 옛 일화나 다른 스님의 일화를 가져올 때 쓰는 말이다. "이런 얘기가 있지." "이 얘기 한번 들어 보게나." 정도로 풀이할 수 있겠다.

양무제(梁武帝) 소연(蕭衍, 464년~549년)은, 중국 남조 양의 초대 황제(재위 : 502년-549년). 묘호는 고조(高祖), 시호는 무제(武帝). 남조 최고의 명군으로 칭송받은 양(梁) 무제(武帝)다. 치세 48년 동안 내정을 정비하여 구품관인법을 개선하고, 불교를 장려하여 국내를 다스리고 문화를 번영시켰다. 대외관계도 비교적 평온하여 약 50년간 태평성대를 유지하여 남조 최 전성기를 보냈다.

 양무제는 네 번(혹은 세 번)이나 동태사(同太寺)에 출가를 하려고 하였는데, 그때마다 승복을 입고 절에서 수행 생활을 하였기에 '황제보살(皇帝菩薩)' 또는 '불심천자(佛心天子)'로 불렸다. 동태사는 양무제가 서기 527년에 건립한 사찰로 지금의 남경(南京) 계명사(鷄鳴寺)다. 양무제는 거의 매일 이 절에 가서 나라의 앞날을 위해 예불을 드렸고, 가장 오래 출가 생활을 한 것은 37일이었다고 한다. 결국은 출가를 하지 않았던 것은, 출가라는 형태를 취하여 불교를 크게 일으키고자 하는 목적이 아니었나 생각된다.

청대에 정리한 『사고전서(四庫全書)』를 보면 베트남(중국식 표기는 남월 南越)에서 침향(沈香)을 수입하여, 외교를 맺고 있는 모든 나라에 선물을 했다고 기록되어 있다.

달마대사(達磨大師) 근래에는 주로 達摩라고 한자 표기를 하지만, 예전의 기록에는 모두 達磨로 되어 있다. 보디 다르마(Bodhi-Dharma)를 소리대로 보리달마(菩提達磨)로 옮겼고, 줄여서 달마대사라 한다.

인도 향지국왕(香至國王)의 셋째 왕자로 출가하여 반야다라(般若多羅)존자의 법통을 이은 뒤, 벵골만에서 배로 떠나 3년여 항해 끝에 광동(廣東)에 도착했다.[육로로 이동했다는 설도 있음] 당시 남쪽을 지배하던 양나라 수도인 금릉(金陵-현재 남경南京)으로 가서 양무제를 만났다. 그때 이미 130세였다고 전한다. 본칙은 바로 그때의 이야기다.

성제제일의(聖諦第一義) 제(諦)란 불교에서 진리를 표현하는 용어이며, 보통 '체'로 많이 읽지만 이치 또는 진리라고 할 때는 '제'로 발음한다. 진리를 두 가지 측면으로 나누어 속제(俗諦)와 진제(眞諦)라고 하는데, 성제(聖諦)란 진제를 뜻한다.

속제(俗諦)는 세제(世諦)라고도 하는데, 세속적 입장에서의 진리를 뜻한다. 즉 봄이 되면 꽃이 피고 겨울이 되면 얼음이 얼고 눈이 오는 등의 현상적 측면에서 본 이치 또는 진리를 일컫는다. 세상에서 통용되는 가르침 같은 것을 총칭한다고 보면 된다. 차별적 현상이기 때문에 그것만을 추구하면 대체로 희로애락에 휩쓸리게 되고 그 결과로 괴로워하게 될 가능성이 짙다.

진제(眞諦)는 깨달음의 이치이다. 그러므로 일반사람들로서는 알기 어려운 이치이다. 예컨대 사계절이 비록 다른 차별적 현상을 보이지만, 그 사계절을 관통하는 연기법의 이치가 있다. 바로 이런 눈에 보이지 않는 불변의 이치를 두고 '참 진리'라는 뜻으로 진제라 한다. 깨달음에 의해 증득되는 진리의 차원이다.

성제제일의(聖諦第一義)에서 '제일의'는 최고의 도리, 궁극의 진리, 최고의 법이라 풀이할 수 있으며 진제(眞諦)와 같은 뜻으로 볼 수 있다. 그러므로 성제제일의는 중복되는 느낌이 있다. 여기서는 "무엇이 불교 최고의 성스러운 진리입니까?"로 해석하면 좋겠다.

확연무성(廓然無聖) 넓고 텅 비어(廓然) 성스러울 것이 없음(無聖)

대짐자수(對朕者誰) "나(황제)를 대하고 있는 그대는 누구요?"라는 뜻으로 그냥 질문을 한 듯이 보이지만, 달마대사에 대한 예비정보는 이미 알고 있는 상태라고 보면 된다. 그러므로 인적사항 등을 물은 것이 아니다. 불교에서 "그대는 누구인가?"라고 할 때는 본질적인 것에 대한 질문으로 보면 된다.

불식(不識) "모르오!" 이 대답을 제목으로 뽑기도 한다. 달마대사는 분명한 답을 하고 있다.

제불계(帝不契) 황제가 딱 들어맞질 않았다. 즉 무슨 뜻인지를 깨닫지 못했다.

달마수도강지위(達磨遂渡江至魏) 당시 남쪽은 양(梁)나라였고 북쪽은 위(魏)나라였다. 양무제와 만난 뒤 인연이 아니라고 생각한 달마대사는 갈대 하나를 꺾어 양자강에 띄워서 그것을 타고 위나라로 갔다고 한다. 그것이 달마도에서 자주 볼 수 있는 '갈대 하나로 강을 건넘(일위도강一葦渡江)'의 선화(禪畵)이다. 위나라에 이른 달마대사는 낙양의 숭산(崇山) 소림사(少林寺)로 들어가 숭산의 자연동굴에서 9년을 면벽(面壁)하였고, 이윽고 신광스님(神光-뒤의 慧可大師)을 만나게 된다.

지공(志公) 다른 곳에서는 誌公스님으로 되어있다. 원래 금릉보지
(金陵寶誌 : 418-514)화상이시다. 어려서 출가하여 강소성(江蘇
城) 건강(建康) 도림사(道林寺)에서 선정(禪定)을 닦았다. 양나라 무
제의 스승이다.『대승찬(大乘讚)』을 지어 양무제에게 바쳤으며, 달
마대사와 양무제 사이에서 인연을 맺게 하려고 애썼다. 입적 후 내려
진 시호(諡號)로 광제대사(廣濟大師), 묘각대사(妙覺大師), 도림진
각(道林眞覺), 자응혜감(慈應慧感), 보제성사(普濟聖師), 일제진밀
(一際眞密) 등이 있다.

어느 날 양무제는 지공화상을 청하여 희극을 보게 되었다. 극이 끝
나자, 양무제는 지공화상에게 "오늘 희극이 재미가 있으셨습니까?"
라고 묻자, 스님은 "모르겠습니다."라고 답하였다. 양무제는 스님으
로부터 모르겠다는 답을 듣자 마음이 매우 답답하였다. 스님이 희극
을 잘 보았는데도 왜 모른다고 할까를 생각하다가 이윽고 스님께 그
까닭을 물었다.

지공화상은 양무제에게 말하기를, 만약 폐하께서 내일 괜찮으시다
면, 오늘의 희극을 다시 한번 연출케 하고, 동시에 폐하께서 형부상서
에게 명령을 내려 이미 죽을죄를 지어 목을 베기로 한 죄수를 한 사람
골라 그 죄수에게 물을 담은 세숫대야를 들게 한 다음, 희극이 진행되
는 무대 앞에 무릎을 꿇고 앉아 있게 하십시오. 그리고 죄수에게 이
르길 극이 다 끝날 때까지 대야의 물을 한 방울도 흘리지 않으면 즉시
죄를 면해 주겠노라고 말씀하시고, 만약 희극이 끝나기도 전에 대야
의 물을 흘리면 극이 끝나는 즉시 목을 치겠노라고 하십시오."

양무제는 청하던 대로 하였다. 그 다음날 양무제와 스님은 다시 희극을 보았다. 물론 선택된 죄수는 무대 앞에 무릎을 꿇은 채 물을 담은 대야를 두 손에 들고 있었다. 극이 끝났을 때 죄수는 들고 있던 대야의 물을 조금도 흘리지 않은 상태였다. 지공화상은 이에 양무제가 죄수에게 가서 몇 가지 묻기를 청하였다. 양무제는 지공화상의 청대로 죄수에게 가서 "오늘의 희극과 노래가 재미있었느냐?"라고 묻자 죄수가 답하기를 "모르겠습니다."라고 하였다. 양무제가 다시 물었다. "너는 무대 앞에서 희극도 보고 노래도 들었거늘 어찌 모른다고 하느냐?" 죄수가 답했다. "폐하! 저는 오로지 대야의 물이 떨어지지 않도록 신경을 썼습니다. 어찌 여유가 있어 희극을 보고 노래를 듣겠습니까?"라고 하였다. 이때 양무제는 홀연히 크게 깨달았다. 바로 마음에 뜻을 두고 있지 않으니 보아도 보이지 않고, 들어도 들리지 않는 도리를 깨달은 것이다.

환식차인부(還識此人否) "이제는 달마대사가 어떤 분인지를 알겠습니까?" 하고 물어본 것.

전불심인(傳佛心印) 부처님의 마음을 전해 받았다는 뜻. 도장을 찍으면 똑같이 복제가 되듯이 부처님이 깨달으신 그대로의 마음이 된 것을 뜻함.

관음대사(觀音大士) 대사(大士)라는 말은 중국에서 보드히샷뜨와(Bodhisattva, 보리살타菩提薩陀)를 뜻으로 옮긴 말임. 그러므로 '관세음보살'이라는 뜻.

합국인거(闔國人去) 합국(闔國)은 전국(全國)과 같은 뜻이니, '온 나라 사람들이 가더라도'로 번역됨.

타역불회(佗亦不回) 타(佗)는 타(他)와 같은 뜻이며, 여기서는 달마 대사를 가리킴. 달마대사가 마음을 돌이키지 않을 것이라는 뜻.

본칙

이런 얘기가 있다[擧]. 양나라의[梁] 무제가[武帝] 달마대사께[達磨大師] 물었다[問]. "어떤 것이[如何是] 불교에서 가장 거룩한 진리입니까[聖諦第一義]?"

달마대사가[磨] 답하였다[云]. "넓고 텅 비어[廓然] 성스러운 것이[聖] 없습니다[無]."

황제가[帝] 물었다[曰]. "나를[朕] 대하고 있는[對] 그대는[者] 누구요[誰]?"

달마대사가[磨] 답하였다[云]. "알지 못합니다[不識]."

황제가[帝] 그 뜻을 깨닫지 못하자[不契], 달마대사가[達磨] 드디어[遂] 양자강을[江] 건너[渡] 위나라로[魏] 가 버렸다[至].

황제가[帝] 나중에[後] 이 일을 들어[擧] 지공화상에게[志公] 물으니[問], 지공화상이[志公] 이르되[云] "폐하께서는[陛下] 달마대사가[此 人] 어떤 분인지를 이제 아시겠습니까?"하니 [還識否], 황제가[帝] "모르겠습니다[不識]."고 하였다[云].

지공화상이[志公] "그분은[此] 관세음보살의 화현으로서[是觀音大士] 부처님의[佛] 마음을[心印] 전해 받은 분입니다[傳]."고 하였다[云].

황제가[帝] 후회하면서[悔] 드디어[遂] 사신을[使] 파견하여[遣~去] 다시 청하려 하였다 [請].

지공화상이[志公] "폐하께서는[陛下] 사신을 보내어[發使去] 모셔 온다고[取] 하지[道] 마십시오[莫]. 양나라의 모든 백성이 갈지라도[闔國

人去] 그분은[佗] 돌아오지 않을 것입니다[亦不回]."고 하였다[云].

松江

　여기 등장하는 양무제와 달마대사, 그리고 지공화상에 대한 일반적인 얘기는 참 많다. 예컨대 지공화상과 달마대사의 연대가 서로 어긋나서 만났을 리가 없다는 설도 있고,(옛 기록의 연대는 정확하다고 보기 어렵다) 달마대사 또한 일반 상식으로는 짐작하기 어려운 기이한 행적을 보이신 것으로 기록이 전한다. 여기서 그런 것을 따지면 이미 본칙의 핵심에서 어긋나 버린다. 선어록을 공부할 때는 '사실여부'를 따지지 말 것!

　다른 기록에 의하면 본칙의 내용에 앞서 양무제와 달마대사 사이에 다른 대화가 있었다. 벽암록이나 여타의 선어록에서 언급하는 대화들은, 법문을 하는 스님들이 당신이 필요한 부분만을 인용하기 때문에 앞뒤가 생략된 것이 대부분이다. 한나절을 같이 있으면서 대화를 했을지라도 꼭 필요한 한두 마디만 인용할 수 있다. 그러니 학문적이며 논리적으로 접근하는 이들에게는 참 막막하게 느껴질 것이다.

무제 "내가 오래 불사한 공덕이 얼마나 되겠습니까?"
달마 "공덕이랄 게 없습니다."

달마대사를 만난 양무제는 자신이 심혈을 기울여 불교를 중흥시킨 그 공덕을 칭찬받고 싶었을 것이다. 그래서 본칙에는 생략되었지만 위의 대화가 있다. 하지만 양무제의 질문은 불교의 핵심에서는 한참을 벗어난 것이었다. 그렇지만 이것이 불교신자들이 대부분 **빠져** 있는 문제이기도 한 것이다.

무제는 영리한 사람이었다. 모든 기록이 그것을 뒷받침한다. 영리한 사람이었기에 본칙이 만들어진 것이다. 선사들이 양무제를 평하면서 "멍청한 놈!" 이라고 한 것은 일반적으로 사용하는 멍청하다는 뜻이 아니다. 문제는 영리한 그것이 오히려 병이었다. 달마대사의 자비로 깨어나기에는 너무 많이 알고 있었나 보다.

무제 "어떤 것이 불교에서 가장 거룩한 진리입니까?"
달마 "넓고 텅 비어 성스러운 것이 없습니다."

양무제는 공덕을 물었다가 달마대사의 답을 듣는 순간 사정없이 당했다는 것을 직감했을 것이다. 그래서 회심의 일격을 가했다. 불교의 본령 쪽으로 옮겨간 것이다.

무제의 아들인 소명태자(昭明,501-531)는 불교에 깊이 들어갔다. 그가 『금강경』을 32분으로 나눈 것은 천오백 년이 지난 오늘날에도 활용된다. 그런 태자나 또는 당대 최고의 고승들이 늘 곁에 있었던 인물이 양무제다. 성제제일의(聖諦第一義)라는 용어는 불교에 아주 깊이 들어간 이가 아니면 구사하지 않는 말이다. 그러니 아마도 이 질문으로 달마대사를 항복받으려 했으리라. 아니면 적어도 인정받으려 했거나.

하지만 상대는 천하의 달마대사였다. 그런 용어에 갇혀 있는 인물이 아니었던 것이다. 아직도 그런 것 따지느냐고 혹 불어버렸다. 두 번째로 베푼 자비다. 그렇기는 하지만, 자비를 베풀다 보면 또 흔적이 남게 마련이다. 사람들이 그 흔적으로 말미암아 스스로 달마대사의 발바닥 밑으로 들어가니 그게 문제다.

무제 "나를 대하고 있는 그대는 누구요?"
달마 "모르겠습니다."

이제 양무제는 자기 딴에 비장의 무기를 들이대었다. 하지만 늦어도 보통 늦은 일이 아니다. 첫 번째의 질문이야 황제의 입장을 고려하여 백보 양보하면 애교로 봐 줄 수가 있겠다. 그런데 눈을 뜨지 못하고 괜한 호기를 부려 두 번째 질문을 했다. 백이면 백이 다 저지르는 실수다. 하긴 맥 놓고 있는 것보다는 낫다. 하지만 세 번째의 질문은 뭔가? 참 어이없는 일을 벌였다. 자신이야 밖이니 안이니 생각하며 던진 질문이지만, 달마대사는 처음부터 경계가 없질 않는가.

"당신 누구요?" 이게 첫 질문이라면 모를까, 이곳에서의 세 번째 질문이라면 썩은 냄새만 풀풀 나는 쓰레기 아닌가. 그러니 달마대사가 양무제를 산 채로 묻어버렸다. "모르오!" 참 이런 자비도 드물다.

황제가 그 뜻을 깨닫지 못하자,
달마대사는 양자강을 건너 위나라로 가 버렸다.

시절인연이라는 말이 있다. 적절한 때와 장소가 있다는 말이다. 달마대사는 이미 중국에서의 불교가 어떤지를 간파했으며, 양나라에 더 머물 이유가 없었다. 할 일을 이미 마친 것이다.

이미 본칙에서 보여줄 것 다 보여준 터에 설두화상은 왜 뒷얘기를 올려놓았을까?

황제가 나중에 이 일을 들어 지공화상에게 물었다.

지공 "폐하께서는 달마대사가 어떤 분인지를 이제 아시겠습니까?"

무제 "모르겠습니다."

지공 "그 분은 관세음보살의 화현으로서 부처님의 마음을 전해 받은 분입니다."

황제가 후회하면서 드디어 사신을 파견하여 다시 청하려 하였다.

지공 "폐하께서는 사신을 보내어 모셔올 생각을 하지 마십시오. 양나라의 모든 백성이 갈지라도 그분은 돌아오지 않을 것입니다."

　설두화상의 노파심이 조금은 지나친 감이 있다. 불법의 정
수를 보여주고 싶은 마음이야 오죽하시겠는가마는 이 대목
은 뱀의 다리를 그린 듯하다.

은사스님께서 선물로 주신 달마도
– 개화사 설법전

頌

聖諦廓然이여 何當辨的고
성 제 확 연　　하 당 변 적

對朕者誰오 還云不識이로다
대 짐 자 수　　환 운 불 식

因茲暗渡江하니 豈免生荊棘가
인 자 암 도 강　　기 면 생 형 극

闔國人追不再來여
합 국 인 추 부 재 래

千古萬古空相憶이로다
천 고 만 고 공 상 억

休相憶하라 淸風匝地有何極이리오
휴 상 억　　청 풍 잡 지 유 하 극

師顧視左右云 這裏還有祖師麼아
사 고 시 좌 우 운 저 리 환 유 조 사 마

自云 有로다 喚來與老僧洗脚하리라
자 운 유　　환 래 여 노 승 세 각

성스러운[聖] 진리는[諦] 넓고 텅 비었음이라
[廓然]!

어찌[何] 정확하게[當] 핵심을[的] 밝히겠는가
[辨]?

나를[朕] 대하는[對] 그대는[者] 누구요[誰]?

도리어[還] 모른다고[不識] 이르는구나[云].

이로[茲] 인해[因] 남몰래[暗] 강을[江] 건너니[渡]

어찌[豈] 가시덤불[荊棘] 돋는 것[生] 면하리오
[免].

온 백성[闔國人] 따라도[追] 다시[再] 오지[來]
않으리니[不]

천만년에[千古萬古] 부질없이[空] 후회를 하는
구나[相憶].

후회하는 일일랑[相憶] 그만두게나[休].
맑은[淸] 바람[風] 온누리에[匝地] 다함 없나니
[有何極].

* 아래는 설두스님께서 본칙을 거론하실 때 들었던
이가 삽입한 것으로 보임.

설두스님이[師] 좌우를[左右] 둘러보며[顧視]
이르길[云]
"이곳에[這裏] 다시[還] 조사가[祖師] 있느냐
[有~麽]?"
설두스님이 스스로[自] 답하였다[云].
"있구나."[有]
"불러오라[喚來]! 내 발이나 씻기게[與老僧洗
脚]."

松江

성스러운 진리는 넓고 텅 비었음이라!
어찌 정확하게 핵심을 밝히겠는가?

달마대사의 넓고 텅 비었다는 그 도리를 누구라 딱 맞힐꼬? 아예 과녁을 없애버렸으니. 만고에 그런 사람 없고말고.

나를 대하는 그대는 누구요?
도리어 모른다고 이르는구나.

양무제가 "그대는 누구요?"라 묻는 것이 참으로 측은하다. 달마대사께서 아직도 큰 자비심으로 짐짓 '모르오!' 라고 가르쳐 주시는구나. 그래본들 짐작이나 할까?

이로 인해 남몰래 강을 건너니
어찌 가시덤불 돋는 것 면하리오.

인연이 아니니 어찌 머무르랴. 이 영감님 아무도 몰래 혼
자 건너시는가? 그래도 들키지. 눈 밝은 놈이 있게 마련이거
든. 이미 천지에 가시가 꽉 찼으니, 돈는다는 말도 부질없는
말일 뿐이다. 피한다는 것은 또 무슨 뚱딴지같은 애기인가.

  • 아하! 이 구절을 '양무제가 뒤쫓으려한 당시의 사건'으로 보
    지 말 것. 그렇게 보는 이들이 참 많더군.

온 백성 따라도 다시 오지 않으리니
천만년에 부질없이 후회를 하는구나.

돌아올 것이라면 애당초 가지 않았으리라. 가기는 한 것인
가? 간 일이 없다면 온다는 일이 있겠는가. 본디 영리한 사람
들이 뒤늦게 후회를 일삼는 게지.

후회하는 일일랑 그만두게나.
맑은 바람 온누리에 다함 없나니.

무엇 때문에 후회를 하나? 달마대사가 하실 일은 이미 다

끝낸 것인데. 뭐 하실 일이나 있었나? 그러니 건너가셨다고 한숨 쉴 것도 없다마다. 스스로 건너든지.

설두스님이 좌우를 보며 이르길
"이곳에 다시 조사가 있느냐?"

이 영감님이 다시 노파심이 발동하였구나. 간절하고 간절한 그 자비심을 누가 말려. '이곳'은 어디이며, '조사'는 또 무엇인고? 아차하면 속고 만다.

설두스님이 스스로 답하였다. "있구나."
"불러오라! 내 발이나 씻기게."

이제는 아예 스스로 흙탕물을 뒤집어쓰면서까지 철부지들을 위하려 단단히 작심하셨군. 그러나 어쩌랴. 팰 놈은 아주 모질게 패야 하나니. "있구나!" 꼭 걸려드는 놈이 있게 마련이지. 그런 허접스런 물건을 어디에 쓸 것인가? 발을 씻겨? 발 더럽힐 일 있나?

안개 낀 강을 홀로 건너다

제2칙

조주지도무난
(趙州至道無難)

조주스님의 '도에 이름은 어려움이 없음'

松江

다른 판본에서는 본칙 제목을 '조주부재명백(趙州不在明白)'으로도 하였다. 조주스님이 '나는 명백한 곳에도 있지 않다'고 말씀한 것에서 취한 것이다.

조주스님(趙州, 778~897)은 종심(從諗)선사이시다. 십대에 출가하여 다른 절에 있다가 남전 보원(南泉普願)선사를 찾았다. 남전선사는 비스듬히 누운 상태로 어린 사미를 맞았다.

"어디서 왔느냐?"

"서상원(瑞像院)에서 왔습니다."

"그럼 훌륭한 상(瑞像-부처님)은 이미 보았겠구나."

"훌륭한 상은 모르겠으나 누워계신 부처님(누워계신 남전 선사)은 뵈옵니다."

남전선사께서 벌떡 일어나 앉으시며 다시 물었다.

"네게 스승이 있느냐?"

"아직 일기가 찬데 스승님께서 법체 강녕하시옵니까?"

이렇게 남전스님의 제자가 되었고, 남전스님께서 입적하실 때까지 40년을 모셨다. 60세부터는 여러 곳을 다니시며 운수행각을 하시다가, 80세에 조주현 관음원[현재 백림선사 柏林禪寺]에 주석하시고, 그곳에서 40년을 후학을 지도하시었다.

지도무난(至道無難)의 일반적인 번역은 '지극한 도는 어렵지 않다' 이다. 오랫동안 검토된 것이니 그렇게 해석하면 아무도 시비하지 않을 것이다.

'지도(至道)'라는 용어는 사전에도 '지극한 도'로 설명되어 있다. 그리고 지도무난(至道無難)은 모두가 '지극한 도는 어렵지 않다'로 번역했다. 그런데 원래 이 용어를 구사한 중국 선종(禪宗)의 삼조(三祖) 승찬대사(僧璨大師)의 『신심명(信心銘)』은 네 글자로 문장을 만들었기에 생략된 글자가 많다고 봐야 한다. 그래서 다른 각도에서 접근해 보려 한다.

'도'는 무엇이며 '지극한 도'는 또 무엇인가? 사실 '도(道)'는 말로 설명해 봐야 별로 효과가 없는 것이지만, 중국의 노장사상에서는 '만물을 만들어 내는 모체(母體)로서의 실재(實在)이며 만물을 존재케 하는 법칙'이라는 뜻으로 사용하였다. 불교를 중국에 소개하고 경전을 번역하는 스님들은 바로 이 노장사상에서의 '도(道)'라는 용어를 불교 내에 흡수했던 것이다. 그 후 선불교가 크게 일어나면서 깨달음에 대한 모든 것은 도(道)라는 말로 통하게 되는 것이다. 이처럼 '도(道)'라는 말 자체가 이미 어떤 꾸밈을 배제한 특수한 성격이라고 볼 수 있다.

그런데 승찬대사께서 과연 '지극한 도'라고 꾸며서 말씀하실 필요가 있었을까? 만약 아주 특수하게 '지극한 도'라고 사용했다면 뒤의 '무난(無難)'은 참 어색하다. '일체의 설명이 끊어진 이치'로서의 '지극한 도'였다면 '어려움이 없다'는 이 설명이야말로 형편없는 군더더기가 되고 만다. 만약 위의 뜻으로 사용했다면 '또 다른 쉬운 도'가 있다는 말이 된다. 과연 이렇게 도(道)를 이리저리 쪼개 버렸을까?

따라서 '지도무난(至道無難)'에서 '무난(無難)'을 어떤 행위에 대해 설명하는 것으로 보고, '지도무난(至道無難)'을 '도에 이르는 것은 어려울 것이 없다'로 풀이한다. 그래야만 뒤의 '가려 선택하다'는 뜻인 간택(揀擇) 등의 행위와 연결되는 것이다.

垂示

乾坤_이 窄_{하고} 日月星辰_이 一時黑_{이라}
건곤　　착　　　일월성신　　　일시흑

直饒棒如雨點_{하고} 喝似雷奔_{이라도} 也未
직요방여우점　　　할사뇌분　　　　야미

當得向上宗乘中事_{로다} 設使三世諸佛
당득향상종승중사　　　설사삼세제불

_{이라도} 只可自知_요 歷代祖師_{라도} 全提不
　　　지가자지　　역대조사　　　전제불

起_라 一大藏敎_도 詮註不及_{이며} 明眼納
기　일대장교　전주불급　　　명안납

僧_도 自救不了_{니라} 到這裏_{하야} 作麽生
승　자구불료　　　도저리　　　자마생

請益_고 道箇佛字_나 拖泥帶水_며 道箇
청익　도개불자　타니대수　　도개

禪字_나 滿面慚惶_{이라} 久參上士_는 不待
선자　만면참황　　구참상사　　부대

言之_{어니와} 後學初機_는 直須究取_{어다}
언지　　후학초기　직수구취

건곤착(乾坤窄) 하늘과 땅이 좁다는 말이니, 곧 우주보다 더 거대한 것이 있다는 말.

일월성신(日月星辰) 일시흑(一時黑) 해와 달과 모든 별들이 동시에 모두 빛을 잃고 검게 된다는 말은 그보다 더 밝은 무언가가 있음을 뜻함.

직요(直饒) '설사~라도'의 뜻.

방여우점(棒如雨點) 몽둥이질을 비 내리듯 때리며 점검함. 棒자는 보통 '봉'으로 읽지만 선어록에서는 '방'으로 읽음. '방(棒)'은 어른이 아랫사람을 지도할 때 주장자나 죽비 등으로 때림으로 해서 분별이나 망상을 그치게 하는 지도 방법을 뜻함. 덕산스님께서 이 방법을 즐겨 사용했기에 '덕산방(德山棒)'이라는 말이 생겼음.

할사뇌분(喝似雷奔) 고함을 벼락치듯 재빨리 외침. 喝자는 보통 '갈'로 읽지만 선어록에서는 '할'로 읽음. '할(喝)'은 어른이 아랫사람을 지도할 때, 상대가 이론적으로 설명하거나 논리적으로 설명하려고 할 때 '억!' 등의 고함을 꽥 질러 분별이나 망상을 그치게 하는 지도 방법을 뜻함. 임제스님께서 이 방법을 즐겨 사용하였기에 '임제할(臨濟喝)'이라는 말이 생겼음.

야미당득향상종승중사(也未當得向上宗乘中事) '또한 깨달음마저 초월하는 경지에서는 딱 들어맞지 않는다.'는 뜻.

'야(也)'자는 앞 문장을 이어가기 위해 쓴 말로 발어사(發語辭)라고 하며, 가벼운 정도의 '또한, 역시'의 뜻으로 썼음.

'당득(當得)'은 '딱 들어맞음'의 뜻.

'향상(向上)'은 보통 '위로 상승하는 것'을 뜻하지만, 여기에서는 '뛰어넘다, 초월하다'의 뜻으로 보는 것이 좋음.

'종승(宗乘)'은 '각 종파의 가장 핵심인 가르침이나 이치'를 뜻함. 선어록에서는 '깨달음의 도'를 가리킨다고 할 수 있음.

설사삼세제불(設使三世諸佛) 지가자지(只可自知) '가령 과거·현재·미래의 모든 부처님이라 할지라도 다만 자신만 알 수 있을 뿐'이라는 뜻이니, 다른 사람에게 가르쳐 줄 수 없다는 뜻.

역대조사(歷代祖師) 전제불기(全提不起) '가령 가섭존자로부터 대대로 이어온 조사님들도 완전하게 제시하는 것은 불가능하다.'는 뜻.

일대장교(一大藏敎) 전주불급(詮註不及) '모든 대장경의 가르침으로도 완전하게 설명할 수 없다.'는 뜻.

명안납승(明眼納僧) 자구불료(自救不了) '눈 밝은 고승이라도 스스로 구함이 완전하지 않다.'는 뜻.

도저리(到這裏) 글대로 옮기면 '여기에 이르러서는'이 됨. 그러나 보통 '그렇다면, 그러면' 등으로 부드럽게 쓸 수 있음.

자마생청익(作麼生請益) '어떻게 배움을 청해야 하나?'의 뜻. 作麼生은 자전의 발음은 '작마생'이나 선어록에서는 '자마생'으로 읽는 것이 관행임. '어떻게, 어떻게 하여, 어찌하여' 등으로 번역할 수 있음.

도개불자(道箇佛字) 타니대수(拖泥帶水) '부처라고 말하지만 진흙을 끌고 물에 빠짐이요'의 뜻.

도개선자(道箇禪字) 만면참황(滿面慚惶) '선이라고 말하지만 얼굴 가득히 부끄러움과 송구스러움이다.'의 뜻.

구참상사(久參上士) **부대언지**(不待言之) ‘오래 참구한 뛰어난 인물은 설명을 기다리지 않지만’의 뜻.

후학초기(後學初機) **직수구취**(直須究取) ‘수행이 늦은 초보자는 모름지기 깊이 참구해야 한다.’의 뜻.

수시

하늘과[乾] 땅이[坤] 좁고[窄] 해와[日] 달과[月] 별들이[星辰] 한꺼번에[一時] 빛을 잃는다[黑].

가령[直饒] 몽둥이를[棒] 비 내리듯 두들겨[如雨] 점검하고[點] 고함을[喝] 벼락같이[似雷] 내질러도[奔], 그 또한[也] 깨달음마저 초월하는[向上宗乘] 경지에서는[中事] 딱 들어맞는 것이[當得] 아니다[未].

 설사[設使] 삼세의[三世] 모든 부처님이라도[諸佛] 다만[只] 스스로[自] 아는 것이[知] 가능하고[可], 역대의[歷代] 조사님들이라도[祖師] 완전하게[全] 제시하는 것이[提] 불가능하며[不起], 모든 대장경의[一大藏] 가르침으로도[敎]

완전하게 설명할 수는[詮註] 없고[不及], 눈 밝은[明眼] 고승이라도[納僧] 스스로 구함이[自救] 완전하지 않다[不了].

그렇다면[到這裏] 어떻게[作麼生] 가르침을[益] 청하는가[請]?

부처라고[箇佛字] 말하지만[道] 진흙에 발을 끌고[拖泥] 물에 빠진 격이고[帶水], 선이라고[箇禪字] 말하지만[道] 얼굴[面] 가득[滿] 부끄럽고[慚] 당황스러운 일이다[惶]. 오래[久] 참구한[參] 뛰어난 인물은[上士] 설명을[言之] 기다리지[待] 않지만[不], 수행이 늦은[後學] 초보자는[初機] 모름지기[須] 곧바로[直] 깊이 참구해야 한다[究取].

(본칙에서 제시하려는 것은) 하늘과 땅이라도 좁아서 '이것' 을 담을 수 없고, 해와 달과 별이라도 '이것' 앞에서는 빛을 잃어버린다.

가령 덕산스님이 지도했듯이 몽둥이로 분별망상을 깨부수며 지도하거나, 임제스님이 그러했듯이 정신이 아득할 정도로 고함을 질러 지도하더라도, 최고의 깨달음의 도리인 '이것'에 딱 들어맞게 할 수 없다.

설사 삼세의 모든 부처님도 스스로만 그것을 알 수 있을 뿐이고 가르칠 수 없으며, 가섭존자 이후의 모든 조사님들도 정확하게 '이것'을 제시해 줄 수 없고, 모든 대장경의 자세한 설명도 '이것'을 이해시킬 수는 없으며, 뛰어난 고승이라도 '이것'에 대해선 자기 일도 끝내지 못한 셈이다.

자, 그렇다면 '이것'에 대해 어떻게 가르침을 받을 수 있을까?

'이것'에 대해 '부처'라고들 하지만, 그건 마치 진흙에 발을 끌고 물에 빠져 허우적대는 꼴이다. '이것'에 대해 '선(禪)'이라고들 하지만, 그건 얼굴 가득히 부끄럽고 당황스러운 일일 뿐이다.

오래 참구한 뛰어난 수행자들은 누구의 설명을 기다릴 것도 없이 해결하겠지만, 늦게 시작하여 아직 초보자의 경우라면 망설이지 말고 온몸을 던져 들어가야 할 것이다.

조주스님 사리탑과 백림선사(柏林禪寺–옛 관음원)의 전각

本則

擧 趙州示衆云 至道無難하니 唯嫌揀
擇이니라 纔有語言이면 是揀擇이요 是明
白이어니와 老僧不在明白裏로다 是汝還
護惜也無아 時有僧問호대 旣不在明白
裏인댄 護惜箇什麼닛고 州云 我亦不知
로다 僧云 和尙旣不知인댄 爲什麼하야
却道不在明白裏닛고 州云 問事卽得이
면 禮拜了退하라

시중(示衆) 스승이 제자들에게 가르침을 내리는 것. 수시(垂示)나 교시(敎示)와 같은 뜻.

유혐간택(唯嫌揀擇) '오직 가려서 택함을 싫어한다.'는 것이니, 가려 택하는 것이 문제이므로 그것만 하지 않으면 된다는 뜻임.

재유어언(纔有語言) '잠깐이라도 말이 있다면'이니 '조금이라도 말로 그것을 설명하려고 한다면'의 뜻이 된다.

간택(揀擇) 상대적 견해로 취사선택하는 것.

명백(明白) 『신심명(信心銘)』에서는 위 구절 뒤에 바로 '다만 미워하고 사랑하지 않는다면[단막증애(但莫憎愛)] 막힘없이 탁 트여 뚜렷하고 환할 것이다[통연명백(洞然明白)]'는 문장이 나온다.

부재명백리(不在明白裏) 뚜렷하고 환하다는 거기에도 있지 않다.

호석야무(護惜也無) '소중하게 여기겠느냐?'의 뜻. '야무(也無)'는 강하게 묻고 있는 것을 뜻한다.

유승(有僧) '어떤 스님'이라는 뜻.

문사즉득(問事卽得) '묻는 것은 그만하면 되었다'는 뜻.

예배요퇴(禮拜了退) '절하고 물러가라'는 뜻.

이런 얘기가 있다[擧]. 조주스님께서[趙州] 대중을 상대로 제시를 하셨다[示衆云].

"(승찬대사의 신심명에 이 말이 있다.) '도에 이르는 것은[至道] 어려울 것이 없다[無難]. 오직[唯] 가려 택하는 것을 [揀擇] 꺼릴 뿐이다[嫌].' (여기에) 한마디라도[纔] 말을[語言] 하게 되면[有] 이것이[是] 간택이 되고[揀擇] 이것이[是] 명백이 된다[明白]. (그런데) 나는[老僧] 명백한 경지에도[明白裏] 있지 않다[不在]. 이것을[是] 그대들은[汝] 돌이켜[還] 소중하게 여기겠는가[護惜也無]?"

그때에[時] 어떤[有] 스님이[僧] 여쭈었다[問].

"이미[旣] 명백한 경지에도[明白裏] 있지 않다

면[不在] 무엇을[箇什麼] 소중하게 여기라는 것입니까[護惜]?”

조주스님께서[州] 말씀하셨다[云].

“나[我] 또한[亦] 모른다네[不知].”

그 스님이[僧] 여쭈었다[云].

“스님께서는[和尙] 처음부터[旣] 알지도[知] 못하셨으면서[不] 무엇[什麼] 때문에[爲] 도리어[却] 명백한 경지에도[明白裏] 있지[在] 않다고[不] 하신 겁니까[道]?”

조주스님께서[州] 이르셨다[云].

“묻는 것은[問事] 그만하면 되었다[卽得]. 절이나 하고[禮拜] 물러나라[了退].”

松江

　설두스님께서 문제를 제시하셨다. 다음 얘기를 살펴보도록 하자.

　조주스님께서 어느 날 대중들에게 말씀을 하셨다.
　"(승찬대사『신심명(信心銘)』의 첫 구절에 이 말씀이 있다.) 도(道)에 이르는 것은 어려울 것이 없다. 오직 자기 뜻대로 가려서 선택하는 것이 문제가 될 뿐이다. 여기에 대해서는 입만 뻥긋하여도 '가려 선택하는 상대적 경지[간택(揀擇)]'가 되거나 아니면 '뚜렷하고 환한 경지[명백(明白)]'가 된다. (그런데) 나는 '뚜렷하고 환한 경지[명백(明白)]'에도 머물지 않는다. 그대들은 잘 살펴보아 이것을 소중하게 여기겠는가?"

　조주스님께서 '도(道)'에 대한 말씀을 하시려고 당신이 좋아하는 승찬대사의 『신심명(信心銘)』 첫 구절을 끌어오셨다. 그런데 현장에서는 그 다음 구절까지를 인용한 듯 보인다. 아니면 그 자리의 모든 대중이 그 다음 구절을 알고 있는 상태라고 봐야 한다. '가려서 선택한다는 뜻'의 '간택(揀擇)'이라는 말과 대비시킨 '뚜렷하고 환한 경지'라는 뜻의 '명백(明白)'이라는 단어 때문이다.

『신심명(信心銘)』을 조금 더 들여다보면 이렇다.
'도에 이르는 것은[지도(至道)] 어려울 것이 없다[무난(無難)]. 오직 자기 뜻대로 가려서 선택하는 것이 문제가 될 뿐이다[유혐간택(唯嫌揀擇)]. 다만 미워하고 사랑하지 않는다면[단막증애(但莫憎愛)] 막힘없이 탁 트여[통연(洞然)] 뚜렷하고 환할 것이다[명백(明白)].'

참 어설프게 되고 말지만, 이해를 돕기 위해 위 문단을 다시 정리해 보겠다. 승찬대사께서 깨우쳐 주시려는 핵심은 분명하다. 도에 이르는 것[도를 깨닫는 것]은 아무 어려울 것이 없는데, 문제는 제각기 자기가 익힌 입맛대로 가려서 좋은 것은 택하고 싫은 것은 버리려는 상대적 분별에 걸려서 깨닫지 못할 뿐이다. 만약 분별을 버려서 분별로 인해 일어난 미

움과 사랑 등이 사라져버리면, 더 이상 도에 이르는 것을 가로막는 것 없이 탁 트여 바로 도를 깨닫게 된다는 것이다.

조주스님은 이제 승찬대사께서 가리킨 것을 되짚어 보자고 나섰다. '그것'에 대해서는 이러쿵저러쿵 설명으로 될 자리가 아니다. 만약 설명과 이해로 접근하면 '간택'이거나 '명백'이 되고 만다는 것이다. 그래서 힘주어 말씀하셨다. "난 그 뚜렷하고 환하다는 것(明白)도 전혀 마음 쓰지 않는다. 내가 말한 것을 소중하게 생각하겠는가?"

그때 어떤 스님이 나서서 여쭈었다.
"스님께서는 이미 뚜렷하고 환한 경지에도 머물지 않는다고 하시면서, 저희들에게는 무엇을 소중하게 여기겠느냐고 물으시는 겁니까?"

그렇지! 어디건 조연 역할이 중요하지. 공부하는 사람이라면 비록 미치지는 못할지라도 큰스님 앞이라고 기죽을 건 없지. 호기롭게 일어나 조주스님의 흠집이라고 생각되는 곳을 파고들어가 본다. 본디 말이란 흠집투성이 아닌가. 마치 지금 내가 태산만큼의 몽둥이를 벌고 있듯이….

"아니, 스님께서는 방금 '깨달음이라는 것도 나는 전혀 신경 쓰지 않는다.'고 하시고선, 저희들에게는 대체 무엇을 소중하게 생각하겠느냐고 물으시는 겁니까?"

조주스님께서 말씀하셨다.
"그건 나도 몰라!"

아아! 상대는 천하의 조주스님이셨다. 또 한 무리의 대중이 산채로 구덩이에 묻히고 있다. 당신이 일으킨 폭풍에 휩쓸린 대중을 제자리에 돌려놓으려 애쓰시는 조주 노장님의 저 혼신의 노력을 보라!

그 스님이 따지고 들었다.
"스님께서는 처음부터 알지도 못하셨으면서 무엇 때문에 도리어 명백한 경지에도 있지 않다고 하신 겁니까?"

용기는 있었으나 이 친구 제 한 몸 지탱할 줄도 모르고 있

다. 구덩이에 떨어지면서도 깨닫지를 못하는구나. 말에 끌려
가는 처지에 어찌 '뚜렷하고 환하다는 것(明白)도 전혀 마음
쓰지 않는다.'고 한 조주스님의 그 경지를 짐작이나 하랴!

조주스님께서 말씀하셨다.
"따지고 드는 것은 그만하면 되었다. 절이나 하고 물러나
라."

조주 노장님의 자비로움이야 익히 아는 터. 또다시 살길을
터 주신다. "계속 깊은 수렁으로 들어가지 말고 얼른 벗어나
도록 해라!" 이 말씀을 하시지 않았다면 그 혼란을 어찌 했을
꼬?

허공을 대지처럼
하늘을 날다
그에게 두려움이 없을까?

頌

至道無難이여 言端語端이로다
지도무난　　언단어단

一有多種하고 二無兩般이로다
일유다종　　이무양반

天際日上月下하고
천제일상월하

檻前山深水寒이로다
함전산심수한

髑髏識盡喜何立고
촉루식진희하립

枯木龍吟銷未乾이로다
고목용음소미건

難難이라
난난

揀擇明白君自看하라
간택명백군자간

송

도에[道] 이르는 것은[至] 어려울 것이[難] 없
다[無].

하는 말마다[言~語] 모두 바르도다[端~端].

하나에는[一] 여러 가지[多種] 있으나[有]

둘에는[二] 두 가지가[兩般] 없도다[無].

하늘엔[天際] 해가[日] 뜨고[上] 달이[月] 지며
[下]

난간[檻] 앞엔[前] 산이[山] 깊고[深] 물이[水]
차도다[寒].

해골에[髑髏] 의식[識] 다하니[盡] 기쁨이[喜]
어디[何] 서랴[立].

고목에[枯木] 용의[龍] 울음[吟] 말라[乾] 사라
지진[銷] 않았구나[未].

어렵고도[難] 어렵도다[難].

간택과[揀擇] 명백을[明白] 그대[君] 스스로

[自] 보라[看].

 **松江**

도에 이르는 것은 어려울 것이 없다.
하는 말마다 모두 바르도다.

　도에 이르는 것은 어려울 것 없다는 말씀이여! 어찌 언어
에 허물이 있겠는가? 허물을 일으키는 놈은 따로 있으니, 오
직 그놈을 때려잡을지어다.

　하나에는 여러 가지 있으나
　둘에는 두 가지가 없도다.

　깨달아 자유로운 사람이야 그 어딘들 못 가겠는가. 허나
두 말뚝에 발목이 묶인 놈은 어디에도 갈 수가 없으니 참으
로 딱한 노릇이다.

　하늘엔 해가 뜨고 달이 지며
　난간 앞엔 산이 깊고 물이 차도다.

도를 어디서 따로 찾으려 하는가? 하늘에는 해가 뜨고 달이 지며, 문을 열어젖히면 바로 난간 앞엔 숲이 깊고 물이 차갑지 않은가. 아하, 그러나 눈 희번덕이며 찾지 말라. 찾으려는 마음 움쩍만 해도 이미 그르칠 것이니.

해골에 의식 다하니 기쁨이 어디 서랴.
고목에 용의 울음 말라 사라지진 않았구나.

분별 일으키는 것이 사라졌는데, 어찌 기쁘니 슬프니 하는 것이 있겠는가. 질문하던 스님이 조주스님의 경지를 짐작도 못 하고 있다. 그렇다고 조주스님을 말라 비틀어진 고목이라고 말하진 말 것. 용의 울음으로 길 잃은 놈 살 길을 열어주지 않는가.

어렵고도 어렵도다.
간택과 명백을 그대 스스로 보라.

도를 대체 뭐라고 표현하겠는가? 승찬대사는 도에 이르는 것이 어려울 것 없다고 드러내 주셨다. 그러나 '거기'에는 어떤 것도 덧붙일 수 없으니, 눈 어둔 이에게는 어찌 어렵지 않겠는가. 간택이니 명백이니 하며 승찬대사를 뒤쫓지도 말고, 조주스님 방문 앞도 지키지 말라. 오직 그대가 스스로 볼 일이다.

세계적으로 유명한 뉴질랜드 카와라우 번지대
두려움을 놓으면 자유를 느낄 수 있다

뉴질랜드 카와라우 번지대에서 날다
자유를 느꼈을까?

제3칙

마조일면불
(馬祖日面佛)

마조스님의 '일면불(해 같은 부처님)'

松江

다른 판본에서는 '마조일면불월면불(馬祖日面佛月面佛)' '마대사불안(馬大師不安)'으로도 되어 있음.

설두스님이 경덕전등록에서 가려 뽑은 세 번째 공부는 임종을 앞둔 마조대사의 얘기이다.

마조스님(馬祖, 709~788)은 도일(道一)선사이시다. 육조혜능대사의 수제자라고 일컬어지는 남악회양(南岳懷讓)선사의 법을 이었다. 특이하게도 속성인 마(馬)씨에다 조사(祖

師)라는 칭호를 붙였다. 백장(百丈)선사, 남전(南泉)선사, 대매(大梅)선사 등이 모두 제자이다. 혜능 – 마조 – 백장 – 황벽 – 임제로 이어지는 계보가 워낙 걸출하여 임제종을 이루게 되고, 중국 선종하면 바로 임제종을 떠올릴 만큼 수많은 선승을 배출하였다. '기와를 갈아 거울을 만들려 한다는 일화'는 수행 중인 마조스님을 깨닫게 하기 위한 남악 회양선사의 자비에서 비롯된 것이었다.

'평상심이 곧 도이다.[평상심시도(平常心是道)]'는 마조선사의 법문 중 가장 많이 알려진 것이라고 할 수 있다.

흔히 '마조록(馬祖錄)'이라고 일컬어지는 『어록(語錄)』1권이 있다.

垂示

一機一境과 一言一句로 且圖有箇入
일기일경　일언일구　차도유개입

處나 好肉上에 剜瘡이라 成窠成窟이요
처　호육상　완창　성과성굴

大用이 現前에 不存軌則이라 且圖知有
대용　현전　부존궤칙　차도지유

向上事하고 蓋天蓋地나 又摸索不著이
향상사　개천개지　우모색불착

로다 恁麼也得이며 不恁麼也得이나 太廉
임마야득　불임마야득　태염

纖生이요 恁麼也不得이며 不恁麼也不
섬생　임마야부득　불임마야부

得이나 太孤危生이라 不涉二途인댄 如何
득　태고위생　불섭이도　여하

卽是아 請試擧看하라
즉시　청시거간

일기일경(一機一境) ‘하나의 행위와 하나의 경계’라는 뜻. 선어록에서 ‘기(機)’라는 용어는 ‘자질·기틀·기교·작용(행위)’ 등의 뜻으로 다양하게 쓰임. 여기에서 ‘일기(一機)’라는 것은 선지식이 공부하는 이를 이끌기 위해 찰나에 보이는 행위인 고함지르는 것, 눈을 껌벅이는 것, 웃는 것 등을 뜻하며, ‘일경(一境)’이라는 것은 꽃을 드는 것, 동그라미 그리는 것, 손가락을 드는 것, 달을 가리키는 것, 주장자를 세우는 것 등을 뜻함. 따라서 ‘일기일경’은 제자를 지도하기 위해서 어떤 행위로 드러내거나 어떤 경계를 보이는 것임.

일언일구(一言一句) ‘한 마디 말과 한 구절의 글귀’라는 뜻. 선지식이 공부하는 이의 질문을 받고 짤막하게 답하거나 경전이나 어록의 짧은 글귀를 인용해 주는 것임. ‘뜰 앞의 측백나무(庭前柏樹子)’ ‘앞니에 난 털(板齒生毛)’ 등이 여기에 속함.

차도유개입처(且圖有箇入處) ‘깨달음의 경지를 꾀하지만’의 뜻. ‘도(圖)’는 ‘~을 꾀하다’의 뜻. ‘개(箇)’는 뒤의 ‘입처(入處)’를 강조하는 접두어. ‘입처(入處)’는 ‘깨달음’ 또는 ‘깨달음의 경지’를 뜻함.

호육상완창(好肉上剜瘡) ‘고운 살에다 상처를 만드는 것’이라는 뜻. ‘완창(剜瘡)’은 ‘살을 깎아서 상처를 만들다’는 뜻의 완육작창(剜肉作瘡)의 줄임말. 흔히 말하는 ‘긁어서 부스럼 만들다’의 뜻임.

성과성굴(成窠成窟) ‘새집을 만들고 짐승 굴을 만들다’의 뜻. 앞의 구절과 연결하면, 깨달음의 경지는커녕 집착의 소굴이나 만드는 셈이라는 것.

대용현전(大用現前) ‘큰 작용이 앞에 드러남’의 뜻. 도의 미묘하고 큰 작용이 바로 눈앞에서 전개되고 있다는 것임.

부존궤칙(不存軌則) ‘법칙에 있지 않음’의 뜻으로, 앞의 ‘큰 작용’은 인간이 만든 인위적 규범 따위에 걸리지 않는다는 것임.

차도지유향상사(且圖知有向上事) ‘만일 어떤 절대적인 경지를 알고자 하고’의 뜻. 여기에서 ‘차(且)’는 가정을 뜻하는 말로 ‘만일’이라고 옮기는 것이 좋음.

개천개지(蓋天蓋地) ‘하늘을 덮고 땅을 덮다’는 뜻이니 ‘천지에 가득하다’고 풀이할 수 있음.

우모색불착(又摸索不著) ‘또한 찾아도 찾을 수 없다’는 뜻. ‘불착(不著)’은 ‘도달할 수 없다’는 말로 ‘뜻을 이룰 수 없다’는 것임.

임마야득(恁麼也得) ‘이래도 옳다, 이래도 괜찮다’는 뜻. ‘임마(恁麼)’는 ‘이러하다’는 말이고, ‘야득(也得)’은 ‘역시 좋다’는 말.

불임마야득(不恁麼也得) ‘이렇지 아니해도 역시 옳다’는 말.

태염섬생(太廉纖生) ‘매우 자잘한 것, 매우 섬세한 것’의 뜻. ‘생(生)’은 접미어로 ‘놈’으로 번역하기도 함.

임마야부득(恁麼也不得) ‘이래도 옳지 않다’는 뜻.

불임마야부득(不恁麼也不得) ‘이렇지 않아도 옳지 않다’는 뜻.

태고위생(太孤危生) ‘매우 고준한 것’이라는 뜻. ‘고위(孤危)’는 ‘고준(孤峻)’과 같다.

불섭이도(不涉二途) ‘두 길이 안 된다면’의 뜻.

여하즉시(如何即是) ‘어떻게 하는 것이 옳은가’의 뜻.

청시거간(請試擧看) ‘본보기를 살펴보도록 하자’는 뜻.

한 번의 행위[一機] 한 가지 경계를 보임과[一境] 한 마디 말[一言] 한 구절의 글귀로[一句] 깨달음의 경지에[有箇入處] 이끌려 하더라도[且圖], 고운 살에다[好肉上] 살을 깎아 상처를 만드는 것이고[剜瘡] 집착의 소굴을 만드는 것이다[成窠成窟].

큰 작용이[大用] 눈앞에 나타남에는[現前] 일정한 법칙이[軌則] 있는 것이 아니다[不存]. 가령[且] 절대의 경지를[有向上事] 알고자 하고[圖知] (그것이) 온 천지에 가득해도[蓋天蓋地], 또한[又] 찾는다고[摸索] 되는 것은 아니다[不著]. 찾아도 좋고[恁麼也得] 찾지 않아도 좋으나[不恁麼也得], 이는 너무나 자잘하다[太廉纖

生]. 찾아도 좋지 않고[恁麼也不得] 찾지 않아도 좋지 않나니[不恁麼也不得], 이는 너무나 고준하다[太孤危生].

두 가지 길이[二途] 안 된다면[不涉], 어떻게 해야[如何] 옳은가[卽是]? 다음의 이야기를 살펴보자[請試擧看].

松江

　선지식이 고함을 지르거나 눈을 찡긋하는 등의 행위를 통해 제자를 깨달음으로 이끌려 하기도 하고, '뜰 앞의 측백나무니라' '앞니에 털이 났다'는 등의 말씀이나 경전의 한 구절을 들려주어 깨달음으로 인도하려고도 하지만, 절대경지의 입장에서는 괜스레 멀쩡한 살을 깎아 상처를 내는 것처럼 어설픈 것이며, 후학들로 하여금 집착할 소굴을 만드는 격이다.

　도의 큰 작용이 펼쳐질 때는 세상의 정해진 틀을 따르는 것이 아니다. 그러니 세상의 인위적인 법칙을 좇아 동분서주한다고 무슨 영험이 있겠는가. 가령 절대의 경지인 도를 알고자 하고, 그 도가 천지에 가득하지만. 그렇다고 도라는 게 더듬거리며 찾는다고 물건 찾듯이 찾아지는 것이 아니다.

　도가 천지에 가득하니 찾아도 찾지 않아도 아무 상관이 없지 않느냐고 한다면, 이는 너무 자잘함에 치우쳤다. 그렇다고 찾아도 옳지 않고 찾지 않아도 옳지 않다고 하면, 이는 너무나 고준함에 치우친 것인지라, 사람들로 하여금 접근할 수 없게 만드는 것이다.

그렇다면 이 두 가지에 치우치지 않고 어떻게 하면 좋단 말인가? 여기 아주 멋진 예를 보인 분이 계시니, 본칙을 한번 살펴보라.

아잔타의 열반상
미소를 볼 수 있어야 !

擧 馬大師不安이어늘 院主問호대 和尙
거 마대사불안　　　　원주문　　　화상

近日에 尊候如何닛고 大師云 日面佛
근일　　존후여하　　　대사운 일면불

月面佛이니라
월면불

마대사(馬大師) 존경의 뜻으로 마조선사(馬祖禪師) 성씨만을 언급하고는 '대사(大師)'를 붙였음.

불안(不安) 마음이 편치 않을 때와 몸이 편치 않을 때의 두 경우에 다 쓸 수 있다. 여기에서는 '몸이 불편하다'는 뜻임.

원주(院主) 현재 큰절의 소임으로는 살림을 맡아 처리하는 직책이지만, 선어록에 등장하는 원주는 현재의 주지(住持)에 해당되는 경우가 대부분이며, 감원(監院) 또는 감사(監事)라고도 한다.

화상(和尙) 어른 스님에 대한 존칭임.

존후(尊候) 어른의 건강 상태를 여쭐 때 쓰는 말. 주로 편지에 많이 사용함.

일면불월면불(日面佛月面佛) 『삼천불명경(三千佛名經)』에 나오는 부처님의 명호임. 일면불은 1800세를 사시고, 월면불은 하루 밤낮 동안만 사심. 가장 수명이 긴 부처님과 가장 수명이 짧은 부처님을 대비시킴.

이런 얘기가 있다[擧].

마조대사께서[馬大師] 몸 상태가 불안하자[不安] 원주가[院主] 여쭈었다[問].

"큰스님께서는[和尙] 요사이[近日] 건강 상태가 [尊候] 어떠하십니까[如何]?"

대사께서[大師] 이르셨다[云].

"일면불 월면불이지[日面佛月面佛]!"

松江

『오등엄통(五燈嚴統)』제3에 본칙과 연관된 기록이 있다.

「강서(江西)의 도일선사(道一禪師)는 제자가 139인이며, 모두가 한곳의 지도자가 되어 교화를 펼쳤다. 흥원(興元) 4년(787) 정월에 강서(江西)의 건창(建昌) 석문산(石門山)에 올라 숲속을 산책하였다. 산책을 하던 중에 평탄한 골짜기를 보더니 따르던 시자에게 말씀하셨다.

"나의 시신이 다음달에 이곳으로 오게 되리라."

그리고는 절로 돌아오셨다. 이윽고 병색을 보이시어 원주가 병문안을 드리며 어떠하시냐고 여쭈니, "일면불 월면불!"이라 답하셨다. 2월 1일 목욕하시고 가부좌를 하시더니 입적하셨다.」

보통 알려져 있는 생존 연대와 비교하면 위의 기록은 1년 앞선다. 그러나 그것은 본칙에 아무 영향이 없으니 참고로만 하면 되겠다.

마조대사께서 몸 상태가 불안하자 원주가 여쭈었다.
"큰스님께서는 요사이 건강 상태가 어떠하십니까?"

어른께서 병색이라도 보이면 아랫사람으로서는 걱정이 많게 마련이다. 더더군다나 절의 책임을 지고 있는 원주스님으로서는 여러 가지로 생각할 것이 많았을 터. 80세란 연세는 요즘에야 예사롭지만, 1200년 전의 상황에서는 아주 드문 연세였을 것이다. 게다가 이미 산에 올라 입적을 예언하신 후가 아닌가. 원주스님은 근심 가득한 얼굴로 조심스럽게 여쭈었겠지. "저, 큰스님 많이 편찮으십니까? 어떻게 좀 견디실 만하신지요?"

대사께서 이르셨다.
"일면불 월면불이지!"

대사께서는 지긋이 원주의 걱정스런 표정을 살펴보셨을 것이다. 그쯤 되면 아마도 "괜찮다네! 너무 걱정하지 마시게나." 정도의 말씀을 기대했을지도 모른다. 그러나 이 두 번

다시 오지 않을 기회를 마조스님께서는 놓치지 않으셨다. "허어, 일면불 월면불이야!" 원주는 순간 무엇을 보았을까?

이 문제는 마조대사와 일면불과 월면불이 함께하는 그곳을 봐야만 한다.

문득 떠오르는 장면 하나가 있다. 80세에 이르신 부처님께서 사라쌍수 아래에서 열반을 준비하실 때, 뒤늦게 달려온 120세의 '수바드라' 바라문이 부처님 뵙기를 청했다. 아난존자가 거절했지만 부처님께서 불러들여 팔정도를 설하시어 깨달음에 이르게 하셨다. 수바드라는 부처님의 마지막 제자가 되었다. 지극히 인도적인 장면과 너무나 중국선적(中國禪的)인 광경이 전혀 어색하지 않은 그림으로 어울린다.

열반의 고요함

日面佛月面佛이여
일 면 불 월 면 불

五帝三皇是何物고
오 제 삼 황 시 하 물

二十年來曾苦辛하니
이 십 년 래 증 고 신

爲君幾下蒼龍窟고
위 군 기 하 창 룡 굴

屈 堪述이라
굴 감 술

明眼衲僧莫輕忽하라
명 안 납 승 막 경 홀

오제삼황(五帝三皇) 중국의 전설 속의 황제들임. 중국에서 가장 존경하는 인물들을 인용한 것임.

시하물(是何物) '이 무슨 물건이냐'의 뜻. 별것 아니라는 의미.

이십년래증고신(二十年來曾苦辛) 이십 년 동안이나 모진 고생을 했다는 뜻.

위군(爲君) '마조대사의 일면불 월면불의 도리를 깨닫게 하기 위해서'라는 뜻.

창룡굴(蒼龍窟) 용이 사는 굴. 목숨을 걸고 그 굴에 들어가 용의 수염 아래 있는 여의주를 가져오는 일을 깨달음에 견주어 말한 것.

굴(屈) 속어로 '아, 힘들었다'의 뜻.

감술(堪述) '어찌 다 표현하랴!'의 뜻.

명안납승막경홀(明眼納僧莫輕忽) '눈 밝은 수행자라도 소홀하지 말라'는 뜻.

일면불 월면불이여![日面佛月面佛].

삼황오제가[五帝三皇] 이[是] 무슨[何] 물건인가[物].

그 쓰디쓴[曾苦辛] 이십 년 세월이여![二十年來]

그대[君] 위해[爲] 몇 번이나[幾] 창룡굴에[蒼龍窟] 갔던가[下].

아! 힘들었네[屈].

어찌 다 표현하랴[堪述].

눈 밝은[明眼] 수행자라도[納僧] 소홀히[輕忽] 말게나[莫].

 **松江**

일면불 월면불이여!..

역시 설두스님이시다. 이 노인네는 남의 속을 다 들여다본다. 그러고도 누가 물으면 몰라라 하기 일쑤다.

삼황오제가 이 무슨 물건인가.

마조스님께서 일면불 월면불과 함께하는 그 경지에서야 무슨 삼황오제 따위를 말할까 보냐. 누군가가 그랬던가. 이왕이면 벼슬아치 과거 말고 부처 뽑는 과거 보라고.

그 쓰디쓴 이십 년 세월이여!

어디 만만하게 될 줄 알고?

어림 반 푼어치도 없다.

이십 년 아니라 사십 년도 어려울 걸!

그대 위해 몇 번이나 창룡굴에 갔던가.

마조스님 만나고 싶다고?

그대 목숨이 몇 개나 되는지 알고나 하는 소린가?

옛 사람이 말하지 않았던가!

크게 한 번은 죽어야만 한다고.

아! 힘들었네.

어찌 다 표현하랴.

괜히 짐작하지 마시게나. 그게 짐작할 수 있는 곳이 아니란 말일세. 호랑이 잡는다면서 여우의 굴 앞을 서성이지 말게나.

눈 밝은 수행자라도 소홀히 말게나.

그게 두 눈 가지고는 어림도 없고, 세 눈 갖춰도 안 될 말씀이지. 꿈에 흘긋 본 걸 뭘 그리도 자랑하누!

홍련인가 백련인가 벌인가 나비인가 꽃인가

松江

다른 판본에서는 '덕산도위산(德山到潙山)' '덕산협복자
(德山挾複子)' '덕산협복문답(德山挾複問答)'으로도 되어
있음.

설두스님께서 선택한 네 번째 얘기는 덕산선사와 위산선
사의 만남이다. 먼저 본칙에 등장한 덕산선사와 위산선사에
대해 대략 살펴보기로 한다.

덕산 선감(德山宣鑑, 782~865)선사는 용담 숭신(龍潭崇

信)선사의 법제자이다. 처음에는 교학을 연구하였고, 특히 『금강경』의 연구에 힘써 금강경을 풀이한 『금강경청룡소초(金剛經靑龍疏鈔)』를 지었다. 항상 『금강경』을 강설했기에 속성을 따서 '주금강(周金剛)'이라 불렸다.

남쪽지방에서 문자를 세우지 않고 성품을 보아 성불한다[불립문자(不立文字) 견성성불(見性成佛)]는 선종(禪宗)이 크게 일어난다는 말을 듣고는 그들을 설복시키겠다고 길을 떠났다. 길을 가던 중에 떡집에 들러 간단한 요기를 하려했는데, 노파가 지니고 있는 책이 뭐냐고 묻자 『금강경소초』임을 밝혔다. 노파가 『금강경』에 대해 질문을 하여 답을 하면 그냥 떡을 드리겠다고 하자, 스님은 자신만만하게 승낙을 했다. 노파가 물었다. "『금강경』에 과거의 마음도 얻을 수 없고, 현재의 마음도 얻을 수 없으며, 미래의 마음도 얻을 수 없다고 했습니다. 스님께서는 점심(點心)을 하겠다고 하셨는데, 어느 마음에 점을 찍으시겠습니까?" 점심이란 중국에서 아주 간단한 요기를 가리키는 말이었지만, 노파는 점심이라는 글자의 뜻을 빌어 질문을 한 것이었다. 덕산스님은 그런 질문을 처음 받아보는지라 그냥 우물쭈물하고 말았다. 노파는 용담 숭신(龍潭崇信)선사를 찾아가 보라고 일러 주었다.

용담선사를 찾아간 덕산스님은 첫 대면에 호기를 부렸다. "용담이 유명하다더니 여긴 못(潭)도 없고 용(龍)도 나타나지 않는군요." 용담선사는 조용히 웃으며 답했다. "자네가 용담에 바로 왔네." 덕산스님은 또 답을 하지 못했다. 밤이 늦도록 용담선사의 방에서 법담(法談)을 나누다가 객실로 돌아갈 때가 되었는데 너무 어두워 신을 찾을 수 없었다. 그러자 용담선사께서 촛불을 건네주었다. 그것을 받으려는데 선사께서 촛불을 훅 불어 꺼 버렸다. 그 순간 눈앞이 환해졌다. 덕산스님이 절을 올리자 용담선사가 물었다. "무엇을 보았는가?" "지금부터는 천하 노화상들의 혀끝에 미혹되지 않겠습니다!" 용담선사는 이후에 "훗날 외로운 봉우리 정상에서 나의 도를 세우리라."고 칭찬했다.

참선 공부를 지도함에 있어 누가 쓸데없는 분별을 일으키면 즉시에 주장자나 죽비로 두들겼기에 사람들은 덕산선사의 지도법을 덕산방(德山棒)이라 일컫게 되었고, 임제선사의 고함[임제할(臨濟喝)]과 더불어 가장 많이 언급된다.

위산 영우(潙山靈祐, 771~853)선사는 백장(百丈)선사의 법제자이다. 제자 앙산(仰山)선사와 더불어 위앙종의 종조(宗祖)로 꼽힌다.

15세에 건선사(寺)의 법상율사 아래 출가하여 대소승 경전과 계율을 연구하였다. 23세에 강서지방으로 건너가 백장선사를 뵈었는데, 바로 제자로 받아들여 윗자리에 앉혔다고 한다.

어느 날 백장선사가 옆에 서 있는 영우스님에게 물었다.

"누구냐?"

"영우입니다."

"화로 속에 불이 있는지 살펴보도록 해라."

한참을 살핀 후 답했다.

"없습니다."

백장선사께서 직접 화로를 깊숙이 헤쳐서 작은 불씨를 하나 찾아낸 후, 들어 보이면서 말씀하셨다.

"이게 불이 아닌가?"

영우스님이 깨닫고서 절을 한 뒤에 자기의 견해를 펴니, 백장선사께서 말씀하셨다.

"그것은 잠시 나타난 갈림길일 뿐이다. 경에 이르기를 '불성을 보고자 하면 마땅히 시절인연을 관찰해야 한다'고 하였다. 시절이 이르게 되면 마치 미혹했다가 홀연히 깨달은 것 같고 잊었다가 문득 기억해낸 것과 같아서, 비로소 그것이 본래 자기 물건이었지 남의 것은 아니었다는 것을 살피게 된다. 그러므로 조사께서 말씀하시기를 '깨달아 마치면 깨닫지 못한 것과 같고, 마음이 없으면 또한 법도 없다'고 하셨다. 이는 다만 허망하게 범부니 성인이니 하는 따위의 마음이 없고, 본래의 심법(心法)이 원래 스스로 갖춰진 것을 말한다. 자네가 이제 그렇게 되었으니, 잘 보호해 지녀라."

백장선사는 영우스님에게 위산(潙山)에 가서 도량을 만들라고 했다. 처음에는 원숭이와 벗하여 도토리 등으로 연명하였으나 점차 사람들에게 알려지면서 절을 이루게 되었다. 대장군인 이경양(李景讓)이 황제께 아뢰어 동경사(同慶寺)라는 이름을 내리게 되고, 다시 상국(相國 - 정승)인 배휴(裵休)가 와서 지도를 받음으로 해서 천하에 이름이 알려지게 되었다. 40여 년 지도하면서 41명의 깨달은 제자를 두었고, 그 수제자가 앙산(仰山)선사이다. 위산에서 83세로 입적하셨고, 황제는 대원(大圓)선사라고 시호를 내렸다.

선객스님들의 개화사 방문 – 다회를 위해

범어사 유나스님과 달마사 주지스님

해인총림 방장스님과 범어사 유나스님

垂示

靑天白日_{이라} 不可更指東劃西_{어니와} 時
청천백일　　　불가갱지동획서　　　시

節因緣_은 亦須應病與藥_{이니라} 且道_{하라}
절인연　　　역수응병여약　　　차도

放行_이 好_아 把定_이 好_아 試擧看_{하라}
방행　호　　파정　호　　시거간

청천백일(靑天白日) 글자만의 뜻은 '맑게 갠 하늘에서 밝게 비치는 해'가 됨. 처음에는 '세상이 다 알아보는 훌륭한 인물'이라는 뜻으로 사용되다가, '잘못이 없음이 다 드러났다'는 뜻으로 쓰임.

여기에서는 '절대적인 경지인 도(道)가 만천하에 다 드러나 있다'는 뜻임.

지동획서(指東劃西) '동쪽을 가리키고 서쪽을 그리다'의 뜻으로, 설명하기 위해 여러 가지 방법으로 애쓰는 모습.

시절인연(時節因緣) 모든 것에는 때가 있고 특별한 인연이 있다는 뜻으로 쓰이는 말. 흔히 공부하는 사람이 너무 조급하게 굴 때 어른들이 하시는 말씀에 '시절인연이 와야 한다'는 표현을 함. 여기서는 청천백일이라도 시절인연이 필요하다는 의도로 사용했음. 즉 도의 입장에서는 가르친다는 것이 부질없는 것이긴 하지만, 그러나 공부할 수 있도록 여러 가지 방법을 제시해야 한다는 것.

응병여약(應病與藥) '병에 따라 약을 주다'의 뜻. 부처님의 가르침이 경전마다 다른 것은, 가르침을 받는 대상이 다르기에 가장 적절한 처방을 하셨기 때문임. 따라서 대상에 따라 적절한 방법으로 지도해야 한다는 뜻도 됨.

방행(放行) 자유롭게 풀어주고 공부할 수 있도록 하는 지도법. 제자의 현 상황을 긍정적으로 받아주면서 다시 상승할 수 있도록 지도하는 법. 살리고 죽이는 법[살활(殺活)]에서의 '살리는 방법[활(活)]'이고, 주고 뺏음[여탈(與奪)]에서의 주는 방법[여(與)]에 해당함.

파정(把定) 방행(放行)의 반대. '상대의 기량을 꺾어 꼼짝 못하게 함'

의 뜻. 파주(把住)라고도 함. 공부하는 이가 이미 머릿속에 있는 관념에 집착하여 깨달음에 이르지 못할 때, 그것을 깨트리기 위해 모든 것을 부정해 가는 것. 살리고 죽이는 법[살활(殺活)]에서의 '죽이는 방법[살(殺)]'이고, 주고 뺏음[여탈(與奪)]에서의 뺏는 방법[탈(奪)]에 해당함.

수시

맑게 갠 하늘에[靑天] 밝게 비치는 해라[白日]. 다시[更] 동쪽을[東] 가리키고[指] 서쪽을[西] 그리는 것이[劃] 옳지[可] 않다[不]. (그러나) 적당한 때에[時節] 알맞은 사람이라면[因緣] 또한[亦] 마땅히[須] 병에[病] 따라[應] 약을[藥] 주어야 한다[與]. 한번[且] 말해 보라[道]. 긍정하면서 지도함이[放行] 좋을까[好], 아니면 부정하면서 지도함이[把定] 좋을까[好]. 다음 얘기를[擧] 자세히[試] 살펴보라[看].

松江

　도(道)는 맑게 갠 하늘에 밝게 비치는 해와 같은 것이다. 그래서 괜스레 다시 동쪽을 가리키고 서쪽을 그려 보이듯이, 설법을 하고 고함을 지르며 주장자로 치는 것 등이 본래의 도에 들어맞는다고 할 수 없고, 또 최상의 지도법이라고 할 수도 없다. 그렇다고 그냥 두면 되겠는가? 적절한 때가 되고 지도할 만한 인재라면, 모름지기 병을 고칠 수 있는 약을 쓰듯이 깨닫게 할 방도를 써야 하는 것이다. 어떤 방법이 과연 좋을까? 하나씩 긍정하면서 깨닫게 해야 할까, 아니면 사정없이 부정해서 깨닫게 해야 할까. 여기 멋진 얘기가 있으니 잘 살펴 공부해 보자.

태산의 정상
2005년 동문회 성지순례

擧 德山이 到潙山하야 挾複子於法堂
거 덕산　　도위산　　협복자어법당

上하고 從東過西하며 從西過東타가 顧視
상　　종동과서　　종서과동　　고시

云無無하고 便出이러니
운무무　　변출

[雪竇着語云 勘破了也라]
설두착어운 감파료야

도위산(到潙山) 위산(潙山)에 이르렀다는 뜻이면서 동시에 위산선사가 계시는 곳에 이르렀다는 뜻임.

협복자(挾複子) 글자대로 풀면 '바랑을 몸에 지닌 채로'가 되니, '바랑을 멘 채로'의 뜻이 됨. 어른을 뵐 때나 법당을 참배할 때는 바랑을 벗고 가사를 착용한 뒤에 인사를 올리는 것이 예법임. 바랑을 벗지 않은 것은 정해진 예법 따위에 걸리지 않겠다는 뜻도 되고, 또 머물 생각이 없다는 뜻도 됨. 복자(複子)는 스님들의 바랑으로 복자(袱子)로도 씀.

고시(顧視) '이리저리 둘러 봄'의 뜻. 『전등록』에서는 위산선사를 돌아보았다는 뜻으로 사용했음.

변출(便出) '곧 나옴'의 뜻. '문득'이라는 뜻으로 사용될 때는 '변'으로 읽음

설두착어운(雪竇着語云) 본칙의 내용에 대해 설두스님이 촌평을 한 것. 기록이 남아 있었기에 원오스님이 본칙의 안에 넣은 것임.

감파료(勘破了) '점검이 끝남'의 뜻. 이미 모든 것을 다 알았다는 뜻임.

이런 얘기가 있다[擧]. 덕산스님이[德山] 위산스님이 계신 곳에 이르러[到潙山] 바랑을[複子] 멘 채로[挾] 법당에[於法堂] 올라[上], 동쪽에서[從東] 서쪽으로[西] 갔다가[過] 서쪽에서[從西] 동쪽으로[東] 가더니[過] 둘러보고는[顧視] "없다 없어[無無]"라 말하고는[云] 곧바로[便] 나가버렸다[出].

《설두스님이[雪竇] 촌평하기를[着語] "점검이 끝났다[勘破了也]"고 하였다[云].》

松江

　용담선사의 지도로 선의 안목이 열린 덕산스님이, 천하에 명성이 자자한 위산선사를 찾아갔다. 이미 율장의 도덕성이나 경전의 체계적인 이론이라는 것도 절대의 세계에서는 부질없음을 처절하게 체험한 뒤인지라, 덕산스님은 그런 것들을 완전 무시하고 칼을 뽑아들었다. 『전등록(傳燈錄)』에 의하면 마침 위산선사께서는 법당에 계셨다. 덕산스님은 일체의 예법을 무시해 버렸다. 여행객의 모습 그대로 바랑을 짊어진 채로 법당에 들어가 위산선사의 눈앞에서 동서로 오가며 위산선사를 돌아보았다. 대단한 기세였다. 자! 이제 광풍이 몰아치듯 했으니 반응이 있어야 마땅하지 않겠는가? 그러나 위산선사는 허공 같았다. 오는 대로 비춰줄 뿐이다. 덕산스님은 큰소리로 "없다, 없어!" 외치고는 법당을 나가버렸다. 참 성질도 급하지. 하긴 덕산스님만큼 급한 이가 어디 있을라고?

　절대의 경지에 대한 것. 제일의제

훗날 설두스님이 이 대목에 촌평을 붙이기를 "간파해 버렸다"고 하였다. 누가 누구를 간파했으며, 무엇을 간파했다는 말인가? 설두스님은 친절을 베풀었다지만 사람들은 더욱 혼란스럽기만 하다.

덕산스님의 폭풍 – 제주도

드센 물살도 어쩌지 못하는 바위 – 차마고도의 호도협

德山이 至門首하야 却云 也不得草草로
덕산 지문수 각운 야부득초초

다하고 便具威儀하야 再入相見할새 潙山
변구위의 재입상견 위산

이 坐次에 德山提起坐具云 和尙하니
좌차 덕산제기좌구운 화상

潙山이 擬取拂子어늘 德山이 便喝하고
위산 의취불자 덕산 변할

拂袖而出이라
불수이출

[雪竇着語云 勘破了也라]
설두착어운 감파료야

德山이 背却法堂하고 着草鞋便行하니라
덕산 배각법당 착초혜변행

지문수(至門首) '산문(山門)에 이르다'의 뜻. 수(首)는 '첫 번째'란 뜻으로 쓰였으니, 여기서는 일주문을 가리킨다고 볼 수 있음.

각운(却云) '멈춰 서서 이르다'의 뜻. 여기서는 지금까지는 거침없이 행동하다가 그것을 멈추었다는 뜻도 됨.

야부득초초(也不得草草) '이렇게 대충 끝낼 일은 아니지'의 뜻. '초초(草草)'는 '너무 서둘러 거칠게 하는 것'을 뜻함.

변구위의(便具威儀) '곧 정중한 모습을 갖추어'라는 뜻. '위의(威儀)'는 '예법에 맞는 몸가짐'을 뜻하며 특히 불교에서는 계율에 맞는 언행을 뜻함.

재입상견(再入相見) '다시 들어가 정식으로 위산스님께 인사를 드림'의 뜻.

좌차(坐次) '자리에 앉다'의 뜻. 여기서 '차(次)'는 '정해진 자기의 자리'를 가리킴.

제기좌구운(提起坐具云) '좌구를 들고 말하기를'의 뜻. 좌구(坐具)는 스님들이 앉을 때 쓰는 '깔개'이다. 율장에 의하면 스님들의 필수품에 '좌구'가 들어 있음. 옛날 인도와 중국에서는 스님들이 자기의 좌구를 지참하고 다녔다고 함.

의취불자(擬取拂子) '불자를 집어 들려 하다'의 뜻. 불자(拂子)는 먼지떨이와 비슷한 것으로, 스님들이 파리나 모기 등을 쫓을 때 사용하던 것임. 이것이 세월이 지나면서 점차 큰스님들의 상징처럼 되었음.

변할(便喝) '갑자기 고함을 치다'의 뜻. 선가에서 절대적 경지를 드러내는 한 가지 방법.

불수이출(拂袖而出) '소매를 떨치고 나가다'의 뜻. 소매를 떨치는 것은 자기의 결연한 뜻을 드러내는 것임.

배각법당(背却法堂) '법당을 등지고'의 뜻. 즉 법당을 떠난다는 뜻임. 이 구절은 위산선사와 덕산선사가 만난 곳이 법당 안이었음을 뜻하는 것이며, 따라서 앞서 덕산스님이 법당에서 행동할 때 위산스님께서 지켜보고 있었다는 것이 됨.

착초혜(着草鞋) '짚신을 신고'의 뜻. 이것은 법당에 신을 벗고 들어갔었다는 것을 뜻하므로, 요즘 대부분의 중국사찰 법당처럼 신을 신고 들어가는 것이 아니었던 것 같음.

변행(便行) '곧바로 가다'의 뜻.

덕산스님이[德山] 산문에[門首] 이르자[至] 걸음을 멈추고는[却] "이렇게 대충 끝낼 일은[也~草草] 아니지[不得]" 하고는[云], 곧바로[便] 예법에 맞게 몸가짐을[威儀] 갖추어[具] 다시[再] 법당에 들어가[入] 위산스님을 만났다[相見]. 위산선사께서[潙山] 자리에[次] 앉아 계셨는데[坐] 덕산스님이[德山] 좌구를[坐具] 들고는[提起] "스님![和尙]"하고 부르니[云] 위산선사께서[潙山] 불자를[拂子] 들려고[取] 하였다[擬]. 덕산스님이[德山] 갑자기[便] 고함을 지르고는[喝] 소매를[袖] 떨치고는[拂] 나가 버렸다[而出].

《설두스님이[雪竇] 촌평하기를[着語] "점검이 끝났다[勘破了也]"고 하였다[云].》

덕산스님이[德山] 법당을[法堂] 뒤로하고[背却] 짚신을[草鞋] 신고는[着] 휑하니[便] 가버렸다[行].

松江

　뒤도 돌아보지 않고 산문까지 나온 덕산스님이 스스로도 명쾌하지 못하다고 느꼈던 모양이다. 당연한 일 아닌가. 그러고도 그냥 가 버렸다면 어디 그릇이라고 할 수 있나? 스스로 되짚어보고는 "이렇게 대충 끝낼 일은 아니지."라고 할 줄도 알았다. 그리고는 예법을 갖춰 다시 위산선사 앞에 섰다. 덕산스님이 절할 때 사용하는 좌구를 손에 들고는 "스님!" 하고 위산선사를 불렀다. 그러자 위산선사께서 바로 불자를 집어 들려고 했다. 그 순간 덕산스님이 꽥 고함을 지르고는,

모든 것이 끝났다는 듯 소매를 떨치고는 일어나 나가 버렸다. 참 번갯불 같다. 천하의 위산선사가 아니었다면 큰 낭패를 보았을 것이다. 하지만 상대는 위산선사이니, 덕산스님이 멈칫거릴 여유가 없었으리라.

상대적 경지. 제이의제적인 것.

훗날 설두스님이 이 대목에 또 촌평을 붙이기를 "간파해 버렸다"고 하였다. 이 노인네가 다시 사람들을 흔들어 놓는다. 하지만 이게 설두스님께서 친절을 베푸는 방법이니 어쩌랴. 자! 이번엔 누가 누구를 간파한 것일까? 의심 많은 사람들은 친절하게 대해줘도 혼란스러워 한다.

위산선사 앞에서 이럴 수 있었다니, 참 대단한 덕산스님이다. 그러나 조금 늦출 줄을 알았다면, 좀 다른 노랫가락이 있었지 않았겠는가.

구름과 바람과 빛과 고요

산중한담

本則

潙山이 至晚에 問首座호대 適来新到
위산　　지만　　문수좌　　　적래신도

在什麼處오 首座云 當時背却法堂하
재십마처　　수좌운　당시배각법당

고 着草鞋出去也니다 潙山云 此子가 已
　　착초혜출거야　　위산운 차자　　이

後에 向孤峰頂上하야 盤結草庵하고 呵
후　　향고봉정상　　　반결초암　　　가

佛罵祖去在하리라
불매조거재

[雪竇着語云 雪上加霜이로다]
　설두착어운　설상가상

지만(至晩) '밤이 되다'의 뜻.

수좌(首座) 선원에서 방장스님 다음으로 책임을 맡은 스님. 요즘 선방에 있는 스님들을 모두 '수좌'라고 부르는데, 원칙적으로는 맞는 말이 아니다. 본래 수좌는 대단한 위치이며 총림에서 한 사람만 있다.

적래(適來) '아까, 앞서'의 뜻.

신도(新到) '새로 온 친구'의 뜻. 선원에서의 신참을 가리킴.

재십마처(在什麼處) '어디에 있느냐?'의 뜻. 십마(什麼)는 '무엇, 어디' 등의 뜻으로 의문에서 사용됨.

차자(此子) '이 사람, 이 친구'의 뜻.

향고봉정상(向孤峰頂上) 글자대로는 '외딴 봉우리의 꼭대기로 향하여'라는 뜻임. 상대적 견해를 인정하지 않는 절대적 경지를 흔히 '고봉정상'이라고 함.

반결초암(盤結草庵) '풀집을 얽어 짓다'의 뜻.

가불매조거재(呵佛罵祖去在) '부처를 꾸짖고 조사를 욕하며 살 것이다'의 뜻.

위산선사께서[潙山] 밤이[晩] 되자[至] 수좌스님에게[首座] 물었다[問]. "아까[適來] 새로 온 친구[新到] 어느 곳에[什麼處] 있는가?[在]"

수좌스님이[首座] 말씀드렸다[云]. "그때[當時] 법당을[法堂] 뒤로하고[背却] 짚신을[草鞋] 신고는[着] 떠났습니다[出去也]."

위산선사께서[潙山] 말씀하셨다[云]. "이[此] 사람이[子] 훗날[已後] 외로운[孤] 봉우리[峰] 꼭대기에[頂上] 가서[向] 초암을[草庵] 짓고는[盤結], 부처를[佛] 꾸짖고[呵] 조사를[祖] 욕하며[罵] 지낼 걸세[去在]." 《설두스님이[雪竇] 촌평하기를[着語] "눈[雪] 위에[上] 서리를[霜] 더하는군[加]!" 하였다[云].》

아무 일도 없었던 듯 순식간에 지나친 만남이었으나, 위산 선사는 덕산스님의 모든 것을 다 보셨다. 그래서 밤이 되자 슬며시 당신 주변의 사람들에게 그 문제를 다시 제시하셨다. 선사께서 선원의 책임자인 수좌스님에게 물었다.

"아까 왔던 그 친구 어디 있는가?"

"낮에 법당에서 나갔을 때 짚신 꿰차고 떠났습니다."

떠나버렸다고? 먼지가 나지 않을 때까지 짚신으로 맞아야 할 놈이다. 그러나 안타깝게도 위산선사는 이 수좌를 그냥 두었다. 그릇이 아니었던가? 그리고는 수좌가 떠나버렸다고 했던 덕산스님을 다시 앞에 세워 제자들에게 보여준다.

"이 친구는 어느 누구 앞에서도 낮출 친구가 아니지. 그래서 외롭고 외롭게 저 상상봉 꼭대기로 갈 걸세. 제가 좋아하는 거친 집을 지어놓고 지내면서 부처를 꾸짖고 조사를 욕하며 지낼 게야."

그러니 덕산방(德山捧)이라는 가풍(家風)이 나올 수밖에. 그의 앞에서는 경전도 조사어록도 들이대지 말 것. 바로 몽둥이찜질을 당하게 될 터이니. 그런데 이 위산 노장님이 왜 주절주절 늘어놓고 있는 것인가?

홋날 설두스님이 이 대목에 또 촌평을 붙이기를 "눈 위에 서리를 더하였다"고 하였다. 알았다면 코가 비뚤어지게 자도 좋겠으나, 그렇지 않다면 눈 쌓인 밤중에 서리 내리길 지켜봐도 소용이 없을 것이다.

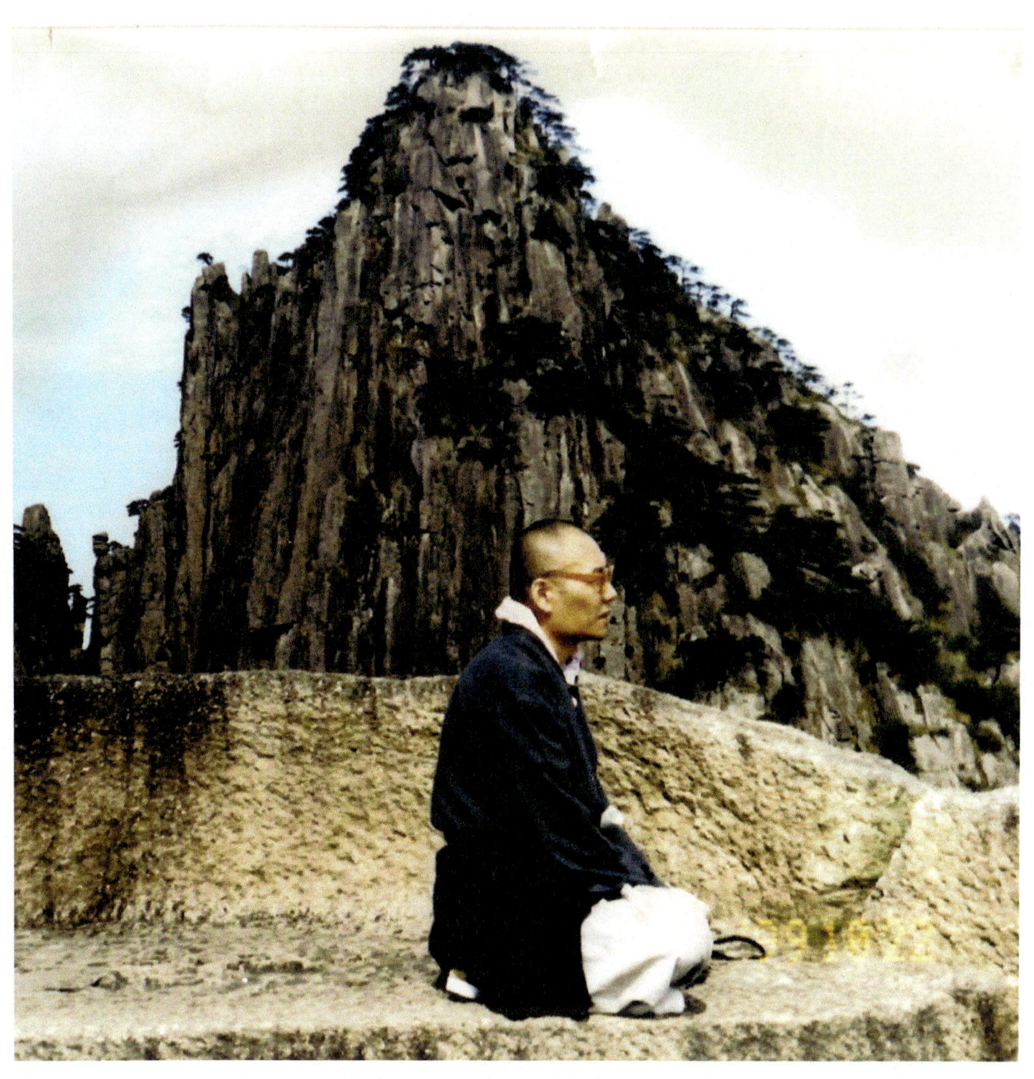

황산 연화봉 아래 홀로 앉음
2009년

一勘破 二勘破여
일 감 파 이 감 파

雪上加霜曾嶮墮로다
설 상 가 상 증 험 타

飛騎將軍入虜庭하니
비 기 장 군 입 로 정

再得完全能幾箇오
재 득 완 전 능 기 개

急走過 不放過여
급 주 과 불 방 과

孤峰頂上草裏坐로다
고 봉 정 상 초 리 좌

咄
돌

일감파(一勘破) 설두스님 자신이 본칙에서 촌평을 가한 말.

이감파(二勘破) 설두스님 자신이 본칙에서 촌평을 가한 말.

설상가상(雪上加霜) 설두스님 자신이 본칙에서 촌평을 가한 말.

비기장군(飛騎將軍) 『사기(史記)』 '이장군열전(李將軍列傳)'의 이광(李廣)을 가리킴.

이광 장군은 기원전 119년에 죽은 인물. 중국 전한시대의 장군으로 문제, 경제, 무제의 삼대 임금을 모셨음. 무예가 뛰어났고, 특히 활솜씨는 대단했던 모양. 흉노와의 싸움에서 공을 세워 장군이 되고, 무수한 전투를 하였으나 번번이 전공을 인정받지 못해 아주 높은 자리에는 이르지 못했음. 활솜씨에 관한 일화는 아주 유명함. 사냥을 나갔다가 호랑이를 쏘아 맞혔는데, 가까이 가서 보니 호랑이가 아니라 바위에 화살이 박혀 있었던 것. 그 후 몇 번이나 바위에 활을 쏘았으나 모두 실패했다고 함.

여기에서 인용한 내용은 포로로 잡혔을 때 의식을 잃은 체 있다가 적의 말과 활을 뺏어서 탈출한 일화임.

증험타(曾嶮墮) '위험했다'는 뜻.

급주과(急走過) '급히 달아나 버렸다'는 뜻.

불방과(不放過) '놓아 주지 않았다'는 뜻.

고봉정상초리좌(孤峰頂上草裏坐) 본칙에서 위산선사가 평한 것을 인용하고 있음.

돌(咄) 할(喝)과 같음. 꾸짖을 때나 모든 것을 쓸어버릴 때 흔히 쓰는 표현.

한 번[一] 간파하고[勘破] 두 번[二] 간파한 일이여[勘破]!

눈[雪] 위에[上] 서리를[霜] 더함이라[加], 위험할 뻔했다[曾嶮墮].

비기장군이[飛騎將軍] 포로로[虜] 적진에[庭] 떨어졌듯[入],

다시[再] 완전하게[完全] 탈출하는 것이[得] 몇 사람이나[幾箇] 가능하랴[能].

급히[急] 달아나[走] 버리고[過], 놓아[放] 보내지[過] 않음이여[不]!

외로운[孤] 봉우리[峰] 꼭대기[頂上] 풀[草] 속에[裏] 앉았도다[坐].

쯧쯧[咄]!

松江

한 번 간파하고 두 번 간파한 일이여!

덕산스님이 휩쓸고 위산선사 묵연함을 두고 설두스님은 '간파했다'고 말씀하셨지. 덕산스님이 "스님!" 부르니 위산선사께서 불자를 들려 하시매 다시 덕산스님 쩩 고함치고는 나가버리자, 또 설두스님은 '간파했다'고 말씀하셨네. 이 노장님이 그만하면 되었으련만 아직도 노파심으로 게송에까지 끌고 와 버렸다. 마치 코브라를 자유자재 다루는 이와 같으니, 과연 설두 영감님이시다. 자칫 흉내 내다가는 코브라에 물려 죽는다.

눈 위에 서리를 더함이라, 위험할 뻔했다

시퍼런 칼날 앞에 엎드려도 보았고 누워도 보았다. 그러고도 목이 멀쩡하다니. 두 늙은이 칼 다루는 솜씨가 어지간하지 않은가.

비기장군이 포로로 적진에 떨어졌듯,

흉노족이 철천지원수처럼 여기는 비기장군이리니, 적진 깊이 죽음의 문턱에 저승사자와 함께 있던 그 모습을 보았는가? 스스로 적진 깊이 들어가는 덕산스님의 저 용기는 그 누구도 따라하기 쉽지가 않고말고. 위태롭기 그지없다.

다시 완전하게 탈출하는 것이 몇 사람이나 가능하랴.

그러나 뉘 알았으랴, 적의 말을 뺏어 타고 적의 활로 적을 물리치는 저 빛나는 솜씨여! 그렇기는 하지만, 설두스님이 비기장군을 끌고 온 것은 참 부질없는 일이었다. 덕산스님은 처음부터 포로가 될 정도로 멍청하지 않았으니......

급히 달아나 버리고, 놓아 보내지 않음이여!

솜씨 좋은 덕산스님, 빈틈을 보이지 않고 위산선사의 그물을 벗어나는구나. 좋아하시네. 그렇게 만만하게 볼 늙은이가 절대 아니지. 위산선사의 모양 없는 그물은 그 끝을 알 수 없다네.

외로운 봉우리 꼭대기 풀 속에 앉았도다.

참 설상가상이지. 암, 설상가상이고말고. 위산 노인네가 어쩌자고 고봉정상 어쩌고저쩌고 한다는 말인가. 기어코 당신마저 풀 속으로 들어갈 것까지야.

쯧쯧!

설두스님은 지금 누구를 보고 혀를 차는가? 덕산스님인가, 위산선사인가, 설두 자신인가, 검은 소리 흰소리하고 있는 송강인가? 아니면 누런 이빨 드러내고 웃는 놈인가?

누가 이 물살을 멈추랴

松江

다른 판본에서는 '설봉진대지(雪峰盡大地)' '설봉속립(雪峰粟粒)' '설봉대지촬래(雪峰大地撮來)' 등으로도 되어 있음.

설두스님은 제5칙에서 설봉선사의 법문 한 토막을 끌어와 길을 제시하려고 시도하셨다.

설두스님께서 선택한 다섯 번째 얘기는 설봉스님이 대중에게 법문한 것이다.

설봉 의존(雪峰義存, 822~903)선사는 제4칙에 나온 덕산(德山)선사의 법제자이다.

복건성 천주(泉州) 남안(南安) 출신으로 12세 때 부친과 함께 복건성 옥한사 경현율사(慶玄律師)를 찾아가 출가하고, 17세에 정식으로 수계하고 의존(義存)이라는 법명을 받았다. '설봉(雪峰)'이라는 법호는 뒷날 지도자로서 머물렀던 응천설봉사(應天雪峰寺)에서 연유한다. 이십 대에 동산 양개(洞山良价)선사의 회상에서 공양 짓는 일을 하다가, 동산선사의 지도로 덕산선사를 찾아가 참구하기 시작했다. 설봉스님은 사형인 암두(巖頭)스님과 여행 도중에 사형의 도움으로 깨닫게 되는데, 아래에 『선문염송(禪門拈頌)』 '781조설(阻雪 – 눈에 막힘)'에 있는 내용을 요약해 옮긴다.

설봉스님이 사형인 암두스님과 함께 풍주(灃州) 오산진(鼇山鎮)에 갔다가 눈에 갇히고 말았다. 그러자 사형인 암두스님은 계속 잠만 잤고, 설봉스님은 계속 좌선을 했다. 어느 날 설봉스님이 암두스님을 흔들어 깨웠다.

암두 무슨 일이오?

설봉 너무 편하게 지내는 것 아니오? 어찌 잠만 자시오.

암두 쯧쯧! 잠이나 자시오. 날마다 평상 위에 앉았으니, 칠촌(七村)의 토지신(土地神) 같구먼. 나중에 멀쩡한 사람들을 홀리기 십상이겠구려.

설봉 나는 지금 매우 편치 못합니다. 스스로를 속이고 잠을 잘 수는 없습니다.

암두 나는 그대가 드높은 봉우리에 도량을 일궈 큰 가르침을 펴리라 여겼더니, 아직도 그런 얘기나 하는 게요?

설봉 나는 정말로 마음이 편치 않다니까요?

암두 정말 그렇다면 어디 얘기해 보구려. 옳으면 인정해 줄 것이고, 그릇된 것이라면 내가 지적해 주리다.

설봉 처음 염관(塩官)선사의 회상에서 법문을 듣는데, 색(色)과 공(空)의 이치를 말씀하시는 것을 접하고는 들어갈 곳을 깨달았소이다.

암두 삼십 년 뒤에 행여 잘못 얘기하지 마시구려!

설봉 동산선사의 게송에 이르기를,

혹시라도 다른 곳에서 구하지 말지니

멀고 또 멀어서 나와는 성글도다.

나 이제 홀로 자유로우니,

곳곳에서 그를 만나도다.

그는 이제 내가 아니요,

내가 바로 그로다.

이렇게 알기만 하면,

바야흐로 여여(如如)에 맞으리라.

라고 한 것이 마음에 와 닿았습니다.

암두 그렇게 알아서는 자신도 제대로 구하지 못할 걸!

설봉 덕산선사께 묻기를 '옛날부터 전해오는 가르침의 핵심을 저도 배울 자격이 있습니까?' 하고 여쭈었더니, 선사께서 한 방 치시며 '뭐라는 게야!' 하는 말씀에 통 밑이 빠지는 것 같았습니다.

암두 에잇! '문으로 쫓아 들어오는 자는 집안의 보배가 아니다'는 말도 듣지 못했소?

설봉 이후로 어찌해야 옳습니까?

암두 제대로 묻는구먼. 다음에 큰 가르침을 펴고자 한다면 낱낱이 자기의 가슴에서 우러나와야 '나'와 더불어 하늘과 땅을 덮을 것이오.

설봉 아! 오늘 오산에서 비로소 도를 이뤘도다.

이윽고 덕산선사의 법제자가 된 설봉선사는 나중에 복건성 복주의 상골봉(象骨峰)으로 들어갔다. 874년 선사가 기거하던 절에 응천설봉사(應天雪峰寺)라는 이름이 내려졌고, 882년에는 희종(禧宗)황제가 진각대사(眞覺大師)라는 법호를 내렸다.

문하에 현사(玄沙)·장경(長慶)·고산(鼓山)·운문(雲門)·보복(保福)·경청(鏡淸)·취암(翠巖) 등을 비롯한 40여 인의 걸출한 선사가 배출되었다.

눈보라

눈 위로 가다

눈사람의 미소

擧 雪峰是衆云 盡大地撮來에 如粟米
거 설봉시중운 진대지촬래 여속미

粒大라 抛向面前하야도 漆桶은 不會로다
립대 포향면전 칠통 불회

打鼓普請看하라
타고보청간

진대지(盡大地) '대지 모두'이니 '온누리'를 뜻함.

촬래(撮來) '(손가락으로) 집다'의 뜻. '래(來)'는 앞의 촬(撮)을 돕는 역할임.

속미립(粟米粒) 속미(粟米)는 벼. '속미립'은 '벼 알갱이'라는 뜻.

포향면전(抛向面前) 선어록에서 즐겨 쓰는 표현. 면전(面前)은 '얼굴 앞'이니 '바로 여기'라는 뜻이고, 포향(抛向)은 '~를 향해 던지다'의 뜻이니 '곧바로 제시했다'는 말임. 따라서 '지금 곧바로 제시했다' '지금 여기 드러나 있어도' 정도로 해석할 수 있음.

칠통(漆桶) '옻을 담는 통'이라는 말에서 '시커먼 통'으로 뜻이 옮겨지고, 다시 '아무것도 모르는 어리석은 사람'으로 풀이됨.

타고(打鼓) '북을 치다'의 뜻인데, 사찰에서 북을 칠 때는 어떤 경우이건 모두 모이라는 뜻임.

보청(普請) 널리 대중에게 함께 운력할 것을 청함. 여기에서는 '벼 알갱이 같은 것'을 찾는 행위를 뜻함.

이런 얘기가 있다[擧]. 설봉스님이[雪峰] 대중들에게[衆] 법문을 하시면서[是] 말씀하셨다[云]. 온누리를[盡大地] 집으면[撮來] 벼[粟米] 알갱이[粒] 크기와[大] 같다[如]. 바로 앞에다[向面前] 제시해 줘도[抛] 어리석은 사람은[漆桶] 알지[會] 못한다[不]. 북을[鼓] 쳐서[打] 모두 찾아보도록[普請] 하라[看].

松江

설봉스님은 참으로 깨닫기까지 고단한 수행을 했던 분이다. 그런 만큼 대중들이 깨닫기를 바라는 마음을 누구보다도 잘 아시는 분이다.

설봉스님은 늘 공양 짓는 일을 자청했다. 동산선사 밑에서도 역시 공양주를 맡았었다. 하루는 쌀을 이는데 동산선사가 와서 물었다.

동산 뭣 하는가?

설봉 쌀을 일고 있습니다.

동산 모래를 일고 쌀을 버리는가, 쌀을 일고 모래를 버리는가?

설봉 모래와 쌀을 모두 버립니다.

동산 그러면 대중들은 무엇을 먹는가?

설봉은 갑자기 쌀을 일던 그릇을 엎어 버렸다.

동산 자네는 덕산스님과 인연이 있는 것 같으니, 거기에 가서 공부하게.

이후의 일은 앞에서 대략 설명했다.

팔만대장경은 경판만 팔만 장이 넘는다. 그러니 그 글자가 얼마나 되겠는가. 그런데 그 팔만대장경에서 제일 요긴한 것을 콕 집어낸다면 무슨 글자가 되겠는가?

아하! 머리에서 지금 막 끄집어낸 그건 아니올시다.

설봉스님은 자신이 깨달은 그 경지로 대중을 인도하고 싶었다.

그것이 첫 번째 허물이다.

그래서 말씀하셨다. "드넓은 누리라는 것이 별거 아니라네. 콕 집어내면 벼 알갱이 같단 말일세. 내가 이렇게까지 하는데도 캄캄한 채로 헤매고 있단 말인가? 북을 울려 어둠을 물리치고 그것을 찾아내란 말일세."

바로 이것이 두 번째 허물이다.

세 번째 허물은 송강의 몫이다.

이토록 거듭 허물을 자청하면서 자비를 베푸는 선지식이 없었다면, 어찌 '바로 여기'가 있겠는가.

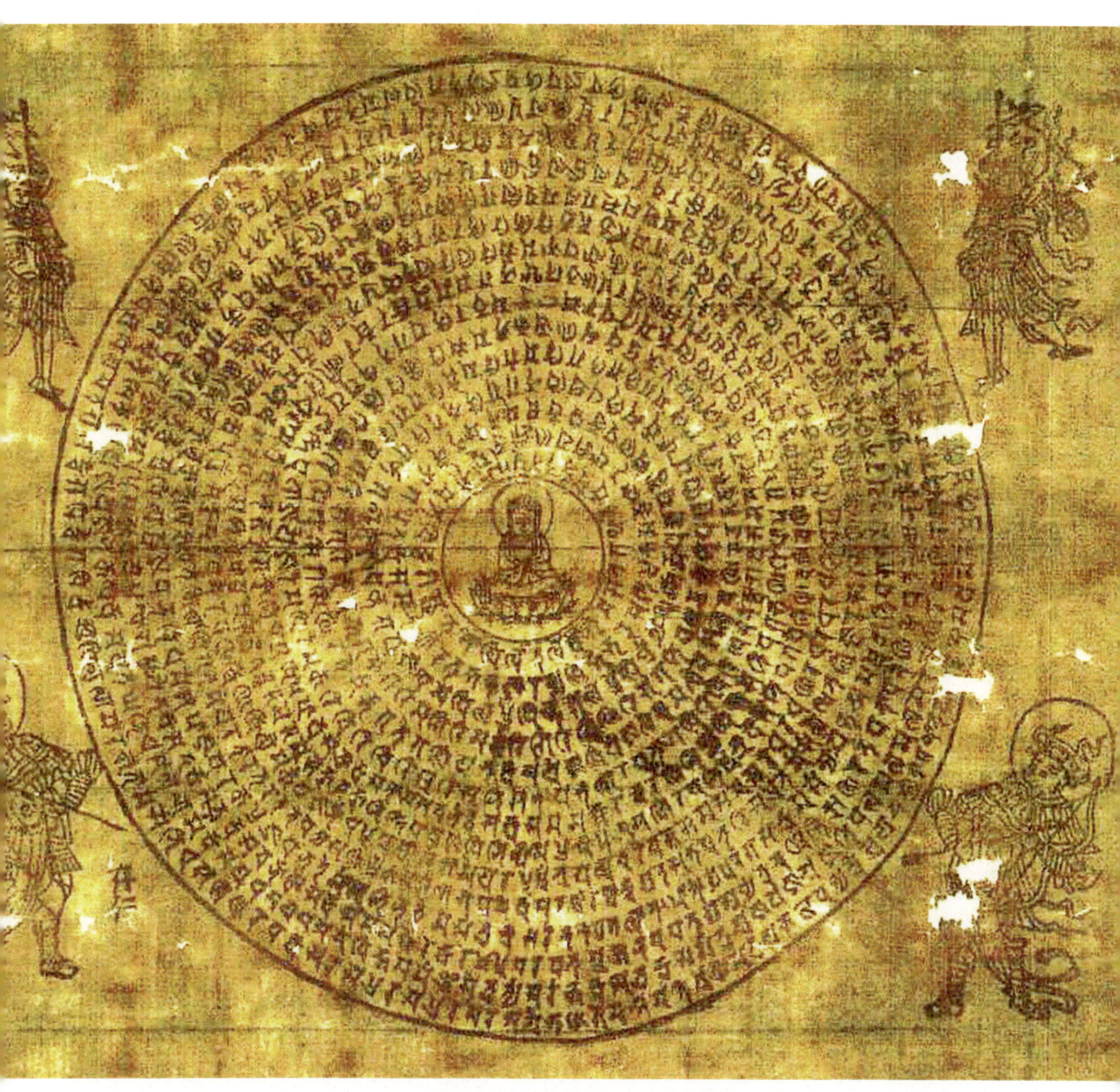

마음속의 빛 하나

빛은 어디에서 올까
미얀마 바간 틸로민로 사원

牛頭沒馬頭回_여
우 두 몰 마 두 회

曹溪鏡裏絶塵埃_{로다}
조 계 경 리 절 진 애

打鼓看來君不見_{하니}
타 고 간 래 군 불 견

百花春至爲誰開_오
백 화 춘 지 위 수 개

우두몰마두회(牛頭沒馬頭回) '소머리 옥졸이 사라지고 말머리 나찰도 물러가니'의 뜻. 우두(牛頭)와 마두(馬頭)는 지옥의 옥졸임. 『수능엄경(首楞嚴經)』 제8권 '조도분(助道分)'에서는 각각의 업에 따른 과보를 설명하고 있는데, 지옥에 가게 되어 받는 과보도 설명하고 있다. 피부의 감촉을 너무 탐한 사람이 받는 촉보(觸報)를 설명하는 대목에 다음과 같은 내용이 있다.

「다섯째는 촉보가 나쁜 결과를 불러오는 것이다. 이러한 촉업(觸業)이 서로 어울리면 임종할 때에 큰 산의 사면이 좁혀지고 합해져서, 다시는 벗어날 길이 없음을 보게 되고, 망자의 영혼이 어마어마한 쇠로 된 성에서 불로 된 뱀·개·호랑이·이리·사자를 보게 되며, 우두옥졸(牛頭獄卒)과 마두나찰(馬頭羅刹)이 손에 창칼을 들고 성문(城門)으로 달려들어 무간지옥으로 향하게 되는데…」

조계경리절진애(曹溪鏡裏絕塵埃) '조계의 거울 속에는 티끌 먼지 사라졌다'는 뜻. 이 구절은 육조대사의 게송에서 끌어온 것이다. 오조 홍인대사는 대중들에게 각자 깨달은 바를 게송으로 지어 내라고 했다. 당시 대중을 지도하던 신수스님이 먼저 게송을 지었는데 다음과 같았다.

신시보리수(身是菩提樹) 심여명경대(心如明鏡臺) 시시근불식(時時勤拂拭) 불사야진애(不使惹塵埃)

몸은 깨달음의 나무요, 마음은 밝은 거울의 틀과 같네. 때때로 털고 닦아서, 티끌과 먼지가 끼지 않도록 하라.

그 게송을 본 혜능스님이 게송을 지었으니 다음과 같다.

보리본무수(菩提本無樹) 명경역비대(明鏡亦非臺) 본래무일물(本來無一物) 하처야진애(何處惹塵埃)

깨달음에는 본래 나무가 없고, 밝은 거울도 또한 틀이 아니네. 본래 한 물건 없는데, 어느 곳에 티끌과 먼지가 끼리요.

그러므로 설두스님은 "조계의 깨달음에는 일체의 번뇌 망상이 끊어졌다."고 밝혔다.

소머리 옥졸[牛頭] 사라지고[沒] 말머리 나찰도[馬頭] 물러가니[回],
조계의[曹溪] 거울에는[鏡裏] 티끌 먼지[塵埃] 사라졌네[絶].
북을[鼓] 쳐[打] 찾게 해도[看來] 그대[君] 보지[見] 못하나니[不],
온갖 꽃[百花] 봄[春] 되매[至] 누굴[誰] 위해[爲] 피는가[開].

 **松江**

소머리 옥졸 사라지고 말머리 나찰도 물러가니,

지옥에 가야 만난다는 소머리 옥졸과 말머리 나찰을 왜 불쑥 끌어왔을까? 살피고 또 살필지라. 자칫 잘못하면 그들의 창과 칼에 꿰여 무간지옥으로 내몰리게 된다. 이미 경험들 하셨나? 그렇다면 그들을 물리쳐야 하지 않겠는가! 만약 그들이 사라지고 물러가는 도리를 알았다면 편히 자도 될 것이다. 그러나 기억하시라. 무간지옥은 결코 잠잘 시간도 주지 않는다는 것을. 아~, 그것도 경험하셨다고?

조계의 거울에는 티끌 먼지 사라졌네.

본래 모양도 없는 깨달음의 거울에 어찌 번뇌 망상의 티끌 먼지가 낄 수 있겠는가. 깨달음의 거울이 그렇다는 것이니 착각하지 말 것! 그런데 참 이상도 하지. 그 소식은 다 들었다면서 어찌 곁가지만 무성한 잡목을 애써 키우시나? 게다가 갖가지로 치장한 뒤틀린 거울을 집안의 보배라고 챙기는 건 또 뭐요? 그 나무에는 지옥의 괴로움만 주렁주렁 달리고, 그 거울에는 온갖 상(相)만 켜켜이 서린다오.

북을 쳐 찾게 해도 그대 보지 못하나니,

설봉스님이 그토록 애써 간절히 이끌어 주셨건만, 왜 또 엉뚱한 곳만 찾고 있누?

나는 누굴 괴롭히려 하지 않았는데, 상담 온 이들마다 날 더러 괴롭지 않게 해 달라 하고, 내 누굴 죽인다고 한 일 없건만 왜 오는 사람마다 "스님, 좀 살려 주이소!"를 외치는고? 그 뜻이 아니라고? 그 뜻이 아니면 웬 헛소리를 하시오?

모름지기 괴로움이 일어난 그 자리를 봐야 하고, 죽음을 두렵다고 생각한 그곳을 철저히 봐야 한다. 보물찾기한다면서 엉뚱한 쓰레기통만 뒤지다가 그만두진 말 것!

온갖 꽃 봄 되매 누굴 위해 피는가.

때가 되면 온 천지가 꽃으로 뒤덮인다. 저 설산에도 꽃이 피고 극지방에도 꽃은 핀다. 가난한 달동네 깨진 화분의 꽃도 곱게 피고, 왕궁의 화려한 정원에도 꽃은 핀다. 그 많은 꽃들 중에 어느 한 송이 꽃도 누구에게 피겠다고 약속한 일이 없다. 그렇다면 이 꽃들은 누굴 위해 피었을까?

설두스님도 지나쳤지만, 나는 꽃을 안고 아예 똥통으로 들어가누나.

그대들은 누굴 위해 피었는고
혹여 무덤 주인을 위해선가

죽은 이는 여기 있는데 산 사람들은 어디 있는고

설두스님께서 선택한 여섯 번째 얘기는 운문스님이 대중에게 법문한 것이다. 제6칙은 수시(垂示)가 없이 바로 본칙으로 들어갔다.

운문 문언(雲門文偃, 864~949)**禪師**

제5칙에 나온 설봉선사의 법제자이다.

가난한 집안 사정 때문에 어릴 때 공왕사(空王寺) 지징율사(志澄律師)의 제자가 되어 율장에 대한 공부를 열심히 하였으나, 불법에 대한 목마름을 해결할 수 없자 황벽(黃檗)선사의 제자인 목주(睦州)선사를 찾아가 가르침을 청했다. 목주스님은 그를 보자마자 문을 닫아 버렸다. 문언스님이 열심히 문을 두드리자 목주스님이 물었다.

"넌 누구냐?"

"문언입니다."

"무얼 원하느냐?"

"참 성품을 깨닫고자 가르침을 받으려 합니다."

목주스님이 문을 열고 힐끗 보고는 문을 닫아 버렸다. 문언스님이 이틀간 계속 청했으나 거절당하다가 사흘째 문을 열어 주자 곧바로 문 안으로 발을 들여 놓았다. 목주스님이 멱살을 잡고 "말해! 빨리 말해!" 라고 재촉하는데, 문언스님이 잠깐 머뭇거리는 사이 밀어내며 세차게 문을 닫았다. 그 바람에 미처 나오지 못한 문언스님의 한쪽 발목이 부러져 버렸다. 그 순간 시원한 경계를 맛보았다.

이윽고 목주스님의 소개로 설봉스님을 찾아가게 되었는데, 설봉스님이 주석하시는 산 아래에서 한 스님을 만나 부탁을 했다.

"설봉스님이 법문을 하러 법당에 들어올 때 '불쌍한 늙은이여, 어찌 목에 걸린 칼을 벗지 않으시오!'라고 말해 보시오."

그 스님이 시킨 대로 하자 설봉스님이 멱살을 잡고 다그쳤다. "말해! 빨리 말해!" 그 스님이 아무 말도 못하자, "누구의 말이냐?"고 다시 물었다. 전후 사정을 들은 설봉스님은 대중을 보내 문언스님을 데려와 제자로 삼았다.

운문스님이 설봉스님께 여쭈었다.

"무엇이 부처입니까?"

"잠꼬대하지 마라!"

운문은 예배하고 물러나 줄곧 삼 년을 지냈는데, 그러던 어느 날 설봉스님이 불러 물었다.

"자네 요즘 생활이 어떤가?"

"예전의 모든 성현들과 더불어 하나도 다르지 않습니다."

훗날 운문산에 30여 년 머물며 지도하였고, 그로 인해 운문선사라 한다.

운문 문언스님은 독설가처럼도 말씀하셨는데, 그 대표적인 것이 부처님 탄생게에 대한 법문이다.

운문선사가 법상에 올라 법문을 하시며 말씀하셨다.

"싯다르타가 태어나 사방 일곱 걸음을 걷고는 '이 우주 법계에 내가 오직 존귀하다'고 하였는데, 그때 내가 있었다면 몽둥이로 쳐 죽여 개에게나 던져 주어 세상을 시끄럽지 않게 했을 것이다."

● 경고하건대, 이 법문에 대해 함부로 생각을 굴리지 말 것. 부처님과 운문선사를 똥구덩이에 밀어 넣는 어리석음을 범하지 말 것.

擧 雲門이 垂語云 十五日以前은 不門
거 운문　　수어운　십오일이전　　불문

汝어니와 十五日以後를 道將一句來하라
여　　　십오일이후　　도장일구래

自代云 日日이 是好日이로다
자대운 일일　시호일

수어(垂語) 대중에게 법문을 하시는 말씀. '수시(垂示)'라는 표현과 같음. '수어운'은 본칙의 기록자가 넣은 말.

십오일(十五日) 말 그대로 '보름'을 뜻함. 절에서는 보름이 여러 의미로 중요한 날임. 우선 결제나 해제가 보름에 있고, 결제(안거) 중에도 그믐과 보름에는 포살(布薩-스님들이 모여 참회하는 의식)이 있음. 큰 스님들의 법문도 역시 보름에 많았음.

여기에서 '십오일'이 운문스님께서 법문하는 날이었다면 '오늘'이라는 뜻이 됨. 또 하나는 '십오일'이 보름달처럼 제 모습을 되찾은 경지를 가리킨다고도 볼 수 있음.

도장일구래(道將一句來) 도장래(道將來)는 '말해 보라'의 뜻. 장(將)은 도(道)를 돕는 역할임. 목적어인 일구(一句)를 래(來)의 앞에 두어 사용했는데, 당시의 대화체 형식임. 일구(一句)는 '결정적인 한 마디' 정도의 뜻임.

자대운(自代云) 본칙의 기록자가 넣은 말로, 대중들이 답을 하지 못하고 있으니 '스스로가 대신 말을 했다'는 뜻.

일일(日日) 매일, 날마다.

호일(好日) 근심 걱정이 없는 좋은 날. 자유롭고 편안한 나날.

이런 얘기가 있다[擧].

운문스님께서[雲門] 법문을 하셨다[垂語云].

"십오 일 이전에 대해서는[十五日以前] 그대들에게[汝] 묻지 않겠다[不門]. 십오 일 이후에 대해서[十五日以後] 한마디[一句] 말해 보라[道將~來]."

(대중이 말이 없자)

자신이[自] (대중을) 대신해서[代] 말씀하셨다[云].

"매일매일이[日日] 좋은 날이다[是好日]."

　위의 내용은 운문스님이 지도자가 되었을 때 대중들에게 법문을 하신 것으로 보인다. 십오 일이라는 말로 미루어 볼 때 결제에 들어가는 날이나 해제하는 날일 수도 있다. 만약 법문하는 날이 십오 일이었다면 오늘 이전과 오늘 이후로도 될 수 있는 말이다. 또한 십오 일은 보름이니, 완전한 모습을 드러내는 보름달을 연상할 수도 있겠다. 이렇게 여러 가지로 설명하는 것은 '십오 일'로 인해서 불필요한 궁리를 하지 말라는 뜻이다.

　십오 일은 '지금'이다.

　운문스님은 묻고 있다. 과거에 대해선 아무런 관심도 없다. 그러니 물을 것도 없다. 그러니 그대들도 과거의 일을 생각하지 말라. 그러나 '지금'부터는 어쩌겠는가?

　자, '지금'이 문제이다. 온갖 망상 가득한 것은 '지금'이 아니다. 운문선사가 그런 것을 알고 싶겠는가? 사실 운문선사는 대중들에게 알고 싶은 것이 없다. 이 법문은 지금 바로 깨어날 것을 주문하고 있는 것이다. "아직도 전도몽상(顚倒夢想)에 빠져 두려움에 떨고 있을 것인가? 눈을 번쩍 떠 보란 말일세. 이 멋들어진 세상을 제대로 보라니까!!"

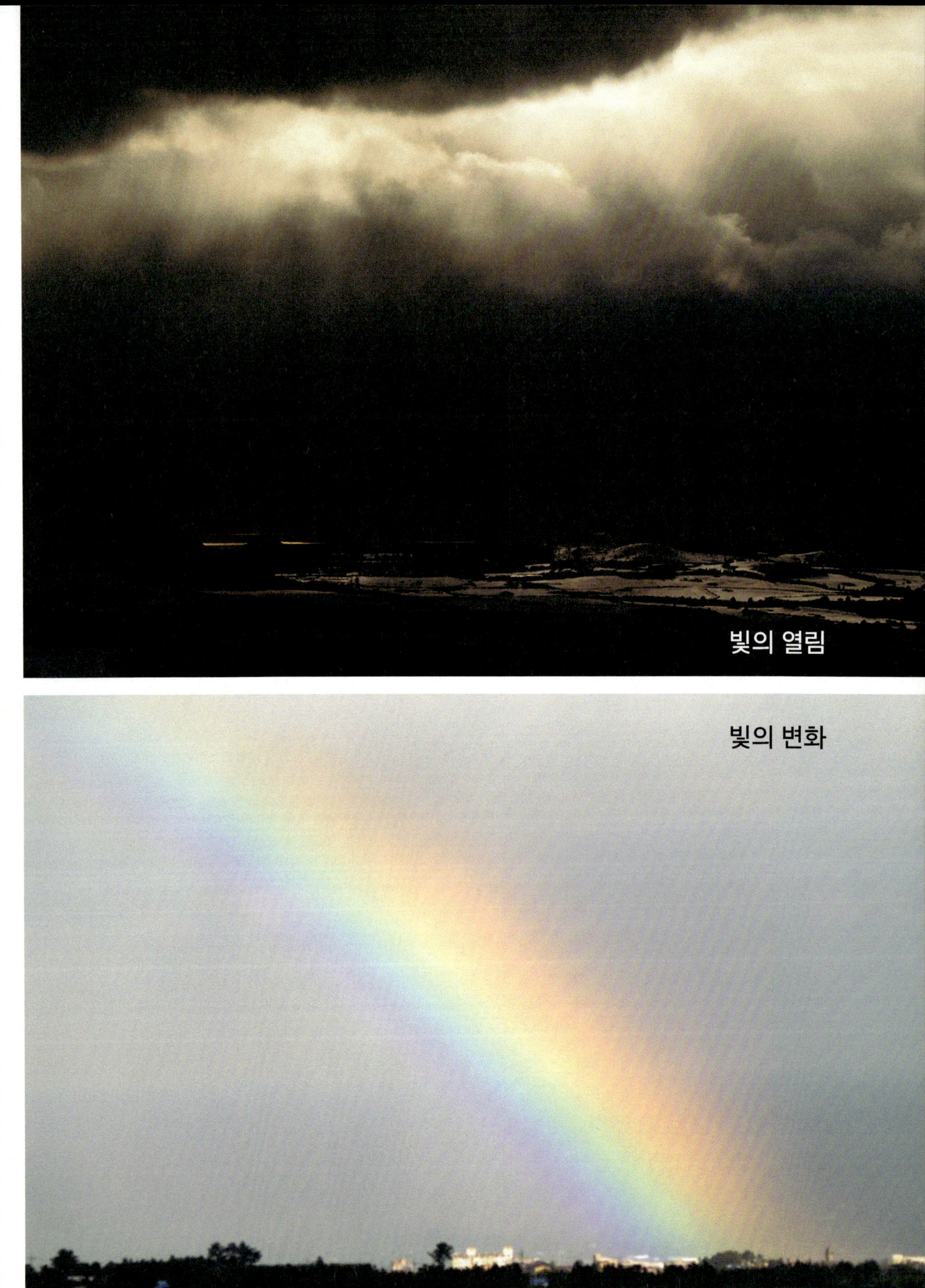
빛의 열림
빛의 변화

빛의 전개

빛의 진실

去却一 拈得七이여
거 각 일 염 득 칠

上下四維無等匹이로다
상 하 사 유 무 등 필

徐行踏斷流水聲하고
서 행 답 단 류 수 성

縱觀寫出飛禽跡이로다
종 관 사 출 비 금 적

草茸茸 煙冪冪이여
초 용 용 연 멱 멱

空生巖畔花狼藉나
공 생 암 반 화 랑 자

彈指堪悲舜若多로다
탄 지 감 비 순 야 다

莫動着하라
막 동 착

動着하면 三十棒하리라
동 착 　 　 삼 십 방

거각일(去却一) ‘하나를 버리다’의 뜻. ‘하나’는 절대를 가리킴.

염득칠(拈得七) ‘일곱을 쥐다’의 뜻. ‘일곱’은 상대적이며 차별적인 경계를 가리킴. ‘일곱(七)’은 ‘하나(一)’의 상대가 되는 말로 쓴 것이니, 일곱이 무엇 무엇인지를 알려고 고민하진 말 것.

상하사유무등필(上下四維無等匹) ‘온 천지에 견줄 것(사람)이 없다’는 뜻.

사유(四維)는 사우(四隅)라고도 하며 ‘네 귀퉁이’라는 뜻. 흔히 사방(四方)과 더불어 쓰는 경우가 있는데, 이때는 사방의 중간 방위를 가리키고 여기에 상하(上下)를 더하면 시방(十方) 즉 ‘우주’ 또는 ‘온 천지’라는 뜻이 됨. 등필(等匹)은 필적(匹敵)·비견(比肩)·비교(比較)의 뜻임.

서행답단류수성(徐行踏斷流水聲) ‘천천히 가면서 흐르는 물소리 밟아 끊다’는 뜻. 이는 운문선사의 고고한 경지를 시적으로 표현한 것임.

종관사출비금적(縱觀寫出飛禽跡) ‘무심히 보면서 나는 새 자취를 그려 낸다’는 뜻. 운문선사의 빼어난 솜씨를 시적으로 표현한 것임.

초용용(草茸茸) ‘풀이 무성하다’는 뜻.

연멱멱(煙冪冪) ‘안개가 자욱하다’는 뜻.

공생암반화랑자(空生巖畔花狼藉) ‘수보리존자가 앉은 바위 가에 꽃이 어지러이 흩어져 있다’는 뜻.

원오선사는 ‘평창(評唱)’에서 수보리존자와 제석천의 얘기라고 설명하고 있다.

수보리존자가 바위에 앉아 선정에 들어 있는데, 하늘에서 꽃비가 내리며 수보리존자를 찬탄하였다.

"허공에서 꽃비를 내리며 찬탄하는 이는 누구인가?"

"저는 제석천왕입니다."

"그대는 어찌해서 찬탄하는가?"

"존자께서 반야바라밀을 훌륭하게 말씀하시는 것이 존경스럽기 때문입니다."

"나는 반야에 대해서 아직 한 마디도 말하지 않았는데, 어째서 찬탄하는가?"

"존자께서는 말씀하심이 없고 저는 들은 바 없으니, 이것이 진짜 반야입니다." 이에 또다시 땅을 진동하며 꽃비를 내렸다.

탄지감비순야다(彈指堪悲舜若多) '손가락을 튕기며 저 수보리를 슬퍼하노라'의 뜻. 탄지(彈指)는 상대를 일깨우기 위해 손가락을 튕겨 소리를 내거나 이마를 튕기기도 하는 것. 순야다(舜若多)는 범어 슈운야따아(śūnyatā)를 소리대로 옮긴 것으로 '공성(空性)'으로 뜻 번역하였음. 한편 허공신의 이름이기도 한데, 허공신(虛空神)을 느닷없이 끌어올 일도 없고, 제석천왕은 더더욱 아님. 결국 제석천왕에게 파악된 수보리존자 공(空)의 경계를 나무라는 것이 됨. 이해가 되지 않으면 게송의 첫 구절을 잘 살펴볼 것.

막동착(莫動着) '움직이지 말라, 꼼짝하지 말라'의 뜻.

삼십방(三十棒) '삼십 방망이'의 뜻이지만, 흔히 사정없이 두들기겠다는 뜻으로 사용된다. 즉 아주 잘못을 저질렀다는 뜻이다. 棒자는 자전에는 '봉'이지만 선어록에서는 '방'으로 읽음.

하나를[一] 버리고[去却] 일곱을[七] 잡음이여
[拈得]!
위와[上] 아래[下] 네 귀퉁이에[四維] 견줄 사
람[等匹] 없도다[無].
천천히[徐] 가면서[行] 흐르는[流] 물[水] 소리
를[聲] 밟아[踏] 끊고[斷],
무심히[縱] 보며[觀] 나는[飛] 새[禽] 자취를
[跡] 그려[寫] 내도다[出].
풀[草] 무성하고[茸茸] 안개[煙] 자욱함이여[冪
冪]!
수보리 앉은[空生] 바위[巖] 가에[畔] 꽃[花] 어
지러이[狼] 널렸으나[藉],

손가락을[指] 튕기며[彈] 수보리를[舜若多] 가
엾이[悲] 여기노라[堪].

꼼짝하지 말라[莫動着]!

움직이면[動着] 삼십 방망이니라[三十棒].

松江

하나를 버리고 일곱을 잡음이여!

하나를 버렸다 하니 어찌 버리며, 일곱을 잡았다 하니 또한 어찌 잡으리오. 다만 고개를 살짝 돌려 본 것일 뿐이라. 괜스레 하나니 일곱이니 하며 찾아다니지 말게나.

위아래 동서남북 견줄 자가 없노라.

말들은 잘도 하지. '날마다 좋은 날'이라고. 그랬던가? 정말로 좋은 때가 있기는 했던가? 추호라도 좋고 나쁨이 있었다면 그것부터 놓게.
'날마다 좋은 날!'이니, 제발 운문선사를 욕보이지 말고 그냥 두게나.

천천히 가면서 흐르는 물소리를 밟아 끊고,

지금 이게 무슨 말이냐고 따지시나? 하긴 물소리 따라가기 얼마나 바쁠까. 괜스레 급하기만 하지. 산이 사라지고 물도 사라지며 사람마저 사라진 곳에, 산은 의연하고 물은 콸콸 흐르며 사람은 유유자적하도다.

무심히 보며 나는 새 자취를 그려 내도다.

설두노인네가 끝내 사람을 골탕 먹인다고? 그건 다만 그대 생각일 뿐. 이미 비밀을 너무 많이 털어놓았는걸. 그렇고 말고. 그게 어디 남의 집 얘기던가. 새만 그릴까 보냐. 그러나 붓 한 자루도 필요 없지.

풀 무성하고, 안개 자욱함이여!

그러나 그대 적막에 빠져 있지는 말게나. 풀 무성하고 안개가 자욱한 이 소식을 알아야 남의 손가락질을 받지 않으리라.

수보리 앉은 바위 가에 꽃 어지러이 널렸으나,

수보리존자에게 누가 감히 허물을 찾을 수 있으랴. 아뿔싸! 그 생각이 망쳐놓고 있다네. 선정에 잠겼다던 수보리여! 어찌 제석천왕의 흐릿한 눈도 피하지 못했소? 흩어놓은 꽃처럼 어지러이 칭찬만 난무했구려.

손가락을 튕기며 수보리를 가엾이 여기노라.

어깨 으쓱하며 수보리존자를 내려다보진 말 것. 그렇다고 올려다볼 것도 없네. 수보리존자는 그래도 '하나'는 확실했었지. 비록 그 '하나' 때문에 꽃으로 망신을 당하지만……. 그런데 그대는 어떠우?

꼼짝하지 말라!
움직이면 삼십방망이니라.

천지를 활보해도 나무라진 않겠지만, 그러나 꼼짝하지는 말라. 눈에 띄는 순간 몽둥이 비가 쏟아질 것이니. 괜스레 저 승사자가 미소 지으며 따르게 하지 말게나.

하나 또는 일곱 – 1

하나 또는 일곱 – 2

설두스님께서 선택한 일곱 번째 얘기는 법안스님과 혜초라는 스님의 대화이다.

다른 판본에는 '법안답혜초(法眼答慧超 – 법안스님이 혜초에게 답하다)' 또는 '법안혜초문불(法眼慧超問佛 – 혜초가 법안스님에게 부처를 묻다)'로도 되어 있음.

법안 문익(法眼文益, 885~958)禪師

설봉 의존(雪峰義存) – 현사 사비(玄沙師備) – 나한 계침(羅漢桂琛)의 맥을 이었으며, 중국 5가(家) 7종(宗)의 하나인 법안종(法眼宗)의 종조(宗祖)가 된다.

속성은 노(魯)씨이며 절강성(浙江省) 여항(余杭) 출신으로, 7세에 전위(全偉)선사에게 귀의하여 삭발하고, 월주(越州) 개원사(開元寺)에서 구족계를 받았다. 당시 율종(律宗)의 거장인 희각화상(希覺和尙)이 무산(畝山)의 육왕사(育王寺)에서 크게 교화하였는데, 문익스님은 그 문하에서 율장을 익히고 유서(儒書)도 함께 공부하였다. 그러다가 불법의 심오함을 맛보게 되자 곧바로 장경 혜릉(長慶慧稜)선사를 찾아가 지도를 받았다. 그 후 도반들과 여행을 떠나게 되었는데, 장마로 강을 건널 수 없게 되어 가까이 있는 지장원(地藏院)에 들리게 되었다. 그곳에 주석하고 계시던 계침(桂琛)선사께 인사를 드리니, 선사가 물었다.

"상좌(上座)는 어디로 가시는가?"

"여기저기 행각(行脚)하고 있습니다."

"행각하는 뜻이 무엇인가?"

“모르겠습니다.”

“모른다고 함이 가장 친절(親切)하구나.”

이에 문익스님이 크게 깨닫고는 수년간 머물며 낱낱이 점검받고는 계침선사의 인가를 받았다. 그 뒤 숭수원(崇壽院)·보은원(報恩院)·청량사(清涼寺) 등에 머무셨다. 선사는 참선수행과 교학연구가 둘이 아니라는 선교불이(禪敎不二)를 주장하셨다. 74세 되던 해에 목욕재계하고 대중에게 알린 다음 결가부좌로 입적하시니, 시호(諡號)는 대법안선사(大法眼禪師)이고 탑호(塔號)는 무상(無相)이다.

垂示

聲前一句는 千聖이 不傳이라 未曾親覯
성 전 일 구 　 천 성 　 부 전 　 미 증 친 근

인댄 如隔大千이어니와 設使向聲前辨得
여 격 대 천 　 　 설 사 향 성 전 변 득

하야 截斷天下人舌頭라도 亦未是性懆
절 단 천 하 인 설 두 　 역 미 시 성 조

漢이라 所以로 道호대 天不能蓋하고 地不
한 　 소 이 　 도 　 천 불 능 개 　 지 불

能載하며 虛空不能容하고 日月不能照
능 재 　 허 공 불 능 용 　 일 월 불 능 조

라하니 無佛處獨稱尊하야사 始較些子니
무 불 처 독 칭 존 　 시 교 사 자

라 其或未然하야 於一毫頭上에 透得하야
기 혹 미 연 　 어 일 호 두 상 　 투 득

放大光明하며 七縱八橫하야 於法에 自
방 대 광 명 　 칠 종 팔 횡 　 어 법 　 자

在自由하면 信手拈來에 無有不是하리라
재 자 유 　 신 수 념 래 　 무 유 불 시

且_차道_도하라 得_득箇_개什_십麽_마하야 如_여此_차奇_기特_특고 復_부

云_운하노니 大_대衆_중은 會_회麽_마아 從_종前_전汗_한馬_마無_무人_인

識_식이라 只_지要_요重_중論_론蓋_개代_대功_공이로다 卽_즉今_금事_사는

且_차致_치하고 雪_설竇_두公_공案_안을 又_우作_자麽_마生_생고 看_간取_취

下_하文_문하라

성전일구(聲前一句) ‘소리 이전의 한 구절’이라는 뜻. 이는 말로 설명되기 이전의 진리 그 자체이며, 흔히 ‘가르침 밖에 따로 전한 것[교외별전(敎外別傳)]’이라는 그 소식을 가리킴.

천성부전(千聖不傳) ‘일천 성인이 전하지 못하다’의 뜻. 이는 모든 부처님과 조사님들조차도 전수해 주는 것이 불가능하다는 뜻.

친근(親覲) ‘직접 만나다’의 말로 여기서는 ‘진리를 깨닫다’의 뜻.

대천(大千) 삼천대천세계(三千大千世界)의 준말과 같음. 불교에서 무한한 세계를 표현하는 용어임.

향성전변득(向聲前辨得) ‘소리 이전을 대하여 깨닫다’의 뜻.

성조한(性懆漢) ‘영리한 사람’의 뜻.

무불처독칭존(無佛處獨稱尊) ‘부처를 인정치 않는 곳에서 홀로 높다고 하다’의 뜻.

시교사자(始較些子) ‘비로소 그런대로 조금 터득했다고 하다’의 뜻.

기혹미연(其或未然) ‘만약 그렇지 아니하고’의 뜻. 이 말은 앞의 구절을 완전히 인정하지 못한다는 의미이며, 다음에 보다 확실한 내용을 밝힌다는 뜻임.

일호두상(一毫頭上) ‘한 터럭 끝에서’의 뜻이니, ‘아주 미세한 것에서’라는 의미.

투득(透得) ‘꿰뚫다, 통하다’의 뜻이니, 깨닫는 것을 의미함.

칠종팔횡(七縱八橫) 사통팔달(四通八達)과 같은 뜻으로 자유자재함을 일컫는 말.

신수념래(信手拈來) ‘어떤 것을 가져와도’의 뜻임. ‘신수(信手)’는 ‘손이 가는 대로 맡겨 둠’ 또는 ‘손 가는 대로 다 믿을 수 있음’의 뜻.

무유불시(無有不是) ‘옳지(是) 아니함이(不) 없다(無有)’는 말이니, ‘무엇이든지 다 옳다’는 뜻.

종전한마(從前汗馬) ‘옛날 전쟁터에서 군인이 애쓴 일’을 뜻함. ‘종전(從前)’은 ‘옛날’이고 ‘한마(汗馬)’는 ‘하루 종일 달려서 땀에 젖은 말’이라는 뜻으로, 전체로는 ‘옛날 전쟁터에서 생사를 넘나드든 군인의 노고’라는 뜻. 여기서는 ‘목숨을 던져 수행한 스님들의 노력’을 뜻함.

개대공(蓋代功) ‘세상을 뒤덮는 빛나는 공’이라는 뜻. 여기서의 ‘대(代)’는 ‘세(世)’와 같음.

즉금사차치(卽今事且致) ‘이제까지 말한 것은(卽今事) 잠깐 그대로 두고(且致)’의 뜻.

수시

소리[聲] 이전의[前] 한[一] 구절은[句] 일천[千] 성인이[聖] 전하지[傳] 못한다[不]. 이미[曾]직접[親] 보지[覩] 못했다면[未] 대천세계만큼[大千] 멀리 떨어진 것과[隔] 같다[如]. 가령[使] 소리[聲] 이전을[前] 대하여[向] 분명히 알아서[辨得] 천하 사람들[天下人] 혀끝을[舌頭] 끊어버린다고[截斷] 하더라도[設], 또한[亦] 뛰어난 사람이[性懆漢] 아니다[未是].

그래서[所以] (옛사람이) "하늘이[天] 능히[能] 덮지[蓋] 못하고[不], 땅이[地] 능히[能] 싣지[載] 못하며[不], 허공이[虛空] 능히[能] 품지[容] 못하고[不], 해와 달이[日月] 능히[能] 비추지[照] 못한다[不]"고 하였으니[道], 부처마

저 없는 자리에[無佛處] 홀로[獨] 존귀하다고
[尊] 하면[稱] 비로소[始] 그런대로[較] 조금 터
득한 사람이다[些子].

 만약[其或] 그렇지 않고[未然] 한[一] 터럭[毫]
끝에서[於~頭上] 깨달아[透得] 큰 광명을[大
光明] 놓으며[放], 걸림이 없어서[七縱八橫] 모
든 것에[於法] 자유자재하면[自在自由], 무엇
을 하더라도[信手拈來] 다 옳을 것이다[無有
不是]. 자, 말해보라[且道]! 무엇을[箇什麼] 얻
어야[得] 이처럼[如此] 뛰어날 수 있겠는가[奇
特]?

다시[復] 이르노니[云], 대중은[大衆] 알겠는가
[會麼]? 옛날[從前] 땀에 젖은 말을[汗馬] 세상
사람이[人] 알지[識] 못한다[無]. 세상을 뒤덮
는[蓋代] 공적에는[功] 오직[只] 신중한 평가가

[重論] 필요하다[要].

　이제까지의 일은[即今事] 그대로 두고[且致], 설두스님의[雪竇] 공안을[公案] 또[又] 어떻게 할 것인가[作麼生]? 아래의 본칙을[下文] 보도록 하자[看取].

 **松江**

　진리 그 자체는 어느 누구도 타인에게 전할 수가 없다. 스스로 깨닫는 방법밖에 없기 때문이다. 가령 진리에 대한 애길 많이 접했다고 하더라도, 직접 깨닫지 못한 경우라면 완전히 다른 세계에서 헤매는 격이다. 그러므로 간접적인 습득으로 완전히 이해하고, 뛰어난 논리를 구사하여 다른 사람들을 꼼짝 못 하게 할 수 있는 솜씨를 발휘하는 사람이라도 훌륭한 사람이라고 할 수는 없다.

　진리 그 자체는 너무나 크고 넓으며 밝기 때문에, 옛사람이 이르기를 하늘이 덮지 못하고, 땅이 싣지 못하며, 허공이 품을 수 없고, 해와 달이 비출 수 없다고 한 것이다. 그러니 부처의 경지마저도 인정하지 않는 경지에서 홀로 존귀하다고 한다면 비로소 그런대로 봐 줄만은 하리라.

위에서 말한 것과는 달리, 작은 터럭 끝에서 전 우주의 꿰뚫듯 하나의 기연으로 완벽하게 깨달아 깨달음의 지혜가 천지에 가득하며, 모든 장벽이 다 허물어져서 일체에 자유자재하게 되면, 그런 사람은 무엇을 어떻게 하더라도 모두 진리에 딱 들어맞을 것이다. 어떤 경지에 이르러야 이렇게 특별하게 될까?

세상 사람들이 옛날 전장에서 죽음을 무릅쓰고 고생한 군인의 공적을 모르듯이, 선지식들이 몸을 던져 생사를 넘나들며 깨달은 그 공적을 짐작이나 하겠는가. 그러므로 오직 눈 밝은 이들이 신중하게 그 공적을 평가해야 하는 것이다.

그것은 그렇다 치고, 설두스님이 선택한 공안은 어떻게 할 것인가? 본칙을 자세히 살펴보자.

무엇이 보이시나요

조각조각을 모았으니 탑인가 아닌가

당신의 진짜 빛은 어느 것인가요

擧 僧이 問法眼호대 慧超咨和尙하노니
거 승 문법안 혜초자화상

如何是佛이닛고 法眼云 汝是慧超니라
여하시불 법안운 여시혜초

승문법안(僧問法眼) '어떤 스님이 법안선사께 여쭈었다'의 뜻인데, 뒤에 질문자가 스스로 자신을 '혜초'라고 밝혔으나 특별히 알려진 인물이 아니었기에 '어떤 스님(僧)'이라고 한 것이다.

본칙

이런 얘기가 있다[擧]. 어떤 스님이[僧] 법안선사께[法眼] 여쭈었다[問].

"혜초가[慧超] 큰스님께[和尙] 여쭙니다[咨].

어떤 것이 부처입니까[如何是佛]?"

법안선사께서[法眼] 말씀하셨다[云]

"자네가[汝] 혜초로군[是慧超]."

 **松江**

질문을 던진 혜초라는 스님은 선문답에서 가장 빈번하게 오가는 질문을 던졌다. "저는 혜초라고 합니다. 무엇을 부처라고 합니까?" 이 친구 다 아는 듯 말해두고는 모른다고 실토하는구먼. 그러나 씹지도 않고 통째로 삼키려 하는구나.

법안스님은 상대가 가진 답을 가리켜 보이는 솜씨를 지닌 분이다. 언제나 상대방이 빛을 돌이키게 하는 솜씨를 발휘하신다.

미리 말해 두는데, '혜초가 곧 부처다' 따위의 멍청한 소리를 해선 안 된다. 누구나 머리로 헤아리는 '부처'가 있을 것이다. 그러나 그건 가짜다. '혜초'라는 법명을 받은 후로 누가 혜초라고 하면 답을 했을 것이다. 그러나 그 혜초도 가짜다. 부처가 없다는 말도 아니고 혜초가 없다는 말도 아니지만, 그러나 "혜초가 부처다" 따위의 가짜 놀음을 하지는 말라. 그렇다고 그 밖에 다른 부처와 다른 혜초가 있다고 한다면, 이 사람은 눈이 잘못 봤다고 눈을 파버리는 사람과 같다. 천하의 영리하다는 이들이 모두 이렇게 구렁텅이에 스스로 들어가 버린다.

법안선사는 숨 돌릴 틈도 두지 않고 바로 시퍼런 칼을 휘둘러 버렸다. 생각을 굴리는 사이 그 칼에 목숨을 잃을 것이다. 만약 생각을 일으키지 않고 눈을 깜박이지 않는 사람이 있다면 법안스님의 손에서 칼을 뺏어 휘두를 수 있을 것이다. 그 칼이 본디 법안선사의 칼인가, 혜초의 칼인가?

물에 떠다니는 것들도 아름답게 보이지

소용돌이에 말려들면 죽음

江國春風吹不起하고
강 국 춘 풍 취 불 기

鷓鴣啼在深花裏로다
자 고 제 재 심 화 리

三級浪高魚化龍커늘
삼 급 랑 고 어 화 룡

癡人猶㪿夜塘水로다
치 인 유 호 야 당 수

강국(江國) 법안선사가 머물렀던 청량원(淸凉院)이 있는 강남을 가리킴.

취불기(吹不起) '불되 일지 않다'의 뜻이니, '느끼지 못할 만큼 부드럽게 불다'로 풀이됨.

자고(鷓鴣) 자고새. 메추라기와 비슷함.

삼급랑고어화롱(三級浪高魚化龍) 중국의 고사에서 인용한 것. 강과 바다의 물고기들이 황하(黃河)를 거슬러 용문산(龍門山)에 모였다가, 그중 출중한 물고기가 세 단계로 된[삼급(三級)] 폭포를 차례로 타고 올라가 용이 된다는 전설. 흔히 중국에서는 이것을 과거시험에 급제하여 중앙정계에 진출하는 출세에 견주어 말함. 선가(禪家)에서는 깨닫기 전의 어려움을 견주어 인용하기도 함.

야당(夜塘) 강이나 바닷가에 물고기를 잡기 위해 둑을 쌓아 만든 못. 물이 들면 고기가 들어왔다가, 물이 빠지면 고기가 갇히게 됨.

강남엔[江國] 봄바람[春風] 불되[吹] 일지 않고
[不起],
자고새는[鷓鴣] 꽃 속에[花裏] 숨어[在深] 우는
구나[啼].
삼단[三級] 폭포를[浪] 오른[高] 물고기는[魚]
용이[龍] 되었건만[化],
어리석은 사람은[癡人] 여전히[猶] 야당의[夜
塘] 물만[水] 푸는구나[戽].

 **松江**

강남엔 봄바람 불되 일지 않고,
자고새는 꽃 속에 숨어 우는구나.

법안선사는 솜씨가 뛰어나다. 봄바람 은근하게 불지만 둔한 놈은 그게 봄바람인지를 모른다. 그래서 봄바람이 불지 않는다고 할지도 모른다. 그러나 그런 바람이야말로 천하에 봄이 가득한 소식을 전하는 것이다. 거세게 부는 바람이 봄답게 하는 것이 아니다. 보라! 온 천지에 꽃이 가득하질 않는가! 게다가 봄이라는 것을 다시 알려주는 자고새까지 울고 있다. 그러나 꽃 깊이 몸을 숨겨 버렸구나. 아니면 눈 어둔 놈이라 보질 못하는가?

곧바로 달을 봐야지 손가락에 낀 금반지에 넋을 잃지 말 것!

아하! 법안선사의 자비가 천지를 풍요롭게 하는구나.

삼단 폭포를 오른 물고기는 용이 되었건만,
어리석은 사람은 여전히 야당의 물만 푸는구나.

물고기가 비록 삼단 폭포를 뛰어올라 이윽고 용이 된다지만, 그 모습을 절대로 아무에게나 보여주진 않는다. 물고기가 용이 되는 솜씨만큼이나 뛰어난 안목을 가졌다면 혹시 모르겠다. 그러니 이미 용이 되어 승천해 버린 줄도 모르고, 그저 고기 잡겠다고 만들어 둔 방죽물만 부질없이 퍼내고 있는 것이다. 그래서 비늘이라도 건지면 용의 비늘이라고 할 것인가.

용을 낚아챌 정도의 솜씨가 있어야 비로소 법안선사의 사람 살리는 칼끝이 어디를 겨누고 있는지를 볼 것이다.

새 울음은 어디에서 들리는가

물을 다 퍼내면 잡을 수 있을까

해를 삼키면 움직이려나

제8칙

취암미모
(翠巖眉毛)

취암선사의 눈썹

松江

다르게는 '취암하말시중(翠巖夏末示衆)' 즉 '취암선사께서 여름 안거 끝에 대중에게 법문하다'로도 되어 있음.

설두스님께서 선택한 여덟 번째 얘기는 취암스님의 해제 법문이다.

垂示

會則途中受用이라 如龍得水하고 似虎
회 즉 도 중 수 용　　　여 룡 득 수　　　사 호

靠山이어니와 不會則世諦流布라 羝羊觸
고 산　　　　불 회 즉 세 제 유 포　　　저 양 촉

藩이요 守株待兎니라 有時一句는 如踞
번　　수 주 대 토　　　유 시 일 구　　　여 거

地獅子요 有時一句는 如金剛王寶劍이
지 사 자　　유 시 일 구　　　여 금 강 왕 보 검

요 有時一句는 坐斷天下之舌頭하며 有
　　유 시 일 구　　　좌 단 천 하 지 설 두　　　유

時一句는 隨波逐浪이라 若也途中受用
시 일 구　　수 파 축 랑　　　약 야 도 중 수 용

인댄 遇知音하야 別機宜하며 識休咎하야
　　　우 지 음　　　별 기 의　　　식 휴 구

相共證明이어니와 若也世諦流布인댄 具
상 공 증 명　　　　약 야 세 제 유 포　　　구

一隻眼하야 可以坐斷十方하며 壁立千
일 척 안　　　가 이 좌 단 시 방　　　벽 립 천

仞이니라 所以로 道하대 大用이 現前에 不
인   소이   도   대용 현전   부

存軌則이라하니라 有時엔 將一莖草하야
존 궤 칙   유시   장 일 경 초

作丈六金身用하며 有時엔 將丈六金身
작 장 육 금 신 용   유시   장 장 육 금 신

하야 作一莖草用이니라 且道하라 憑箇什
     작 일 경 초 용   차 도   빙 개 십

麼道理오 還委悉麼아 試擧看하라
마 도 리 환 위 실 마 시 거 간

수용(受用) 받아 씀. 활용함.

세제(世諦) 절대적인 이치를 뜻하는 진제(眞諦)와 달리, 세상에서 일반적으로 통용되는 상대적인 이치를 뜻함.

저양촉번(羝羊觸藩) 무엇이든 뿔로 받기를 좋아하는 숫양이 울타리를 뿔로 받다가 뿔이 울타리에 걸려 오도 가도 못한다는 뜻으로, 앞으로 나아가는 것과 뒤로 물러서는 것이 자유롭지 못함을 이르는 말.

수주대토(守株待兎) 『한비자(韓非子)』에 나오는 말로 '나무 그루터기를 지키면서 토끼가 부딪혀 죽기를 기다리다'의 뜻. 어리석은 사람을 가리키는 말.

[송나라의 어떤 사람이 밭을 갈고 있는데, 밭 한가운데에 있는 나무 그루터기에 토끼가 부딪혀 목이 부러져 죽었다. 뜻밖의 횡재를 한 농부는 농사를 그만두고 그 나무 그루터기만을 지키며, 다시 토끼가 와 부딪혀 죽기를 기다렸다. 결국 토끼는 잡지 못하고 사람들의 웃음거리만 되었다.]

금강왕보검(金剛王寶劍) '금강왕'은 공지(空智) 즉 '부처님의 본체'를 가리키고, 보검은 반야(般若)를 상징하는 것이니, '부처님의 지혜'를 뜻함.

좌단천하지설두(坐斷天下之舌頭) '좌(坐)'는 '대면하여' 또는 '마침내'의 뜻이며, '설두(舌頭)'는 '혀끝에서 나온 온갖 말'을 가리킴. 그러므로 '천하 사람들을 대하여 아무 말도 못하게 해 버리다'의 뜻임.

수파축랑(隨波逐浪) '파도를 따르고 물결을 쫓다'는 뜻. 이는 인연에 따라 자질에 맞는 적절한 가르침을 펼치는 것을 가리킴.

지음(知音) 지기지우(知己之友)와 같은 말로 서로 마음이 통하는 벗을 뜻함. 중국 춘추시대 거문고의 명인 백아(伯牙)와 벗인 종자기(鍾子期)의 고사(故事)에서 비롯된 말.

『열자(列子)』〈탕문편(湯問篇)〉에 나오는 말로, 백아가 무엇을 생각하며 거문고를 연주하면, 종자기가 그것을 시로 읊을 만큼 마음과 마음이 통하였다. 종자기가 죽자 백아는 이 세상에 다시는 자기 거문고 소리를 들려 줄 사람이 없다고 생각하고는 거문고 줄을 끊고 다시는 연주하지 않았다고 한다.

별기의(別機宜) '알맞은 시기(時期)나 형편(形便)을 안다'는 뜻. 상대의 근기가 교화하기에 적절한 때임을 앎. '별(別)'은 '알다, 분별하다'의 뜻.

식휴구(識休咎) '휴구(休咎)'는 '길(吉)한 것과 흉(凶)한 것, 복(福)과 화(禍)'를 뜻함. 따라서 '무엇이 좋은지 나쁜지를 분명히 안다'는 뜻.

일척안(一隻眼) 글자대로의 뜻은 '애꾸눈'이지만, 선어록에서는 '깨달은 이의 눈'을 뜻함. 즉 '지혜의 눈'임.

벽립천인(壁立千仞) '벽을 천 길 세우다'의 뜻으로, 감히 범접할 수 없는 모습을 보여야 한다는 것임.

위실(委悉) 뜻을 확실하게 앎.

수시

알면[會] 곧[則] 도중에서[途中] 활용할 것이니
[受用], 용이[龍] 물을[水] 얻은 것과[得] 같고
[如] 호랑이가[虎] 산을[山] 의지한 것[靠] 같다
[似]. 모르면[不會] 곧[則] 세속의 도리를[世諦]
퍼뜨리는 것이니[流布], 숫양이 뿔로 받다가 울
타리에 걸리듯 진퇴양난이 될 것이고[羝羊觸
藩], 나무 그루터기를 지키며 토끼가 부딪혀 죽
기를 기다리듯 어리석은 일을 할 것이다[守株
待兎].

어떤 때의[有時] 한 구절은[一句] 땅에[地] 웅
크리고 앉은[踞] 사자와[獅子] 같고[如], 어떤
때의[有時] 한 구절은[一句] 금강왕의[金剛王]
보검과[寶劍] 같으며[如], 어떤 때의[有時] 한

구절은[一句] 천하 사람들의[天下之] 혀끝을[舌頭] 대하여[坐] 끊어 버리고[斷], 어떤 때의[有時] 한 구절은[一句] 파도를[波] 따르고[隨] 물결을[浪] 좇는다[逐].

만약[若也] 도중에[途中] 활용한다면[受用] 지음을[知音] 만나[遇] 서로의 마음을 잘 알고[別機宜] 무엇이 좋은지 나쁜지를 잘 알기에[識休咎] 서로[相] 더불어[共] 밝힐 수 있으리라[證明]. 만약[若也] 세속의 도리가[世諦] 널리 퍼졌다면[流布], 지혜의 눈을[一隻眼] 갖춰[具] 세상을[十方] 제압하고[坐斷] 천길[千仞] 절벽을[壁] 세워야[立] 할 것이다[可以].

때문에[所以] 큰 작용이[大用] 전개될 때는[現前] 정해진 법칙이[軌則] 없다고[不存] 한 것이다[道]. 어떤 때는[有時] 한 포기[一莖] 풀을

[草] 가지고[將] 1장 6척의[丈六] 부처의[金身]

작용을[用] 만들고[作], 어떤 때는[有時] 1장 6

척의[丈六] 부처를 [金身] 가지고[將] 한 포기

[一莖] 풀의[草] 작용을 만든다[作].

말해 보라[且道]. 어떤[箇什麼] 도리에[道理]

의함인가[憑]? 다시[還] 확실하게 알겠는가[委

悉麼]? 자세히 살펴보도록 하자[試擧看].

松江

  부처님과 조사님들의 경지를 알았다면 무슨 걸림이 있겠는가. 물을 얻은 용이나 산속에서 유유자적한 호랑이와 같아서 어느 누구도 어쩌지를 못할 것이다.

  그러나 책 몇 권 읽고 법문 좀 들었다고 설치다간 꼭 길지도 않은 제 뿔이나 믿고 아무 곳이나 들이받는 숫양처럼 기어코 울타리에 걸려 오도 가도 못할 것이다. 사람들이 힘들다거나 괴롭다는 것이 바로 그 모양 아니던가. 아니면 부처님이나 조사님들의 뜻을 아주 엉뚱하게 자기의 깜냥으로 잘못 받아들여, 매사가 저절로 되려니 하고 목만 빼고 기다리는 멍청한 이들이 있지. 일이야 언제 저절로 되지 않은 적이 있던가? 다만 자신이 저절로 안 될 따름이지. 매양 제 바람대로 되길 바라니 괴롭기도 하겠지. 그러니 자유로운 게 뭔지를 알고 싶으면 목숨을 던져 들어가라고 권하는 것이지.

  깨달은 이들의 말은 측량하기 어렵다. 어떤 때는 금방이라도 먹이를 덮칠 것 같은 사자 같다. 그러니 그 앞에서 함부로 날뛰다가는 목숨을 잃는다. 어떤 때는 부처님의 깨달음에서 나오는 최고의 지혜와 같이 모든 것을 밝게 비친다. 그러니 어설픈 속임수를 부려 봐야 통하지 않는다. 또 어떤 때는 절대적인 경지를 드러내기도 한다. 그러니 어설픈 언어로 설명하려 해도 통하지 않는다. 다시 어떤 때는 사람의 자질에 맞춰주기도 한다. 그러니 그 무한한 자비 앞에서 목에 힘주는 일이 없어야 한다.

만약 자유로운 사람끼리 만난다면 서로의 마음을 훤히 알기에 어떻게 하더라도 서로가 흔쾌하여 껄껄 웃으며 즐길 수 있으리라. 그러나 만약 보잘 것 없는 제 능력만 믿고 좌충우돌 설치는 사람을 만난다면, 세간의 앎으로는 상상할 수도 없는 드높은 경지가 있음을 보여줘야 할 것이다.

그렇기 때문에 옛 어른들은 선지식의 방편에는 정해진 법칙 따위가 적용되지 않는 것이라고 하셨던 것이다. 깨달음으로 이끄는 선지식의 위대한 활동을 보노라면, 어떤 때는 정말 하찮은 것으로 대각의 경지를 보이고, 어떤 때는 절대의 경지를 놓고 티끌 속으로 가기도 하는 것이다.

이것이 어떤 도리에 의한 것인지를 알아야만 비로소 알았다고 할 수 있을 것이다.

달빛인가 댓빛인가

세간의 도리는 이와 같나니

목숨을 거는 사람만 오른다

擧 翠巖이 夏末에 示衆云 一夏以來에
거 취암 하말 시중운 일하이래

爲兄弟說話하니 看翠巖眉毛在麽아 保
위형제설화 간취암미모재마 보

福云 作賊人心虛니라 長慶云 生也라
복운 작적인심허 장경운 생야

雲門云 關
운문운 관

하말(夏末) 여름 석 달 안거의 끝인 해제일.

설화(說話) '설법'과 같은 뜻.

미모재마(眉毛在麽) '눈썹이 붙어 있는가?'의 뜻. 선가(禪家)에서는 절대적인 이치와 동떨어진 세간적인 얘기를 많이 하면 눈썹이 없어진다는 말이 있음. 그러므로 이 말의 본뜻은 '허튼소리나 한 것이 아닌가?'라고 묻고 있음.

작적인심허(作賊人心虛) 도둑질하는 사람[作賊人]의 마음은 허위다[心虛]

이런 얘기가 있다[擧]. 취암스님이[翠巖] 여름 안거[夏] 마지막 날에[末] 대중들에게 법문하셨다[示衆云].

"여름 안거를 시작한 이후로[一夏以來] 그대들을 위해[爲兄弟] 법문을 했다[說話]. 보라[看]! 이 취암의 눈썹이[翠巖眉毛] 아직 붙어 있는가[在麼]?"

보복스님이 (그 애길 전해 듣고는) 한마디 했다[保福云].

"도둑질하는[作賊] 사람의[人] 마음은[心] 거짓이지[虛]."

장경스님이 (그 얘길 전해 듣고는) 한마디 했다
[長慶云].

"돋아난다[生也]."

운문스님이 (그 얘길 전해 듣고는) 한마디 했다
[雲門云].

"관문이로다[關]."

  여기 등장하는 취암(翠巖)선사는 설봉 의존(雪峰義存, 822~908)선사의 법제자이다. 법명은 영참(令參)이며, 명주(明州)화상이라고도 한다. 당대(唐代)의 스님이라는 것 외엔 생몰 연대가 밝혀져 있지 않다. 설봉선사의 인정을 받고는 명주(明州)의 취암산(翠巖山)에서 후학을 지도하셨기에 취암선사라고 하는 것이다. 그리고 한마디씩 한 보복, 장경, 운문스님은 모두가 설봉선사의 제자들로 취암스님과는 사형사제가 된다.

  이 얘기의 배경은 당연히 취암산에서 지도자로서 대중을 이끌 때이며, 해제를 하면서 법문을 한 앞부분에 해당될 것이다. 취암, 보복, 장경, 운문스님은 사형제이니, 세 스님이 취암스님 아래에서 지도를 받은 것이 아니라는 것을 알 것이다. 그러므로 뒤에 한마디씩 한 것은 뒷날 얘기를 전해 듣고 평을 한 것이라고 보면 되겠다.

이런 얘기가 있다네. 취암스님이 여름안거 마지막 날에 대중들에게 법문하셨다.

"여름 안거를 시작한 이후로 그대들을 위해 법문을 했다. 보라! 이 취암의 눈썹이 아직 붙어 있는가?"

취암선사께서는 안거 기간에 대중들에게 참 많은 법문을 하셨을 것이다. 그리고 이제 석 달의 안거를 마치고 흩어지기 직전에 있다. 그러니 마지막으로 점검을 해야 하는 것이다. 그래서 자기 자신을 미끼로 썼다.

"내가 이런저런 법문을 참 많이 했다. 그런데 깨달음의 경지에서 어긋나는 애길 많이 하면 눈썹이 다 빠져버린다고 하지 않았는가. 자, 어떤가? 이런저런 애길 많이 한 이 취암의 눈썹이 붙어있는 것인가?"

어째 취암스님의 눈썹을 보려고 하시나? 취암스님을 그렇게 만만하게 보다간 큰코다칠걸. 그대의 눈썹은 어떤가? 취암스님의 노고를 물거품으로 만들면 눈썹이 문제가 아니라 목이 달아날걸. 헛된 망상에 빠지지 말 것!!

보복스님이 (그 애길 전해 듣고는) 한마디 했다.
"도둑질하는 사람의 마음은 거짓이지."

보복스님은 참 친절하시다. 그대가 상대하는 이가 큰 도둑임을 알아야 한다고 가르쳐 주고 있는 것이다. 만약 그대가 지킬 능력을 갖추지 못했다면, 그대의 모든 것은 이미 취암스님에게 도둑맞았을 것이다. 그러니 말에 따라가지 말고 취암스님의 마음을 낚아채도록 하라.

장경스님이 (그 애길 전해 듣고는) 한마디 했다.
"돋아난다."

장경스님은 참 어렵다. 눈썹이 빠지기는커녕 돋아난다고? 아, 장경스님은 참 모진 선지식이다. 취암스님의 그물을 겨우 벗어났다고 하더라도, 장경스님의 함정을 피하긴 어려울 듯싶다.

운문스님이 (그 애길 전해 듣고는) 한마디 했다.

"관문이로다."

운문스님이야 본디 시원시원하시지. 그렇긴 하지만 자상하시진 않아. 하긴 너무 자상한 게 독이 되기도 하니까. 그러나 지금 그대가 어떤 관문에 갇혔는지를 아시는가? 벌써 빠져나왔다고? 글쎄다. 다시 한번 잘 살펴보시구려.

어둠 속에서 눈이 멀어버린 동굴물고기

경계를 늦추면 불행한 일이 일어난다

곤충을 죽음으로 이끄는 아름다움 – 끈끈이 액

높이도 깊이도 추측불가

翠巖示徒여 千古無對로다
취암시도　천고무대

關字相酬는 失錢遭罪라
관자상수　실전조죄

潦倒保福은 仰揚難得이요
요도보복　앙양난득

嘮嘮翠巖은 分明是賊이라
노로취암　분명시적

白圭無玷커니 誰辨眞假리요
백규무점　수변진가

長慶相諳하고 眉毛生也라하더라
장경상암　미모생야

천고무대(千古無對) : '대(對)'의 풀이에 따라 두 가지로 번역이 가능함. '상대, 맞수'라고 풀면 '옛날에나 지금에나 맞수가 없다'가 되고, '대답'이라고 풀면 '옛날에나 지금에나 똑바로 대답한 자가 없다'가 됨.

관(關) : 관문(장벽) 또는 함정.

실전조죄(失錢遭罪) : 당나라에서는 금속으로 만든 화폐를 만들어 사용하였는데, 이미 아주 귀하게 여겨 분실한 자에게는 상응하는 벌을 내린 것이 아닌가 짐작된다. 요즘의 예로 들자면 노름으로 큰돈을 잃고 게다가 경찰에 검거되어 철창신세를 지게 된 것과 같다고 할 수 있다. 즉 엎친 데 덮친 격이다.

요도(潦倒) : 중국어 사전에는 '맥이 빠지다. 풀이 죽다. 기가 죽다. 낙심하다. 의기소침하다. 위축되다. 초라하게 되다. 의욕을 잃다. 마음 먹은 대로 되지 않다.'로 풀이해 놓았음.

취암스님[翠巖] 대중에게[徒] 법문하신 것[示],

옛날과 지금에[千古] 상대할 자[對] 없도다[無].

관문이라는[關] 말로[字] 응대한 것은[相酬],

돈을[錢] 잃고[失] 죄를[罪] 지은 격이네[遭].

완곡하게 표현한[潦倒] 보복스님의 말은[保福],

칭찬인지 견책인지[仰揚] 알기[得] 어렵구나
[難].

이런 법문 저런 법문하신[嘮嘮] 취암스님은[翠巖],

의심할 것 없이[分明] 천하의 도적이니라[是賊].

희고 맑은 옥에는[白圭] 한 점 티가 없나니[無
玷],

뉘라서[誰] 진짜인지[眞] 가짜인지[假] 가리리
오[辨].

장경스님이[長慶] 취암스님 뜻을 척 알아보고는[相諳]

취암스님 눈썹이[眉毛] 오히려 돋는다고 하네[生也].

취암스님 대중에게 법문하신 것,
옛날과 지금에 상대할 자 없도다.

설두스님은 취암스님의 이 법문이 너무나 탁월하여 견줄 이가 없다고 평가한다. 대중의 모든 안목을 일시에 뺏어 버리는 취암 노인의 솜씨는 정말 일품이다. 맞상대는 그만두고, 누가 그를 비켜 갈 수 있을까?

관문이라는 말로 응대한 것은,
돈을 잃고 죄를 지은 격이네.

관문(장벽)이라고 표현한 운문스님의 평은 참 시원하다. 시원하긴 한데 잘 살펴야 한다. 설령 취암스님을 비켜 간다 해도 운문스님의 장벽에 갇힐 수 있다. 그래서 설두 영감님은 돈을 잃은 놈이 죄까지 뒤집어쓴 꼴이라고 표현한 것이다. 운문스님의 관문을 통과해야 자유의 몸이 된다.

완곡하게 표현한 보복스님의 말은,
칭찬인지 견책인지 알기 어렵구나.
이런 법문 저런 법문하신 취암스님은,
의심할 것 없이 천하의 도적이니라.

설두스님은 보복스님의 평에 속기 쉽다는 것을 은근히 밝혀 놓은 것이다. 보복스님은 참 친절하게 평을 하셨는데, 그 친절함이 시험무대일 줄이야. 설두 영감님 좀 미안하셨나? 어찌 자신의 입으로 취암스님이 도적이라고 발고해 버리시는고? 허나 정신 차려야 한다. 설두 영감님도 그렇게 친절하기만 한 분은 아니라네. 두 분 영감님의 훔치는 솜씨는 천하 일품이니, 잘 살펴야만 한다.

희고 맑은 옥에는 한 점 티가 없나니,
뉘라서 진짜인지 가짜인지 가리리오.

옥집에 가면 모든 게 진짜처럼 보인다. 탁월한 안목이 없다면 진열된 상품 중에 어느 것이 보석이고 어느 것이 평범

한지를 알기 어렵다. 관광객의 솜씨 정도로는 대부분 속는
다.

　선사들의 모든 것 응축한 한마디는 안목을 갖춘 자도 정신
바짝 차려야 속지 않는다.

　장경스님이 취암스님 뜻을 척 알아보고는,
　취암스님 눈썹이 오히려 돋는다고 하네.

　장경스님은 취암스님의 의중을 누구보다도 잘 아셨다. 그
래서 대뜸 눈썹이 빠지는 게 아니라 오히려 돋아난다고 평을
한 것이다. 이제 장경스님이 비정한 선지식이라는 것을 아셨
는가? 원래 선지식의 안목에는 정(情) 따위는 없다네. 하지
만 그 시험을 통과한 그대는 참 멋쟁이라고 할 수 있지.

어디에 발 붙이나

길은 어디에 있나 – 그들은 알지

대개 이렇게 따라가게 마련

 **松江**

다르게는 '조주동서남북(趙州東西南北)' 즉 '조주선사의
동문 서문 남문 북문'으로도 되어 있음.

垂示

明鏡이 當臺에 姸醜自辨하고 鏌鎁在手
에 殺活이 臨時라 漢去胡來하고 胡來漢
去하며 死中得活하고 活中得死라 且道하
라 到這裏하야는 又作麼生고 若無透關
底眼과 轉身處하면 到這裏하야는 灼然不
奈何하리라 且道하라 如何是透關底眼轉
身處오 試擧看하라

연추(妍醜) ‘용모의 아름다움과 추함’을 나타낸 말로 흔히 ‘미추(美醜)’라는 말이 사용됨.

자변(自辨) 저절로 가려짐. 즉 분명하게 거울에 드러남.

막야(鎮鄒) 명검의 이름. 옛날 오나라의 간장(干將)이라는 사람이 오의 왕을 위해 자웅 한 쌍의 명검을 만들어 바친 일이 있음. 숫검(雄劍)의 이름은 자신의 이름을 따서 간장검으로, 암검(雌劍)의 이름은 아내의 이름을 따서 막야(鎮鄒)로 명명하였음. 이후 막야는 명검을 상징하는 말이 되었음.

한호(漢胡) ‘한족과 오랑캐’라는 뜻으로, 이는 앞의 ‘연추(妍醜)’와 같은 뜻으로 사용됨.

도저리(到這裏) 밝은 거울 앞에 서거나 명검을 가진 사람 앞에 서게 되는 경우.

자마생(作麼生) ‘어떠한가?’ ‘어떻게 할 것인가?’의 뜻. 한자대로라면 ‘작마생’으로 읽어야 하지만, 선어록 등에서는 ‘자마생’으로 읽는 것이 관행임.

작연(灼然) 분명, 확실히.

투관저안(透關底眼) 생사(生死)의 난관을 벗어날 안목.

전신처(轉身處) 몸을 바꾸는 수단. 처(處)는 수단이나 방법을 뜻함.

수시

밝은 거울이[明鏡] 경대에 있으면[當臺] 아름답거나[妍] 미운 것이[醜] 저절로[自] 구분되고[辨], 천하의 보검이[鏌鋣] 손에[手] 있으면[在] 죽이고 살리는 것이[殺活] 그때의 마음에 달려 있다[臨時]. 한족이[漢] 가면[去] 오랑캐가[胡] 오고[來], 오랑캐가[胡] 오면[來] 한족이[漢] 가며[去], 죽음[死] 가운데[中] 삶을[活] 얻고[得] 삶[活] 가운데서[中] 죽음을[死] 맞는다[得].

자, 말해 보라[且道]. 이러한 경우를[這裏] 만나면[到] 또한[又] 어떻게 하겠는가[作麼生]? 만약[若] 난관을 벗어날 안목과[透關底眼] 몸을[身] 바꾸는[轉] 수단이[處] 없다면[無], 이러한 경우를[這裏] 만나면[到] 분명[灼然] 어찌하지를[奈何] 못하리라[不].

자, 말해 보라[且道]. 어떤 것이[如何是] 난관을[關] 극복하는[透] 안목이며[底眼] 몸을[身] 바꾸는[轉] 수단인가[處]? 시험 삼아[試] 거량해[擧] 보자[看].

松江

　지혜가 확연해지면 모든 것이 있는 그대로의 모습을 드러내며, 깨달음에 이른 선지식이라면 어떤 경우라도 난관을 타파할 수 있을 것이다. 지혜가 사라지면 곧 어리석음이요, 어리석음을 벗어나면 곧 지혜인 것이다. 깨달으면 생사 가운데서 열반을 볼 것이고, 어리석으면 극락에서도 지옥의 고통을 맞으리라.

　자, 그대가 위대한 선지식을 만났을 때 지혜가 없다면 어떻게 될까? 준비가 되어 있지 않다면 가령 부처님을 만났다고 해도 소용이 없게 될 것이다. [반대로, 누군가를 이끌어주려고 해도 바른 안목과 선교방편을 갖추지 않았다면 아무것도 할 수 없을 것이다.] 자, 무엇이 생사를 해탈하는 안목이며, 깨달음에 이르는 수단이겠는가?

　모르겠다면 다음의 얘기를 잘 살펴보기 바란다.

숭례문 – 서울

동대문 – 서울

광화문 – 서울

경희궁 – 서울

고려석불 – 이천 법왕정사

舉 僧이 問趙州호대 如何是趙州닛고 州
거 승 문조주 여하시조주 주

云 東門西門南門北門이니라
운 동문서문남문북문

이런 얘기가 있다[擧].

어떤 스님이[僧] 조주선사께[趙州] 여쭈었다
[問]. "어떤 것이[如何是] 조주입니까[趙州]?"

조주선사께서[州] 답하셨다[云]. "동문[東門],
서문[西門], 남문[南門], 북문이지[北門]."

대화는 이보다 길었을 것으로 생각되나, 설두화상은 묻고 답한 것으로 끝내었다. 원오대사의 '평창'에는 이다음의 대화로 "저는 그 조주를 묻지 않았습니다." "그대는 어떤 조주를 물었는가?"라는 것을 설명하고 있다. 두 번째의 문답은 사실 생략해도 그만이다.

이런 얘기가 있다. 어떤 스님이 조주선사께 여쭈었다. "어떤 것이 조주입니까?"

조주선사께서 답하셨다. "동문, 서문, 남문, 북문이지."

조주선사는 상대의 마음을 송두리째 **뺏어** 버리는 솜씨를 지닌 분이다. "어떤 것이 조주입니까?"라는 질문은 시퍼런 칼을 정면으로 목에 들이댄 격이다. 그러나 조주영감님이 손가락 한번 튕기자 그 칼은 산산조각이 나고 말았다. 질문한 스님의 속셈이 너무나 **뻔히** 드러나 있기에 까막눈이 아니라면 그 칼을 맞을 리가 있겠는가.

조주라는 법호는 조주현의 관음원에 오래 머무셨기에 붙여진 존칭이다. 그러니 조주라는 지역과 조주라는 선지식을 둘 다 가리키는 말이 된다. 이 점은 상식적으로 아실 터. 그러니 조주스님의 답에서 말씀하신 동서남북의 문을 꼭 조주라는 지역의 성문으로만 생각지는 마시라.

질문한 스님은 너무나 뚜렷한 잣대를 가지고 있어서, 그 잣대로 조주스님을 재어보려고 했다. 하지만 조주스님은 그 격을 오래전에 벗어나 버린 노인네다. 그러니 어쭙잖은 상대에 맞추고 있겠는가. "동쪽에도 문, 서쪽에도 문, 남쪽에도 문, 북쪽에도 문이지." 얼마나 멋진 답변인가! 천리마를 몰아 달려도 조주를 알기에는 너무 늦었다. 그러나 그 잣대만 버린다면 이미 조주에 있지 아니한가?

서울 한복판에서 서울을 묻지 말라. 스스로 모른다면 백년을 끌고 다니며 설명해도 여전히 무엇이 서울이냐고 물을 것이다.

☛ 나는 항상 처음 찾아온 이들에게서 이런 얘기를 듣는다.

"저는 스님을 잘 아는데, 스님은 저를 모를 겁니다."

그것 참! 알고 모른다는 게 ……. 쯧쯧쯧 …….

이게 조주선사를 만나는 문인가

庭前柏樹子(뜰앞의 측백나무)

조주선사 사리탑

대나무 뒤에는 무엇이~

句裏呈機劈面來나
구 리 정 기 벽 면 래

爍迦羅眼絶纖埃로다
삭 가 라 안 절 섬 애

東西南北門相對하니
동 서 남 북 문 상 대

無限輪鎚擊不開로다
무 한 륜 추 격 불 개

구리(句裏) 구절 속에. 본칙의 '무엇이 조주입니까?' 하는 질문 안에.

정기(呈機) 기량을 다하여, 재능을 다하여.

벽면(劈面) 얼굴을 향하여, 정면으로, 맞바로.

삭가라안(爍迦羅眼) 금강의 눈. 흔들림 없는 눈. 깨달음의 눈. '삭가라'는 범어 cakra를 소리대로 옮긴 것.

절섬애(絶纖埃) 가는 티끌도 끊어짐. 아무런 먼지도 없음. 일체의 걸림이 없음.

윤추(輪鎚) 연속적으로 내리치는 쇠망치. 계속해서 내리치는 모습이 망치를 빙빙 돌리는 듯이 보이기도 한다.

질문한 구절 속에[句裏] 모든 기량 기울여[呈機] 곧바로 부딪치나[劈面來]

깨달음에 이른 안목은[爍迦羅眼] 어느 것에도 걸리지 않네[絶纖埃].

동·서·남·북의[東西南北] 문이[門] 서로 마주 보고 있으니[相對].

끝없이[無限] 계속되는 망치질로[輪鎚] 시도해도[擊] 열지지 않네[不開].

질문한 구절 속에 모든 기량 기울여 곧바로 부딪치나

천하의 조주스님을 대하여 질문을 던지는 스님은 얼마나 굳센 각오를 하고 나섰겠는가. 그는 자신의 모든 것을 기울여 정면으로 부딪쳐 간 것이다. 공부하는 사람의 태도는 모름지기 그와 같아야 하리라.

깨달음에 이른 안목은 어느 것에도 걸리지 않네.

그렇긴 하나 상대는 이미 그런 것에 말려들 상대가 아니었다. 조주선사는 곧바로 모든 것을 파악해 버렸으니, 어찌 걸림이 있으랴.

동·서·남·북의 문이 서로 마주 보고 있으니.

조주의 문을 도대체 누가 만들었단 말인가? 조주 영감님의 말씀을 잘못 들으면 곧바로 천 길 낭떠러지로 떨어질 것이다. 누가 그 문을 닫아걸었을까? 잠근 놈이 열기 전에야 어쩌겠는가.

그렇다고 네 대문의 문짝을 살피고 다니진 말라.

끝없이 계속되는 망치질로 시도해도 열지지 않네.

본래 없는 문이니 내리친다고 열리겠는가? 그러나 어쩌랴. 철벽같은 문을 보는 놈이 있으니 말이다. 참 안타까운 일이다. 하긴 안타깝다는 것도 헛소리지.

문이 없다 – 태양

문이 열렸나 닫혔나 – 고래의 사냥

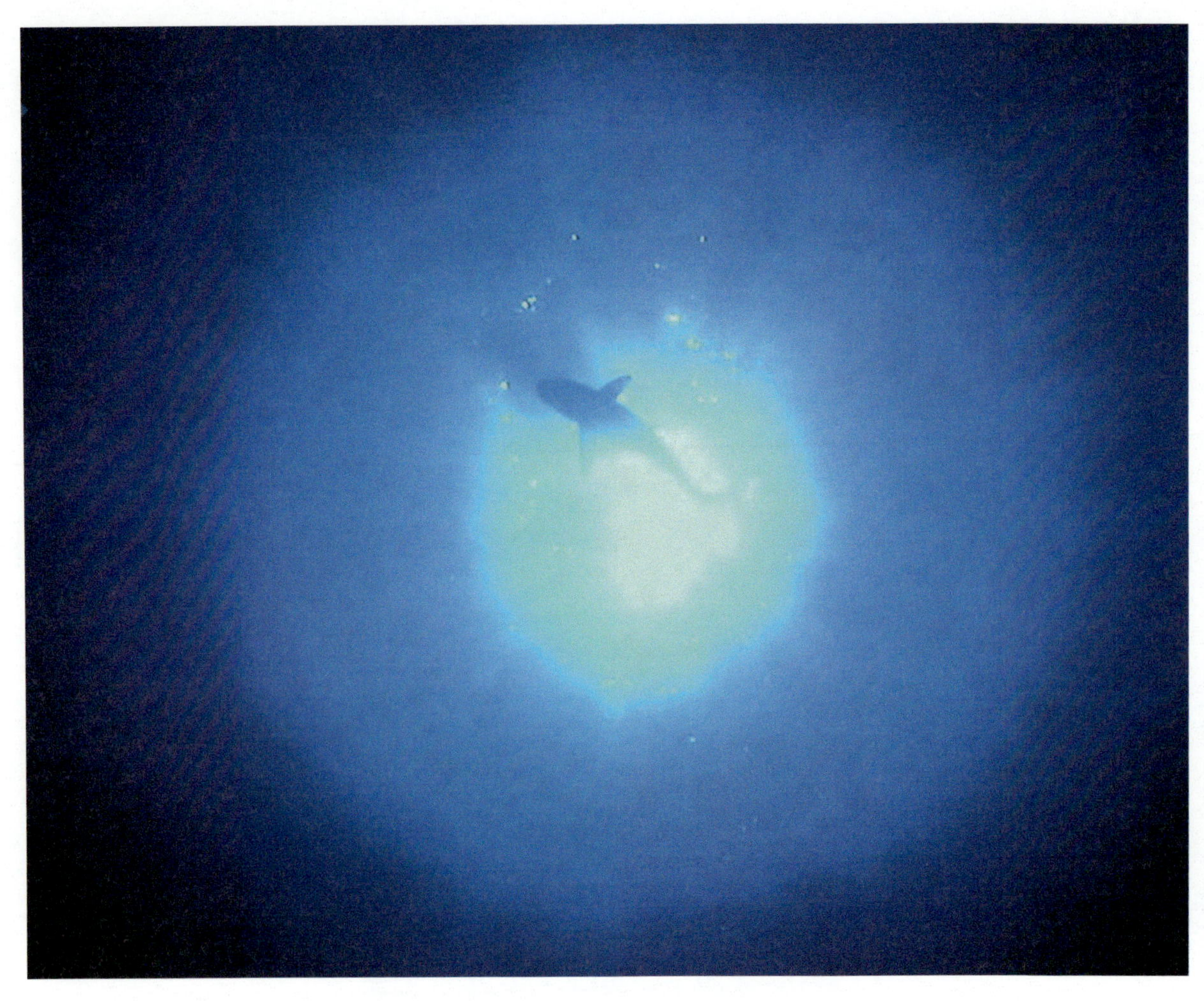

동문 서문 남문 북문 – 상어의 유영

고요한 것이 아니다 — 태풍의 눈

松江

다르게는 '목주문승심처(睦州問僧甚處)' 즉 '목주스님이 객승이 온 곳을 묻다'로도 되어 있음.

설두스님께서 선택한 열 번째 얘기는 목주스님과 한 객스님 사이에 오간 문답이다.

恁麼恁麼며 不恁麼不恁麼라 若論戰
임마임마 불임마불임마 약론전

也인댄 箇箇立在轉處니라 所以로 道호대
야 개개립재전처 소이 도

若向上轉去인댄 直得釋迦彌勒과 文殊
약향상전거 직득석가미륵 문수

普賢과 千聖萬聖과 天下宗師라도 普皆
보현 천성만성 천하종사 보개

飲氣吞聲이어니와 若向下轉去인댄 醯鷄
음기탄성 약향하전거 혜계

蠛蠓과 蠢動含靈이라도 一一放大光明하
멸몽 준동함령 일일방대광명

며 一一壁立萬仞이니라 儻或不上不下인
일일벽립만인 당혹불상불하

댄 又作麼生商量고 有條攀條하고 無條
우자마생상량 유조반조 무조

攀例하리라 試擧看하라
반례 시거간

임마(恁麼) 불임마(不恁麼) 당(唐)·송(宋) 시대의 속어(俗語)로 임마(恁麼)는 '그렇다'고 긍정하는 것이고 불임마(不恁麼)는 '아니다'고 부정하는 것.

논전(論戰) 논쟁. 흔히 '언론전(言論戰)'이라는 용어로 사용됨.

입재(立在) '기인하다' '의거하다'의 뜻.

전처(轉處) 중심이 되는 관점. 어떤 주장을 하게 된 출발점이 된 경지나 논점 등.

향상전거(向上轉去) '위로 향하면서 말하자면' '절대적인 입장에서 거론하자면'의 뜻으로, 절대적인 부정의 입장을 가리킴.

직득(直得) 당(唐) 송(宋)시대의 속어(俗語)로 '그야말로'의 뜻.

음기탄성(飲氣呑聲) '숨을 들이마시고 소리를 삼키다'의 뜻이니, 곧 아무 말도 할 수 없다는 의미.

향하전거(向下轉去) '아래로 향하면서 말하자면' '상대적 입장에서 거론하자면'의 뜻으로, 절대적인 긍정의 입장을 가리킴.

혜계멸몽(醯鷄蠛蠓) 초파리와 진디등에(모기와 비슷한 곤충). 둘 다 아주 작은 곤충임.

준동함령(蠢動含靈) 꿈틀거리는 작은 미물들.

벽립만인(壁立萬仞) '벽이 만 길을 이루다'의 뜻이니, '절대적인 존재다'라는 의미.

당혹불상불하(儻或不上不下) 혹시 절대적 입장도 아니고 상대적 입장도 아니라면.

상량(商量) 자세히 생각함

유조반조(有條攀條) 법규가 있으면 법규를 따름.

무조반례(無條攀例) 법규가 없으면 관례를 따름.

그러면[恁麼] 그렇고[恁麼] 아니면[不恁麼] 아니다[不恁麼]. 만약[若] 논쟁을 한다면[論戰也] 낱낱이[箇箇] 중요한 관점에[轉處] 의거한 것이다[立在]. 그런 까닭에[所以] "만일[若] 절대적인 입장에서[向上] 거론한다면[轉去] 그야말로[直得] 석가와[釋迦] 미륵과[彌勒] 문수와[文殊] 보현과[普賢] 천만의 성인과[千聖萬聖] 위대한 스승이[天下宗師] 모두[普] 다[皆] 한마디도 할 수 없겠지만[飲氣吞聲], 만일[若] 상대적 입장에서[向下] 거론한다면[轉去] 초파리와[醯鷄] 진디등에와[蠛蠓] 꿈틀거리는[蠢動] 미물까지도[含靈] 낱낱이[一一] 큰[大] 광명을[光明] 놓으며[放] 낱낱이[一一] 절대적인 모습을 보인다[壁立萬仞]"고 하였다[道].

혹시[儻或] 절대적 입장도[上] 아니고[不] 상대적 입장도[下] 아니라면[不] 또[又] 어떻게[作麼生] 헤아려야 할까[商量]? 법규가[條] 있다면[有] 법규를[條] 따르고[攀], 법규가[條] 없다면[無] 관례를[例] 따르라[攀]. 잠시[試] 거량해[擧] 살펴보자[看].

松江

　긍정을 하면 긍정이 되는 것이고, 부정을 하면 부정이 되는 것이다. 세상의 논쟁이라는 것이 본래 제 나름대로의 근거를 다 가지고 있는 것이다.

　만일 깨달음 그 자체만을 위해 한없이 상승해가는 입장에서만 말하자면 제불보살이나 일체의 성현이 한 마디도 할 수 없고, 팔만대장경의 온갖 교설이 한 글자도 쓸모가 없게 될 것이다. 오로지 다 쓸어버리면 될 것이다. 그건 어디까지나 말에 불과하고 글에 불과하기 때문이다.

　반대로 상대적 입장에서 긍정으로만 논하자면 이 세상의 그 모든 것이 다 존귀한 것이니, 어찌 곤충이나 미물이라고 무시할까 보냐. 모두가 제 모습을 확연히 드러내고 있는 것이다. 그러니 부처라는 표현도 중생이라는 표현도 필요 없는 것이다.

　위의 두 가지 지도법은 이미 온갖 경론 등에서 다 보여준 것이다. 또한 이 두 가지는 너무나 정형화되어서 어떤 경우에는 오히려 악용되기도 한다.

만약 이 두 가지의 측면이 아니라면 어떻게 해야만 할까?

이에 대한 적절한 예를 목주스님께서 보여주신다.

접근하기조차 어려운 만년설산

멈추지 말라 – 물고기, 돌고래 바다새

모든 것이 어우러지는 세계 – 정글

本則

擧 睦州問僧호대 近離甚處오 僧便喝하
거 목주문승 근리심처 승변할
니 州云 老僧被汝一喝이로다 僧又喝하니
주운 노승피여일할 승우할
州云 三喝四喝後作麼生고 僧無語하니
주운 삼할사할후자마생 승무어
州便打去호대 這掠虛頭漢이로다
주변타거 저략허두한

근리심처(近離甚處) 최근에 어느 곳을 떠나 왔는가? 근래에 어느 곳에 있었는가?

변할(便喝) 갑자기 고함을 꽥 지름.

약허두한(掠虛頭漢) 당·송 시대의 속어로 '멍청한 놈' '얼간이 같은 놈' 정도의 뜻.

본칙

이런 얘기가 있다[擧]. 목주스님이[睦州] 찾아온 스님에게[僧] 물었다[問].

"최근에[近] 어느 곳을[甚處] 떠나 왔는가[離]?"

객승이[僧] 갑자기[便] 고함을 꽥 질렀다[喝].

목주스님이[州] "내가[老僧] 자네에게[汝] 한 번[一喝] 당했군[被]." 하자[云], 객승이[僧] 다시[又] 고함을 꽥 질렀다[喝].

목주스님이[州] "세 번 고함치고[三喝] 네 번 고함친[四喝] 후에는[後] 어쩔 셈인가[作麼生]?"하니[云], 객승이[僧] 말이[語] 없었다[無].

목주스님이[州] 곧바로[便] 후려쳤다[打去]. "이[這] 얼간이 같은 놈[掠虛頭漢]!"

여기 등장하는 목주(睦州, 780~877)선사는 황벽 희운(黃檗希運)선사의 법을 이은 스님이다. 젊은 임제(臨濟)스님이 열심히 정진하는 것을 보고는 큰 그릇임을 간파하고는 황벽스님을 세 번이나 찾아뵙게 하여 깨달음으로 인도하였으며, 찾아온 운문스님이 법을 물으며 문 안으로 발을 들이밀자 세차게 닫아 다리를 분질러 깨달음으로 인도하였다. 명예를 싫어하여 숨어살기를 좋아하였으며, 짚신을 만들어 팔며 어머니를 봉양할 정도로 효심이 깊었다. 흔히 진존숙(陳尊宿)으로 많이 알려져 있는 선사이다.

이런 얘기가 있다. 목주스님이 찾아온 스님에게 물었다.

"최근에 어느 곳을 떠나 왔는가?"

흔히 선사들이 새로 찾아온 수행자에게 묻는 방식 중의 하나이다. 어느 어른 밑에서 지도를 받았는지 묻는 것이기도 하고, 아울러 상대의 경계를 묻는 것이기도 하다.

객승이 갑자기 고함을 꽥 질렀다.

목주스님이 "내가 자네에게 한 번 당했군." 하자, 객승이 다시 고함을 꽥 질렀다.

객승은 여러 곳에서 공부했거나 꽤나 선어록을 많이 본 듯하다. 따라서 '그따위를 알아서 무엇 하겠는가!'라는 입장을 분명히 드러내었다. 절대적인 입장에서야 과거의 일 따위를 묻는 것은 우스운 일이 아니겠는가. 이 객승은 목주화상의 명성을 익히 알고 있었으리라. 그러면서도 이렇게 내지를 수 있었던 것은 참으로 칭찬할 만하다. 목주스님은 "아이쿠, 내가 자네에게 한 방 당했네 그려." 슬쩍 비키듯 칭찬하는 듯 상대를 시험하였다. 객승은 다시 호기를 부렸다. 또 꽥 고함을 지른 것이다.

목주스님이 "세 번 고함치고 네 번 고함친 후에는 어쩔 셈인가?"하니, 객승이 말이 없었다.

목주스님이 곧바로 후려쳤다. "이 얼간이 같은 놈!"

이제 목주스님은 완전히 간파해 버렸다. "그래. 꽥 꽥 고함을 지른 후에는 어쩔 셈인가?" 이건 객승이 전혀 예상치 못한 고단수였다. 그는 그냥 벙어리가 되고 말았던 것이다.

어디선가 멋진 무기를 얻긴 했으나 제대로 사용법을 익히지 못했다. 아니지, 본래 제 것이 아니었음을 어쩌랴. 보검이란 모름지기 죽이기도 하고 살리기도 하는 것인데, 냅다 휘두르기만 하였으니……. 쯧쯧! 목주스님의 칼끝이 심장을 향하고 있음을 몰랐구나.

"바보 같은 놈!"

兩喝與三喝이여　作者知機變이로다
양할여삼할　작자지기변

若謂騎虎頭인댄　二俱成瞎漢하리라
약위기호두　이구성할한

誰瞎漢고　拈來天下與人間하라
수할한　염래천하여인간

양할여삼할(兩喝與三喝) 객승이 두 번 고함을 지른 것과 목주스님이 그런 후에는 어쩔 셈이냐고 물은 것을 가리킴.

작자(作者) 흔히 '작가(作家)'라는 말로 많이 사용되는 선가(禪家)의 독특한 표현. '눈 밝은 수행자' '훌륭한 스승' 등의 뜻임.

기변(機變) 임기응변(臨機應變)의 준말. 곧바로 상황에 맞춰 대처하는 솜씨.

약위기호두(若謂騎虎頭) '만약 누군가가 (객승이) 호랑이 머리에 올라탔다고 한다면'의 뜻이니, 이는 '객승이 목주스님을 얕보고 겁없이 위험한 일을 저질렀다고 평가한다면'의 의미임.

이구성할한(二俱成瞎漢) '둘 다 눈먼 봉사를 만드는 것이다'의 뜻. 즉 객승과 목주스님을 제대로 보지 못하고 멍청이로 만들어버린다는 뜻.

염래(拈來) 집어내 보라. 드러내 보라.

두 번의 할[兩喝]과 더불어[與] 세 번의 할이여
[三喝]!

눈 밝은 이라야[作者] 대처하는 솜씨를[機變]
알리라[知].

만약[若] 호랑이 머리를[虎頭] 걸터탔다고[騎]
이른다면[謂]

둘을[二] 함께[俱] 눈먼 봉사로[瞎漢] 만드는
것이리라[成].

누가[誰] 눈먼 봉사인가[瞎漢]?

세상에[天下] 드러내[拈來] 사람들에게[人間]
보여라[與].

 **松江**

두 번의 할과 더불어 세 번의 할이여!
눈 밝은 이라야 대처하는 솜씨를 알리라.

찾아온 객승이 꽥! 고함을 지르고 목주스님이 슬쩍 비켜서서 치켜세우듯 "내가 자네에게 한 방 맞았구나!" 하는 대처. 그리고 또 꽥 고함을 내지른 객승과 "계속 고함을 지른 뒤에는 어쩌려고?" 묻고는 냅다 후려치는 이 멋들어진 광경을 보라!

만약 호랑이 머리를 걸터탔다고 이른다면
둘을 함께 눈먼 봉사로 만드는 것이리라.

누군가가 객승이 괜스레 객기를 부렸다고 깔아뭉개 버린다면, 이는 객승이나 목주스님이나 모두 눈먼 봉사로 만들어 버리는 격이다. 과연 둘만 봉사가 되고 말았을까? 아마도 참으로 많은 이들이 이와 같이 평가했을 것이다.

누가 눈먼 봉사인가?

세상에 드러내 사람들에게 보여라.

설두스님은 끝끝내 당신의 말을 아꼈다. 그리고는 다시 일깨우려 하였다. 과연 누가 눈먼 장님이 된 것일까? 뭐, 드러내 보일 것이나 있나. 이미 명명백백하게 드러난 것 아닌가. 아뿔싸! 설두 늙은이를 너무 쉽게 평하였구나.

실크로드에서 만난 사막의 여인 – 반기는가 경계하는가?

사막의 남자 – 그가 나를 보는가 내가 그를 보는가?

제11칙

황벽주조
(黃檗酒糟)

황벽선사의 술지게미

松江

다르게는 '황벽주조한(黃檗酒糟漢)' '황벽당주조한(黃檗噇酒糟漢)' 즉 '황벽스님의 술지게미나 먹는 놈'으로도 되어 있음.

황벽 희운(黃檗希運, ?~850)선사는 당대의 스님으로, 남악(南嶽)—마조(馬祖)—백장(百丈)의 계보를 이은 선지식이다. 복건성 복주(福州) 민현(閩縣) 출신으로 복주의 황벽산에 출가한 후, 강서성 백장산의 회해(懷海)선사의 제자가 되

어 법을 이었다. 임제종(臨濟宗)의 개조(開祖)인 임제 의현
(臨濟義玄)선사나 앞 칙에 등장한 목주선사가 제자이다.

垂示

佛祖大機_는 全歸掌握_{하고} 人天命脈_은
불 조 대 기　　전 귀 장 악　　인 천 명 맥

悉受指呼_라 等閑一句一言_이 驚群動
실 수 지 호　　등 한 일 구 일 언　　경 군 동

衆_{하며} 一機一境_이 打鎖敲枷_{하나니} 接向
중　　일 기 일 경　　타 쇄 고 가　　접 향

上機_{하야} 接向上事_{니라} 且道_{하라} 什麼人
상 기　　접 향 상 사　　차 도　　십 마 인

이 曾恁麼來_오 還有知落處麼_아 試擧
증 임 마 래　　환 유 지 낙 처 마　　시 거

看_{하라}
간

불조대기(佛祖大機) 부처님과 조사님들의 위대한 능력.

전귀장악(全歸掌握) 완전히 손아귀에 들어감.

인천명맥(人天命脈) 인간과 천인들의 생명줄. 즉 모든 중생.

지호(指呼) 손짓하여 부름. 지시.

등한일구일언(等閑一句一言) 대수롭지 않게 말하는 구절이나 단어. 무심히 내뱉는 말.

일기일경(一機一境) 한 가지 행동과 사물을 빌린 한 마디 말.

➡ 일기(一機)는 마음을 표현하는 단순한 행동으로, 주먹을 쥐어 보이거나 눈을 깜박이는 것과 같은 것.

➡ 일경(一境)은 자기의 뜻을 바깥의 사물을 빌려 표현하는 것으로, '뜰 앞의 측백나무'나 '마른 똥 막대기'와 같은 표현.

타쇄고가(打鎖敲枷) (몸을 옭아 맨) 쇠사슬을 쳐서 깨고 (목에 씌워진) 큰칼을 두들겨 부숨. 즉 번뇌 망상을 쳐부숨. 해탈함.

향상기(向上機) 절대를 추구하는 근기. 즉 절대의 진리를 깨닫고자 하는 수행자.

향상사(向上事) 절대의 세계를 열어 보이기 위한 언어나 행동.

낙처(落處) 당·송시대의 속어로 '결론', '귀결점', '궁극적 진리', '깨우쳐 주려는 그 자리' 등의 뜻으로 쓰임.

수시

부처님과[佛] 조사님들의[祖] 위대한[大] 능력은[機] 완전히[全] (뛰어난 인물의) 수중에[掌握] 들어가고[歸], 인간과[人] 천인들의[天] 삶은[命脈] 모두가[悉] (뛰어난 인물의) 지시를[指呼] 받음이라[受].

(그의) 무심한[等閑] 한 구절과[一句] 한 마디 말이[一言] 무리를[群] 놀라게 하고[驚] 대중을[衆] 움직이며[動], (그의) 한 가지 행위나[一機] 사물을 빌린 표현 하나가[一境] (옭아맨) 쇠사슬을[鎖] 쳐부수고[打] (목에 씌워진) 큰칼을[枷] 두들겨 부순다[敲]. (그는) 절대의 세계를 깨달을 수 있는 이를[向上機] 만나면[接] 초월할 수 있도록 하는 방법으로[向上事] (상대를)

대한다[接].

말해 보라[且道]. 어떤 사람이[什麽人] 일찍이 [曾] 이렇게 했는가[恁麽來].

이제[還] 귀결점을[落處] 알겠는가[有知麽]?

잠시[試] 거량해[擧] 살펴보자[看].

松江

뛰어난 지도자는 부처님과 조사님들의 위대한 능력을 완전히 수중에 넣어서, 모든 중생들을 잘 지도할 수 있다. 무심히 내뱉는 한마디 말이나 대화가 뭇사람들을 감동시키고 삶의 방향을 바꾸게끔 하며, 적절한 행위는 사람들을 옭아매고 있던 온갖 번뇌를 끊게 하여 대자유의 경지로 이끈다. 또한 모든 것을 초월해 가는 잠재력이 있는 사람을 만나면, 그가 초월할 수 있도록 지도하여 큰 깨달음에 이르게 하는 것이다.

과연 어떤 인물이 일찍이 이렇게 했던가?

원오선사는 무엇을 말하려고 하는가? 그 핵심을 재빨리 간파해야 귀신소굴에 떨어지지 않을 것이다.

다음의 본칙에서는 원오선사가 제시하고자 했던 본보기가 드러날 것이다.

강화 정수사 대웅보전 어간문

本則

擧 黃蘗示衆云호대 汝等諸人이 盡是
거 황벽시중운 여등제인 진시

噇酒糟漢이라 恁麽行脚인댄 何處有今
당주조한 임마행각 하처유금

日이리오 還知大唐國裏에 無禪師麽아
일 환지대당국리 무선사마

時有僧出云호대 只如諸方에 匡徒領衆
시유승출운 지여제방 광도령중

은 又作麽生이닛고 蘗云 不道無禪이요
우자마생 벽운 부도무선

只是無師니라
지시무사

시중(示衆) 어른 스님이 대중에게 설법하는 것.

당주조한(噇酒糟漢) 당·송시대의 속어로 '끽주조한(喫酒糟漢)'이라고도 함. '술지게미를 먹는 놈'이라는 이 표현은 어른이 후배들을 아끼는 마음에서 꾸짖는 말. 깨닫지 못했다는 뜻임.

행각(行脚) 훌륭한 스승들을 찾아다니며 수행하는 것.

하처유금일(何處有今日) '어느 때에 지금을 갖겠느냐?'의 뜻으로, 이는 황벽선사께서 후배들에게 "언제 지금의 나처럼 되겠느냐?"고 물은 것임.

광도령중(匡徒領衆) 후학들을 바로잡고 대중을 받아 통솔함.

본칙

이런 얘기가 있다[擧]. 황벽스님께서[黃檗] 대중에게 법문을 하셨다[示衆云].

"그대들[汝等] 모든 사람은[諸人] 다만[盡] 술지게미나[酒糟] 먹는[噇] 놈들일[漢] 뿐이다[是]. 이처럼[恁麽] 떠돌아서야[行脚] 어느[何] 때[處] (나와 같은) 지금을[今日] 갖겠느냐[有]? 다시[還] 이 큰 나라 안에[大唐國裏] 선사가[禪師] 없음을[無] 알겠는가[知麽]?"

그때[時] 어떤[有] 스님이[僧] 나와서[出] 말했다[云].

"그렇지만[只] 도처에서[諸方] 후학들을[徒] 바로잡고[匡] 대중을[眾] 받아들여 통솔하는[領] 그런 이들은[如] 다시[又] 어떻습니까[作麽生]?"

황벽스님께서[檗] 말씀하셨다[云].

"선이[禪] 없다고[無] 말한 것이[道] 아니다[不].
다만[只] 스승이[師] 없다는[無] 것이다[是]."

松江

황벽스님께서 대중에게 법문을 하셨다.

"그대들 모든 사람은 다만 술지게미나 먹는 놈들일 뿐이다. 이처럼 떠돌아서야 어느 때 (나와 같은) 지금을 갖겠느냐? 다시 이 큰 나라 안에 선사가 없음을 알겠는가?"

과연 황벽선사시다. 스승 백장선사를 치고 제자인 임제를 세 번이나 두들겨 팬 솜씨가 어디 가랴. 관행에 따라 이곳저곳 스승을 찾아 깨달음의 인연을 구하는 후학들에게 가차없이 내갈겼다.

"뭐 진수성찬도 아니고, 그렇다고 신선들이 마실 만한 귀한 술도 아닌 술지게미나 먹는 놈들 같으니라고. 그래가지고서야 언제쯤 자유로울 수 있겠는가 말이야. 그만큼 싸돌아다녔으면 자네들 구해 줄 선사가 없다는 것쯤은 알 것 아닌가?"

참 통렬하다. 정신이 번쩍 들어야 마땅한 일 아닌가. 공부하는 이들이 골수에 새겨야 할 말이다.

그때 어떤 스님이 나와서 말했다.

"그렇지만 도처에서 후학들을 바로잡고 대중을 받아들여 통솔하는 그런 이들은 다시 어떻습니까?"

황벽스님께서 말씀하셨다.

"선이 없다고 말한 것이 아니다. 다만 스승이 없다는 것이다."

과연 공부하는 사람들은 쉽게 물러나지 않는다. 천하의 황벽선사라고 해도 따질 건 따져야 한다.

'황벽선사는 천하에 선사가 없다고 했지만, 그렇다면 황벽 자신을 비롯해 도처에서 헌신적으로 제자들을 지도하고 대중들을 이끌고 있는 수많은 선지식들은 대체 뭐란 말인가.'

바로 이것이 일반적인 생각들이다.

그러나 황벽스님이 깨우쳐주시려 했던 것은 일반적인 것이 아니다. 뻔히 알면서도 늘 잊어버리는 것을 일깨워주시려고 했던 것이다.

"선(禪)이 없다는 것이 아니라 스승이 없다는 말이다."

이건 두루마기자락을 부여잡고 등 뒤에서 따르는 아들의 손을 떨쳐버리는, 비정한 듯이 보이는 속이 무지 깊은 아버지의 솜씨다.

"넌 더 이상 어린애가 아니다. 그러니 그 무엇에도 의지하지 말라!"

키질 제161굴, 부처님께서 열반에 드시다

키질 제224굴, 마하가섭존자가 왕사성 필발라굴에서 오백장로와 더불어 제1결집을 열다. ― 독일에 유출

頌

凜凜孤風不自誇하고
늠 름 고 풍 부 자 과

端居寰海定龍蛇로다
단 거 환 해 정 룡 사

大中天子曾輕觸하야
대 중 천 자 증 경 촉

三度親遭弄爪牙로다
삼 도 친 조 롱 조 아

늠름고풍(凜凜孤風) 기풍이 늠름하고 독자적이며 드높음.

부자과(不自誇) 자부심이나 자존심을 갖지 아니함.

단거환해(端居寰海) 단정히 천하에 앉아서.

정룡사(定龍蛇) 용과 같은 수행자와 뱀과 같은 수행자를 지도함. 또는 용과 같은 수행자인지 뱀과 같은 수행자인지를 가려 정함.

대중천자증경촉(大中天子曾輕觸) 대중천자가 일찍이 살짝 건드렸다가.

➡ 대중천자는 당나라 선종(宣宗) 황제를 가리킨다. 재위 기간인 847~859의 연호가 대중(大中)이었기에 '대중천자'라고 하였다. 형인 목종(穆宗)이 재위 시에 아침 조례를 파하자 빈 황제의 자리에 어린 대중이 올라가 신하들에게 읍(揖)하는 자세를 취했는데, 대신들은 모두 왕자가 돌았다고 수군거리며 황제에게 이 사실을 고했다. 그러나 황제는 오히려 기뻐하며 "내 아우는 우리 집안의 뛰어난 후계자니라." 하며 칭찬하였다.

목종이 붕어하고 그의 아들인 경종, 문종, 무종이 차례로 황제의 자리에 올랐는데, 무종(武宗)은 늘 삼촌을 '어리석은 놈'이라고 욕을 하며 미워하였다. 그러다가 결국은 옛날 황제의 자리에 올라가 장난했던 것을 핑계로 때려죽여서 후원에 던져 버렸다. 죽은 줄 알았던 대중은 다시 주변의 도움으로 살아났고, 향엄 지한선사가 머물던 절로 피신하여 사미계를 받은 상태로 수행을 하였다.

그 후 염관선사가 주석하던 절에서 서기(書記) 소임을 보게 되었는데, 황벽선사가 방장 다음의 소임인 수좌(首座)를 맡고 있었다. 어느 날 황벽선사가 정성스레 예배를 하는데 대중이 물었다.

"불법승(佛法僧) 어디에도 구하지 말라고 했는데, 무엇을 구하여 예배하는 것입니까?"

"불법승 어디에도 구하지 않기에 언제나 이처럼 예배하는 것이니라."

"예배를 해서 무얼 하겠다는 겁니까?"

이 말을 듣자마자 황벽선사가 대중의 뺨을 후려쳤다.

"너무 거칠지 않습니까?"

"여기 무엇이 있다고 거칠다고 하는 것인가?"

그러면서 황벽선사는 또다시 뺨을 후려쳤다.

뒷날 황제가 된 대중은 그때의 기억으로 황벽선사를 '행동이 거친 스님'이라는 뜻의 추행사문(麤行沙門)이라는 호를 내렸다. 황벽선사를 생불처럼 모시던 상국(相國-정승) 배휴가 황제에게 간청해서 다시 호를 단제선사(斷際禪師)라고 내렸다.

삼도친조롱조아(三度親遭弄爪牙) 세 번이나 직접 손톱과 이빨에 당했다. 황벽선사에게 뺨을 맞은 사건을 말함. 설두선사가 이 고사를 잘 알고 인용한 것이니 세 번이라고 한 것은 꼭 뺨을 맞은 것만을 뜻하는 것은 아니라고 보임. 이빨에 당했다는 것은 말로 당한 것을 뜻하기도 하므로, 세 번에 걸쳐 말과 손으로 당했다는 것.

늠름하고[凜凜] 고고한 기풍으로[孤風] 스스로
[自] 자랑하지[誇] 않으며[不]
단정히[端] 천하에[寰海] 앉아서[居] 용과[龍]
뱀을[蛇] 지도하도다[定].
대중천자가[大中天子] 일찍이[曾] 어설프게
[輕] 건드렸다가[觸]
세 번이나[三度] 직접[親] 손톱과[爪] 어금니에
[牙] 당하고[弄] 말았다네[遭].

松江

늠름하고 고고한 기풍으로 스스로 자랑하지 않으며
단정히 천하에 앉아서 용과 뱀을 지도하도다.

얼핏 황벽선사가 자기 자랑처럼 대중을 나무랐다고 오해하지 말지라. 황벽선사는 본디 거침없고 망설이지 않는 노인네다. 설두선사는 이 황벽노인네가 얼마나 자비롭고 거침없는 선지식인지를 침이 마르도록 칭찬하고 싶은 모양이다. 앞의 본칙을 보면 누구라도 그러고 싶지 않겠는가. 황벽선사는 용이라고 가까이하고 뱀이라고 버려두는 노인이 아니다.

황벽스님이 만행을 할 때 어떤 스님과 길벗이 되었다. 이윽고 개울에 이르게 되었는데 비로 불어난 물살이 매우 거칠었다. 황벽스님이 도저히 건널 수 없음을 알고 멈췄는데, 동행하던 스님은 거침없이 물 위를 걸어가며 어서 오라고 손짓을 했다.

황벽스님이 그 모습을 보면서 말했다.

“참 고약한 놈이로다. 내 진즉 알았더라면 네놈의 다리를 분질러 놓았을 것이다.”

이 말을 들은 그 스님이 감탄하며 말했다.

“참으로 대승의 법기(法器)이시니 저로서는 미치지 못하겠습니다.”

그리고는 홀연히 사라져 버렸다.

스승 백장선사를 모시고 살 때의 일이다.

어느 날 산에서 내려오는 황벽을 본 백장선사가 물었다.

“어디를 갔다 오는가.”

“저기 대웅봉 아래에서 버섯을 따고 오는 길입니다.”

“호랑이를 보지 못했는가?”

황벽이 호랑이 흉내를 내니 백장선사가 도끼를 들고 찍는 시늉을 하였다. 그러자 황벽이 잽싸게 한 대 갈겼다. 백장선사는 껄껄 웃으며 방으로 들어가 버렸다.

법문을 위해 법상에 오른 백장선사가 대중에게 말했다.

“대웅봉 아래에 호랑이가 있으니, 그대들은 조심하라. 늙은 나도 오늘 한 번 물렸다.”

대중천자가 일찍이 어설프게 건드렸다가
세 번이나 직접 손톱과 어금니에 당하고 말았다네.

대중천자가 어려움을 피해 절에서 사미로 지낼 때 황벽선사와 함께 지낼 기회가 있었다. 나름대로 공부를 했던 것도 있었고, 또한 영민했던 대중은 늠름하고 고고한 황벽선사를 알고 싶었던가 보다. 지극하게 절을 하고 있는 큰스님을 보면서 말을 던졌던 것.

"참내, 그 무엇에도 구하지 않는다면서 뭣 때문에 그렇게 절을 하는 것입니까?"

"아무것도 구하지 않기에 이렇게 절을 하는 게지."

한 번 오라지게 당한 것이지만, 대중은 자신이 당한 줄을 몰랐다. 지기 싫었던 것인가?

"그렇다면 절은 해서 뭘 합니까?"

이번엔 말이 아닌 손이 날아왔다. 순식간에 눈에 번갯불이 일어났다. 아니 큰스님이라면서 폭력을 쓴단 말이야?

"이건 너무 거친 것 아닙니까?"

"그대가 잘도 떠들었던 그 '구하지 않는 경계'에서 어찌 거

치니 부드러우니 하는 것이 있을 수 있겠는가? 정신 차려!
이 친구야."

그러면서 또다시 따귀를 갈겼다.

임제는 세 번 맞고는 깨달음에 이르러 임제종의 종조가 되
었고, 대중은 세 번 말과 손으로 당한 뒤 이윽고 선종황제가
되었다. 참 맞은 값을 제대로 한 것이지. 직접 당해봐야만 한
다. 암! 그렇고말고.

추행사문(麤行沙門)이라. '거친 스님' 선종황제의 감사의
뜻이 절절하구나.

해인사 약수암 達摩탱 – 조선후기

松江

다르게는 '삼베 세 근(麻三斤)'으로도 되어 있음.

설두스님께서 선택한 열두 번째 얘기는 후학의 질문에 대한 동산스님의 답변이다

중국의 선종기록에는 동산(洞山)스님이 많이 등장하는데, 그중에서도 가장 유명한 분이 동산 양개(洞山良价)선사와 동산 수초(洞山守初)선사다. 본칙에 등장하는 분은 동산 수초선사이다.

　동산 수초선사는 5대(五代)에서 송초(宋初)에 걸치는 910년에서 990년까지 사신 분이다. 16세에 출가하여 처음에는 율(律)을 연구하였으나 뒷날 운문 문언(雲門文偃)선사에게서 지도 받고 깨달아 법제자가 되었다. 948년부터 호북성(湖北省) 양주(襄州)의 동산선원(洞山禪院)에 머물며 후학들을 지도하였기에 동산선사로 불린다.

殺人刀活人劍은 乃上古之風規며 亦
살인도활인검　　내상고지풍규　　역

今時之樞要라 若論殺也인댄 不傷一毫
금시지추요　약론살야　　불상일호

하며 若論活也인댄 喪身失命이라 所以로
　　약론활야　　상신실명　　소이

道호대 向上一路는 千聖이 不傳이니 學
도　　향상일로　천성　부전　　학

者勞形이 如猿捉影이로다 且道하라 旣
자로형　여원착영　　차도　　기

是不傳인댄 爲什麼하야 却有許多葛藤
시부전　위십마　　각유허다갈등

公案고 具眼者는 試說看하라
공안　구안자　시설간

살인도(殺人刀), 활인검(活人劍) '사람 살리는 칼과 사람 죽이는 검' 이라는 뜻으로, 선지식이 후학을 지도하는 방편을 칼과 검에 견주어 설명한 것.

'살인도(殺人刀)'란 배워 익힌 지식을 진짜 자신의 지혜라고 착각하여 망상(妄想)을 일삼는 사람을 대하면서, 그의 견해를 계속 부정하며 궁지로 몰아넣음으로써 깨달음으로 인도하는 방법.

'활인검(活人劍)'이란 부정 일변도에 빠져 있거나 또한 공(空)에 떨어져 있는 사람으로 하여금 무한긍정의 측면을 열어 보임으로써 깨달음으로 인도하는 방법.

상고(上古) 일반적으로는 아주 먼 옛날을 가리키는 말로, 태고(太古)·상세(上世)·상대(上代)라고도 함. 여기서는 석가모니불의 시대 또는 옛 조사님들의 시대.

풍규(風規) 풍습(風習), 규범(規範), 지도법.

추요(樞要) 추(樞)는 문짝을 지탱시키는 지도리임. 따라서 추요는 전체를 지탱하는 가장 요긴(要緊)하고 중심이 되는 것.

향상일로(向上一路) 절대의 진리, 깨달음, 깨달음에 이르는 길.

천성(千聖) '일천 성인'이라는 말이지만 '모든 성인'으로 해석함이 좋음.

여원착영(如猿捉影) '원숭이가 그림자를 잡듯이'라는 뜻. 이것은 『마하승기율(摩訶僧祇律)』 제6권이나 『대열반경(大涅槃經)』 제9권 등에 나오는 어리석은 원숭이의 비유를 가리키는 것임. 즉 어리석은 원숭이가 물에 비친 달그림자를 진짜라고 착각하여 잡으려다가 물에 빠져 죽었다는 얘기.

위십마(爲什麼) 무엇을 위하여, 무엇 때문에.

구안자(具眼者) 안목을 갖춘 사람. 정안(正眼)을 갖춘 사람, 즉 지혜를 갖춘 사람.

사람을 죽이는 칼과[殺人刀] 사람을 살리는 검은[活人劍] 곧[乃] 옛날부터의[上古之] 지도법이며[風規] 또한[亦] 지금도[今時之] 가장 요긴한 것이다[樞要].

만일[若] 죽이는 것을[殺也] 말하자면[論] 한 터럭도[一毫] 상하지[傷] 않으며[不], 만일[若] 살리는 것을[活也] 말하자면[論] 몸을[身] 잃고[喪] 목숨을[命] 잃는다[失].

그런 까닭에[所以] (옛 어른이) "깨달음의 진리는[向上一路] 모든 성인이[千聖] 전하지[傳] 못하는데[不], 배우는 사람이[學者] (그것을 잡으려) 공연히 애쓰는[勞] 모양이[形] 원숭이가[猿] (물속의 달) 그림자를[影] 잡으려는 것과[捉] 같구나[如]." 하였다[道].

위의 인용은 반산 보적(盤山寶積)선사의 법문에서 취
한 것임.『선문염송(禪門拈頌)』제7권 249.

말해 보라[且道]. 이미[旣] 이에[是] 전하지[傳]
못한다면[不] 무엇을[什麼] 위하여[爲] 도리어
[却] 많은[許多] 언어와[葛藤] 공안이[公案] 있
는가[有]?
안목을[眼] 갖춘[具] 자라면[者] 어디[試] 말해
[說] 보라[看].

松江

　공부하는 사람이 어느 한쪽에 치우쳐 깨닫지 못하고 있다면, 선지식은 당연히 후학을 그 치우침에서부터 벗어나게 하여 깨달음에 이르게 해 주려고 한다. 그래서 부질없이 학문이나 지식을 마치 깨달음의 진리인 양 착각하고 있는 사람을 만나면 그 모든 것을 철저히 깨뜨려버림으로써 깨닫게 하는데, 이것을 살인도(殺人刀)라고 표현한다. 또 부정일변도나 공(空)에 집착하여 그저 목석처럼 된 사람이 있는데, 이런 경우는 절대 긍정의 세계를 보여줌으로써 깨닫게 하는데, 이것을 활인검(活人劍)이라고 표현한다. 이것은 방법이 비록 다르게 보이지만 둘 다 편견에서 벗어나 중도의 깨달음에 이르게 한다는 점에서는 같은 것이다.

　부처님의 시대나 지금이나 이 방법은 가장 중요한 지도법이라고 할 것이다.

　비록 죽인다는 표현을 하고 있지만 사실은 터럭 하나도 상하지 않는 것이며, 비록 살린다고 하지만 사실은 목숨처럼 소중하게 여기며 집착하는 것을 모두 잃게 만드는 것이다.

그렇기 때문에 반산 보적선사께서는 대중을 향한 법문에서 "깨달음의 진리는 어떤 성인이라도 전해 줄 수 없다. 그런데도 경전을 뒤적이고 법문을 들으며 그 가운데서 찾으려 헛되이 애쓰는 모습이, 마치 물에 비친 달을 잡으려 뛰어들어 빠져죽는 원숭이처럼 어리석구나."고 하셨다.

어떤 성인도 전할 수 없는 것이라면 왜 그토록 많은 경전과 어록이 있는 것이며, 또 엄청난 공안은 대체 뭐란 말인가? 그것이 반드시 필요했기에 있는 것 아니겠는가. 자! 안목을 갖춘 사람이라면 한 마디 할 수 있지 않겠는가.

원오선사는 다음에 나올 본칙이 바로 가장 좋은 본보기가 된다고 판단한 것이다.

해인사 33조사탱(1~4) 조선중기

해인사 33조사탱(5~8) 조선중기

해인사 33조사탱(9~12) 조선중기

해인사 33조사탱(13~16) 조선중기

擧 僧이 問洞山호대 如何是佛이닛고
거 승 문동산 여하시불

山이 云 麻三斤이니라
산 운 마삼근

이런 얘기가 있다[擧]. 어떤 스님이[僧] 동산
선사께[洞山] 물었다[問].
"어떤 것이[如何是] 부처입니까[佛]."
동산선사께서[山] 답하셨다[云].
"삼베[麻] 세 근이니라[三斤]."

松江

이런 얘기가 있다.

어떤 스님이 동산선사께 물었다.

"어떤 것이 부처입니까."

이 의문은 수행자가 짊어진 짐이다. 이 짐은 내려놓으려 해도 내려놓을 수 없는 수행자의 운명과도 같은 것이다. 그러므로 수행자는 목숨을 던져 이 의문을 해결해야만 하는 것이다. 선어록을 보면 바로 이 의문을 선지식에게 질문한 것이 가장 많다. 스님들이 석가모니의 일대기를 몰라서도 아니고 선원에 불상이 없어서도 아니다. 오직 "어떤 것이 부처란 말인가?" 이렇게 의심해야 한다. 그 의심이 더 이상 나아갈 수 없는 단계에 이르면, 옛 어른들의 답이 폭풍처럼 모든 것을 날려버릴 것이다.

동산선사께서 답하셨다.

"삼베 세 근이니라."

동산스님은 섬광과 같이 답하셨다. 그것을 따라잡으려면 귀신을 때려잡는 솜씨가 있어야만 가능할 것이다.

일설에 호북성은 삼베의 특산지라서 누구나 삼베옷을 입었다고도 하고, 또 삼베 세 근이면 한 벌 옷을 지을 수 있다고도 한다. 그러나 삼베 세 근을 저울에 달아서 평생을 들었다가 놓기를 되풀이해 보라. 삼베옷 이리저리 살피기를 100년을 해 보라. 동산스님과는 더욱 멀어질 것이다. 불교의 모든 해결책은 한결같다. 밖으로 내닫는 것을 그치고 돌이켜봐야만 하는 것이다.

해인사 33조사탱(17〜20) 조선중기

해인사 33조사탱(21~24) 조선중기

金烏急玉兎速이여
금 오 급 옥 토 속

善應何曾有輕觸가
선 응 하 증 유 경 촉

展事投機見洞山하면
전 사 투 기 견 동 산

跛鼈盲龜入空谷이로다
파 별 맹 구 입 공 곡

花簇簇錦簇簇이요
화 족 족 금 족 족

南之竹兮北之木이라
남 지 죽 혜 북 지 목

因思長慶陸大夫하니
인 사 장 경 육 대 부

解道合笑不合哭이로다
해 도 합 소 불 합 곡

咦
이

금오급 옥토속(金烏急玉兎速) 중국 전설에 해에는 금 까마귀가 살고 있으며 달에는 옥토끼가 살고 있다고 하였는데, 그로 인해 금오(金烏)는 해를 가리키고 옥토(玉兎)는 달을 가리킨다. 따라서 '금 까마귀처럼 급하고, 옥토끼처럼 빠름'은 시간이 재빨리 흘러감을 상징한다. 여기서는 스님의 질문에 대해 동산스님의 답이 신속했다는 뜻이다.

선응(善應) '훌륭한 응대'라고 동산스님의 답을 칭찬한 것.

하증유경촉(何曾有輕觸) 어찌 가벼이 건드림이 있겠는가.

전사투기(展事投機) '현상적인 것을 들어 근기에 맞춘 것'이라는 뜻.

파별맹구입공곡(跛鱉盲龜入空谷) '절름발이 자라와 눈먼 거북이가 빈 골짜기에 든다.'는 이 구절은 어리석은 사람이 본래의 목적지에 이르지 못하고 엉뚱한 곳에 이른 것을 가리킬 때 흔히 인용된다.

족족(簇簇) 여러 개가 들어선 모양이 빽빽함.

육대부(陸大夫) 남전(南泉)선사의 속가 제자인 육환 대부(陸亙大夫). '대부'는 벼슬 이름.

금 까마귀처럼[金烏] 급하고[急] 옥토끼처럼[玉
兎] 빠름이여[速]!

멋들어진[善] 응대니[應] 어찌[何] 이에[曾] 가
벼이[輕] 받음이[觸] 있겠는가[有].

현상적인 것을[事] 들어[展] 근기에[機] 맞췄다
고[投] 동산을[洞山] 파악한다면[見],

절름발이[跛] 자라와[鼈] 눈먼[盲] 거북이가
[龜] 빈[空] 골짜기에[谷] 드는 격이로다[入].

꽃도[花] 수북하고[簇簇] 비단도[錦] 수북함이
요[簇簇],

남쪽의 대이며[南之竹兮] 북쪽의 나무로다[北
之木].

이로 말미암아[因] 장경화상과[長慶] 육환 대부
를[陸大夫] 생각하나니[思],
웃어야[笑] 옳지[合] 우는 것은[哭] 옳지 않다
[不合]고 말할 줄[道] 알았구나[解].
쯧[咦]!

금 까마귀처럼 급하고 옥토끼처럼 **빠름이여!**
멋들어진 응대니 어찌 이에 가벼이 받음이 있겠는가.

동산 선사는 즉각 '삼베 세 근'이라고 답하였다. 그 신속하고 딱 들어맞음을 해와 달의 신속함으로 표현했다. 그러나 오히려 너무 느긋한 비유라고 할 것이다. 얼마나 멋들어진 응수인가! 그럼에도 사람들이 이러니저러니 하며 헤집어 놓아 가벼이 만들어 버리는데, 결코 그렇지 않음을 눈 밝은 이라면 알 터이다.

현상적인 것을 들어 근기에 맞췄다고 동산을 파악한다면, 절름발이 자라와 눈먼 거북이가 빈 골짜기에 드는 격이로다.

'삼베 세 근'이라는 말을 그냥 '삼베'와 '세 근'에 떨어져서 현상을 빌렸느니 사물을 가져왔느니 하지만, 그래서야 어디

동산선사의 그림자인들 보겠는가. 그런 견해는 마치 온전치 못한 자라와 거북이가 빈 골짜기에 들어간 것과 같은 것이니, 어느 세월에 고향으로 돌아가겠는가.

꽃도 수북하고 비단도 수북함이요,
남쪽의 대이며 북쪽의 나무로다.

이 구절은 설두스님께서 스승 지문 광조(智門光祚)화상의 일화를 가져온 것이다.

어떤 스님이 지문화상에게 물었다.

"동산선사께서 '삼베 세 근'이라고 한 뜻이 무엇입니까?"

"꽃도 수북하고 비단도 수북하다."

"모르겠습니다."

"남쪽의 대이며 북쪽의 나무니라."

지문화상에게 질문을 했던 스님이 다시 동산선사께 찾아가 그대로 전했는데, 동산선사는 대중들에게 말하겠다고 하며 답을 미뤘다. 법상에 오른 동산선사는 다음과 같이 자신의 뜻을 밝혔다.

"말로는 현상적인 것을 펼칠 수 없고(언무전사言無展事), 대화로 상대를 지도할 수 없다(어불투기語不投機). 말을 따르는 자는 죽을 것이고(승언자상承言者喪), 글귀에 걸리는 자는 헤맬 것이다(체구자미滯句者迷). 할 말을 다 끝낸 줄 알았더니, 설두 노인네가 자비심이 지나치다. 이처럼 자신의 스승과 동산선사의 자세한 부연 설명까지 가져왔으니 말이다.

이로 말미암아 장경화상과 육환 대부를 생각하나니,
웃어야 옳지 우는 것은 옳지 않다고 말할 줄 알았구나.

설두 노인네는 아직도 마음이 놓이지 않나 보다. 육환 대부와 장경화상의 일화까지 인용하고 있다.

육환 대부는 남전(南泉)선사의 속가 제자이다. 육환이 선주(宣州) 관찰사로 있을 때 스승 남전선사께서 입적하신 소식을 듣고 달려갔다. 남전선사의 영전에 이른 육환이 껄껄 웃자 원주스님이 말했다.

"큰스님과 대부는 스승과 제자의 관계인데, 어찌 곡을 하지 않고 웃는단 말이오?"

“한 마디 한다면 곡을 하겠습니다.”

원주가 말이 없자 육환이 소리 내어 울며 말했다.

“아이고, 아이고! 스승님이 세상을 떠나신 지 오래되었구나.”

뒷날 장경 대안(長慶大安)화상이 이 얘길 듣고는 평하였다.

“대부가 웃었어야 마땅한데, 곡을 한 것은 옳지 않다.”

참 멋진 말이다. 그러나 곡을 하건 박장대소를 하건 무엇이 문제란 말인가. 괜스레 긁어 부스럼을 만들고, 그 부스럼 덮느라고 바쁘다. 그나저나 이 영감님이 어쩌자고 이리도 말을 많이 한단 말인가?

쯧!

아하! 영감님이 비장의 무기를 잃지는 않았구나. 이전의 모든 것을 말끔히 청소하는 멋진 빗자루를 쓸 줄 아는구나. “쯧!” 이 한마디로 빚을 갚는구나.

과연 그럴까?

해인사 33조사탱(25~28) 조선중기

해인사 33조사탱(29~33) 조선중기

제13칙

파릉제바종
(巴陵提婆宗)

파릉의 제바종

 **松江**

다르게는 '파릉의 은 주발에 담은 눈(巴陵銀碗盛雪)'으로
도 되어 있음.

설두스님께서 선택한 열세 번째 얘기는 후학의 질문에 답
한 파릉선사의 답이다.

파릉(巴陵)선사는 법명이 호감(顥鑒)이며 운문선사의 법
제자이다. 생몰연대도 전하지 않으며, 악주(岳州) 파릉현(巴
陵縣)의 신개원(新開院)에 주석했기에 파릉선사 또는 신개

선사라고도 한다.

파릉은 아름다운 호수인 동정호의 동쪽에 있으며 경관이
매우 뛰어난 곳으로 유명하다.

垂示

雲凝大野에 徧界不藏하고 雪覆蘆花에
운응대야 편계부장 설부노화

難分朕迹이라 冷處는 冷如氷雪하고 細
난분짐적 냉처 냉여빙설 세

處는 細如米末하니 深深處는 佛眼도 難
처 세여미말 심심처 불안 난

窺요 密密處는 魔外도 莫測이로다 擧一
규 밀밀처 마외 막측 거일

明三은 卽且止하고 坐斷天下人舌頭인댄
명삼 즉차지 좌단천하인설두

作麼生道오 且道하라 是什麼人分上事
자마생도 차도 시십마인분상사

오 試擧看하라
  시거간

냉처(冷處), 세처(細處) 이때의 처(處)는 '때, 경우'의 뜻임. 즉 차가 울 때, 작을 때. 또는 차가운 경우, 작은 경우.

거일명삼(擧一明三) 하나를 일러주면 셋을 깨치는 뛰어난 솜씨 또는 그런 인재.

즉차지(卽且止) '그렇다고 치고, 그대로 두고'의 뜻. 선문답에서 앞의 얘기는 제쳐두고 국면을 전환할 때 주로 씀. 뒤에 '우선 이것은 어떻게 할 것인가?' 등의 말을 가져옴.

좌단(坐斷) 완벽하게 제압함.

자마생도(作麽生道) '작마생도'로 읽어도 되지만, 선사들은 관행적으로 '자마생도'로 읽음.

수시

구름이[雲] 큰[大] 벌판에[野] 모이면[凝] 세상에[界] 꽉 차서[徧] 감추지[藏] 못하고[不藏], 눈이[雪] 갈대꽃을[蘆花] 덮으면[覆] 조짐과[朕] 자취를[迹] 분별하기[分] 어렵다[難].

차가울[冷] 때는[處] 차갑기가[冷] 얼음과[氷] 눈과[雪] 같고[如], 작을[細] 때는[處] 작기가[細] 쌀가루와[米末] 같다[如]. 깊고도[深] 깊을[深] 때는[處] 부처의 눈으로도[佛眼] 엿보기[窺] 어렵고[難], 비밀하고도[密] 비밀스러울[密] 때는[處] 천마와[魔] 외도도[外] 짐작할 수가[測] 없다[莫].

하나를[一] 일러주면[擧] 셋을[三] 알아버리는 것은[明] 그렇다 하더라도[即且止] 세상 사람들

의[天下人] 말문을[舌頭] 막아버리려면[坐斷]
어떻게[作麼生] 말해야 할까[道]?

말해 보라[且道]! 이것이[是] 어떤[什麼] 사람
의[人] 경지에서 할 수 있는 일인가[分上事]?

아래 얘기를 살펴보도록 하자[試擧看].

松江

앎과 모름의 분별 경지에서야 기어코 옳다고 매달리는 끝자락이 있고, 옳고 그름에 목숨을 걸 때는 그게 최고인 것처럼 느껴진다. 그런데 모든 것이 다 드러나 버린 다음에는 감추려 해도 감출 수 없고, 나누려 해도 나눌 길이 없다. 그래서 달마 영감님은 "다 드러난 자리에서는 성스러울 것도 없다"고 했었지.

그런데 공부한다고 하는 사람들을 보면 어찌 그리도 양극단으로 치닫고, 도를 안다고 하면서도 어찌 그리도 분별이 심한지 쯧쯧!

그대 주인공을 살펴보라! 차갑기로는 얼음보다 더하고 뜨겁기로는 용광로도 무색하지. 크기로야 우주를 담고도 남고 작을 때는 전자현미경으로도 찾을 수가 없다네. 너무나 깊기에 석가모니도 봤다고 말할 수 없고, 참으로 비밀스럽기에 온갖 신통 갖춘 천신이나 마왕 파순이 짐작도 할 수 없는 것이라네. 그런데 어째서 바깥일에만 그렇게들 신경 쓰시나? 눈에 보이고 귀에 들리는 것만이 행복을 보장한다고 누가 그러던가? 모든 것 다 부정해야만 자유롭다고 또 누가 헛소리를 하던가? 그런 건 어린아이 울음을 그치게 하려는 수작일 뿐이라네.

석가모니와 함께 걸을 수 있고 달마조사와 함께 앉을 수만 있다면 얼마나 좋으랴. 그건 그렇다고 해 두고, 우선 남의 말에 놀아나지는 말아야지. 어떻게 해야 모든 사람들의 입을 다물게 할 수 있을까? 그런 말 한마디는 할 수 있어야 하지 않겠는가. 많이 배우면 될까? 오래 수행하면 될까? 나이가 많으면 가능해질까? 그런 것으로는 불가능하다는 걸 이미 아시지 않는가.

원오선사는 아래 본칙이 가장 좋은 예가 된다고 판단했다.

제15조 가나제바존자상

擧 僧이 問巴陵호대 如何是提婆宗이닛고
거 승 문파릉 여하시제바종

巴陵이 云 銀碗裏盛雪이니라
파릉 운 은완리성설

제바종(提婆宗) 중국의 선어록에 '제바종'에 대한 질문이 자주 등장한다. 그만큼 스님들의 관심을 끌었던 종파였음을 알 수 있다. 제바종은 중국에서 그 위력을 크게 떨쳤던 삼론종의 다른 이름이다. 삼론종(三論宗)은 용수보살(龍樹菩薩)의 《중론(中論)》《십이문론(十二門論)》과 제바존자(提婆尊者)의 《백론(百論)》 등을 주요 경전으로 삼아 성립된 종파이다. 중국에 불경을 전한 구마라집스님이 바로 이 맥을 이은 분이다. 삼론종의 종지는 공(空)을 바탕으로 한 중도(中道)를 역설한 종파로 보면 된다.

"무엇이 제바종입니까?"라는 질문은 "제바종에서 주장하는 핵심이 무엇입니까?"라는 뜻이다.

이런 얘기가 있다[擧]. 어떤 스님이[僧] 파릉선사께[巴陵] 물었다[問].

"어떤 것이[如何是] 제바종의 종지입니까[提婆宗]?

파릉선사가[巴陵] 답하였다[云].

"은[銀] 주발[碗] 안에[裏] 담은[盛] 눈이니라[雪].

 **松江**

　수행자들의 공부는 모든 것에 대한 의문으로 시작한다. 중국에서는 여러 종파가 힘을 떨쳤지만 특히 삼론종의 영향은 대단히 컸다고 볼 수 있다. 당시 공부하던 이들로서는 당연히 그 핵심적인 가르침이 궁금했을 것이며, 또한 선사들의 가르침과는 어떤 차이가 있는지를 알고 싶었을 것이다.

　여기 한 용기 있는 스님이 파릉선사께 단도직입적으로 질문을 던졌다.

　"제바종에서는 대체 뭘 가르치는 겁니까?"

　이 까칠한 질문에 대해 파릉선사는 미소를 머금고 시를 읊듯 답을 던지셨다.

　"하얀 은 주발에 소복한 눈!!"

　뭐라고 말 붙이면 더러워질까봐….

대문 밖의 은행나무

대문 안의 은행나무

남극 – 얼음과 구름과 눈을 구분해 보라

네팔에서 히말라야를 찍는 송강

老新開여 端的別이로다
노 신 개　　단 적 별

解道銀椀裏盛雪하니
해 도 은 완 리 성 설

九十六箇應自知하리라
구 십 육 개 응 자 지

不知却問天邊月하라
부 지 각 문 천 변 월

提婆宗提婆宗이여
제 바 종 제 바 종

赤旛之下起淸風이로다
적 번 지 하 기 청 풍

노신개(老新開) 신개(新開)는 파릉선사가 머물며 후학을 지도했던 신개원(新開院)이면서 파릉선사의 별호(別號)이기도 함. 따라서 '노신개'는 '늙으신 신개선사' 또는 '신개 어르신' '신개원 노스님' 등으로 풀이할 수 있음.

단적(端的) 바름, 명백함, 과연.

구십육개(九十六箇) 부처님 당시의 96종의 학파. 불교와는 다른 가르침을 펼쳤다는 뜻에서 모두 외도(外道)라고 칭함. 외도(外道)라는 말에는 '진리에서 벗어난 그릇된 가르침'이라는 뜻도 숨겨져 있음.

적번지하(赤旛之下) '붉은 깃발 아래'. 붉은 깃발은 가나제바존자의 교화와 관련된 것으로, 외도와의 논쟁에서 승리했던 것을 뜻함. 옛날 인도에서는 여러 학파 사이에 서로 논쟁을 하여 승패를 가리는 경우가 많았는데, 이때 왕을 비롯한 많은 이들이 지켜보는 가운데 공개적인 논쟁을 하였다. 결과에 따라 이긴 사람은 붉은 깃발을 가지고 진 사람은 그 깃발 아래에 서서 승자의 말에 따라 목숨까지도 잃게 된다는 것이다. 가나제바존자는 많은 외도들과 논쟁을 하여 그들을 불교에 귀의시켰다.

신개원의[新開] 파릉 노장님은[老] 과연[端的] 특별하시네[別].

은 주발에[銀椀裏] 소복한[盛] 눈이라고[雪] 말할 줄[道] 아시다니[解].

구십 육종의 외도들은[九十六箇] 아마도[應] 스스로[自] 알 것이야[知].

그래도 모른다면[不知] 차라리[却] 저 하늘가[天邊] 달에게[月] 물어보던가[問].

제바의[提婆] 종지여[宗] 가나제바존자의[提婆] 가르침이여[宗]!

승리의 깃발[赤旛之] 아래[下] 맑은 바람이[清風] 일어나도다[起].

松江

신개원의 파릉 노장님은 과연 특별하시네.

은 주발에 소복한 눈이라고 말할 줄 아시다니.

설두 노인네가 파릉선사를 얼마나 귀하게 생각하는지 알겠다. "과연 특별하시다"고 단언하다니. 그런데 이 노인네가 은근히 사람들 눈을 흐리게 하는 줄을 모르는구면. '천지에 가득한 것'을 두고 특별하다고 침이 마르도록 칭찬하고 나면 뒷일을 어떻게 하려고 그러시나?

구십 육종의 외도들은 아마도 스스로 알 것이야.

그래도 모른다면 차라리 저 하늘가 달에게 물어보던가.

어찌 저 머나먼 과거지사까지 들먹이며 손에 쥐어주려고 애를 쓰시나? 하긴 쓴맛을 본 이들이라면 '단맛'이 어떤지를 확실히 알긴 하지. 가나제바존자에게 항복한 외도들이라면, 그의 가르침이 어떤지 굳이 남의 설명 들을 게 없겠지. 그래도 모르는 놈이라면 어쩌누. 아득한 하늘가 달이나 쳐다보고 한숨을 푹푹 쉬든가. 아! 그러다 알아차릴 수도 있겠구먼.

제바의 종지여, 가나제바존자의 가르침이여!
승리의 깃발 아래 맑은 바람이 일어나도다.

언제나 말하는 것이지만 설두 노인네는 좀 지나친 면이 있다. 고래고래 고함을 지르며 사람들 이목을 집중시켜 놓고는, 보자기를 다 풀어 놓고 말다니…. 하긴 제바존자가 일으킨 바람에 제정신 차린 사람이 부지기수였다지.
하지만 착각하지 말게나. 그 보따리에 갇힐 수도 있고, 그 바람에 날아가 버릴 수도 있느니!

제바의 종지1 – 룸비니에서 빈 마음으로 부처님을 만나다

제바의 종지2 – 이전 사원이 있던 자리에 흔적만 남다

제바의 종지3 – 구름이 흩어지니 달이 모습을 드러내다

松江

다르게는 '운문의 일대시교(雲門一代時敎)'로도 되어 있음.

설두스님께서 선택한 열네 번째 얘기는 후학의 질문에 답한 운문선사의 답이다.

운문선사에 대해서는 제6칙을 참조할 것.

운문선사가 활동하시던 시절의 중국불교는 교학연구도 매우 활발하던 시기였기에 아마도 제14칙의 질문을 많이 했을 것으로 보인다. 교학을 공부하다 보면 여러 경론을 접하면서 서로 우열을 논한다거나 이리저리 재단하는 일들이 벌어진다. 웃겨도 아주 많이 웃기는 일이지만 실제로 그런 일이 비일비재하며, 오늘날까지도 그런 폐단은 이어지고 있다. 그런 측면에서 앞의 제13칙이나 지금의 제14칙은 멋진 답을 제시하고 있다.

舉 僧이 問雲門호대 如何是一代時敎이
거 승　문운문　　여하시일대시교

닛고 雲門이 云 對一說이니라
운문　운 대일설

일대시교(一代時敎) 일대교(一代敎)라고도 한다. 여기서 복잡하게 천태대사의 교상판석까지 가져와 오시팔교(五時八敎)를 설명하는 것은 현명한 처사가 아닐 것이다. '부처님께서 평생 말씀하신 가르침' 정도로 해석하면 좋겠다.

대일설(對一說) 상대적인 한 말씀.

이런 얘기가 있다[擧]. 어떤 스님이[僧] 운문선
사께[雲門] 물었다[問].

"어떤 것이[如何是] 부처님께서 평생 말씀하신
가르침입니까[一代時敎]?

운문선사가[雲門] 답하였다[云].

"상대적인[對] 한[一] 말씀이지[說]."

운문선사의 말씀에는 군더더기가 없다. 어떤 학자들은 각종 경전의 진위를 따지고, 경론의 깊고 낮음을 따진다. 각 종파들은 어떤가? 자신들이 가장 중시하는 경전만이 부처님의 진리를 제대로 설파한 것처럼 열을 올려 주장한다. 과연 그럴까?

부처님께서는 열반에 드시면서 '나는 진리에 대해 한 마디도 하지 않았다'고 말씀하셨단다. 45년간이나 쉼 없이 가르침을 펴셨던 분이 한 마디도 하지 않으셨다는 것은 무얼 뜻할까? 그건 말에 진리가 있는 것이 아니라는 뜻이다. 다시 말해 말씀을 남겨 기억시키는 데에 부처님의 목적이 있었던 것이 아니라 깨달음으로 인도하기 위해서 말이라는 방편을 활용하셨다는 것이다. 이것은 좌선이나 다른 수행법도 마찬가지다. 그러니 그 말씀들을 모은 갖가지 경전을 두고 우열을 가리는 것이나 수행법의 우열을 가리는 것은 아무런 가치도 없는 것이다.

아마도 질문을 던진 스님은 이런 문제에 대해 운문선사의 명쾌한 답을 듣고 싶었던 모양이다. 과연 운문스님은 사람들을 실망시키지 않으신다.

"상대적인 한 말씀이지!"

질문한 스님은 문제를 해결했을까?

아참! 운문선사께서 일갈하신 것은 말로는 표현되지 않았으니, 이를 어쩌나? 감춰진 그 일갈이 진짜인데….

對一說太孤絶이여
대 일 설 태 고 절

無孔鐵鎚重下楔이로다
무 공 철 추 중 하 설

閻浮樹下笑呵呵하니
염 부 수 하 소 가 가

昨夜驪龍拗角折이로다
작 야 려 룡 요 각 절

別別이라 韶陽老人得一橛하니라
별 별 　 소 양 노 인 득 일 궐

고절(孤絕) 예를 찾을 수 없을 만큼 뛰어남.

무공철추(無孔鐵鎚) 구멍 없는 쇠망치. 쇠망치에는 손잡이를 박을 구멍이 있게 마련인데, 아주 특이하게 손잡이를 박을 구멍이 없다는 뜻. 법문에서 '구멍 없는 피리(무공적無孔笛)'라거나 '줄 없는 거문고(몰현금沒絃琴)' 등의 표현과 같음.

염부수하소가가(閻浮樹下笑呵呵) 염부 나무 아래에서 껄껄 웃으니. 염부수는 염부제 즉 우리가 사는 세상을 뒤덮는 나무를 상징. 따라서 '온 세상 가득하게 껄껄대고 웃으니' 정도로 번역하면 좋을 듯함.

여룡(驪龍) 검은 용. 여기서는 지식에 능한 이를 가리킴.

소양노인(韶陽老人) 운문스님을 가리키는 별칭.

상대적인[對] 한[一] 말씀이라니[說] 너무나[太] 뛰어나구나[孤絶].

구멍 없는[無孔] 쇠망치로[鐵鎚] 거듭[重] 쐐기를[楔] 박도다[下].

온 세상 가득하게[閻浮樹下] 껄껄대고[呵呵] 웃으니[笑],

지난 밤[昨夜] 검은 용[驪龍] 뿔이[角] 꺾여[拗] 부러졌네[折].

다르구나[別] 달라[別]!

운문스님이[韶陽老人] 한 그루터기를[一橛] 얻었구나[得].

 **松江**

상대적인 한 말씀이라니 너무나 뛰어나구나.
구멍 없는 쇠망치로 거듭 쐐기를 박도다.

운문스님께서 딱 잘라 말씀하신 "상대적인 한 말씀"은 팔만대장경을 순식간에 먼지로 만들어 버렸다. 그러니 먼지를 두고 또 이 먼지가 나으니 저 먼지가 위대하다느니 하겠는가? 그럴 사람이 있고말고!

운문영감님이 자루도 없는 쇠망치를 휘둘러 모양 없는 쐐기를 박으셨으나, 그게 무슨 소용이람. 귀머거리와 봉사는 천만년이 흘러도 더듬고 있다.

온 세상 가득하게 껄껄대고 웃으니,
지난 밤 검은 용 뿔이 꺾여 부러졌네.

가소롭다. 성질 사납고 재주 많은 검은 용이여! 천지를 뒤흔드는 웃음소리에 혼이 나가 뿔을 꺾이고 마는구나. 그러게

내 뭐라고 했나. 영험 없는 뿔 따위를 자랑하지 말라고 하지 않던가. 그래도 세상에는 광채도 없는 싸구려 뿔 자랑하는 무리로 가득하지.

다르구나 달라!
운문스님이 한 그루터기를 얻었구나.

천하 사람들이 가지나 잎사귀를 모아 뽐내고 자랑해도 돌아보지 않는 사람이 있다네. 화엄의 꽃으로 코를 풀고 법화의 꽃으로는 밑을 닦는다네. 그래도 그루터기 정도는 되어야 하지 않겠는가. 아차차! 그걸 어디다 쓰려고? 소용없는 짓이네.

십일면천수관세음

설두스님께서 선택한 열다섯 번째 얘기는 어떤 스님과 운문선사와의 대화이다.

垂示

殺人刀活人劍은 乃上古之風規며 是
살 인 도 활 인 검　　내 상 고 지 풍 규　　시

今時之樞要라 且道하라 如今에 那箇是
금 시 지 추 요　　차 도　　여 금　　나 개 시

殺人刀活人劍고 試擧看하라
살 인 도 활 인 검　　시 거 간

살인도활인검(殺人刀活人劍) 모든 것을 부정하며 궁지로 몰아넣어 깨닫게 하는 것을 살인도(殺人刀)라 하고, 긍정해주며 적극적으로 나아가게 하여 깨닫게 하는 것을 활인검(活人劍)이라고 함. 상대에 따라 적절한 방법을 사용함으로 효과를 극대화시킴.

상고지풍규(上古之風規) 옛날부터의 규정.

추요(樞要) 중심이 되는 가장 중요한 것.

나개(那箇) 어떤 것.

사람을 죽이는 칼과[殺人刀] 사람을 살리는 검은[活人劍], 곧[乃] 옛날부터의[上古之] 규범이며[風規] 바로[是] 오늘날[今時之] 가장 중요한 것이다[樞要].

자[且], 말해보라[道]. 지금[如今] 어떤 것이[那箇] 이에[是] 살인도이며[殺人刀] 활인검인가[活人劍]. 아래 얘기를 살펴보도록 하자[試擧看].

松江

　선지식이 후학을 이끄는 방법은 크게 두 가지로 나눌 수 있다. 어떤 이는 자신이 이미 깨달았다고 착각하여 천방지축 설치며 풍파를 일으키는데, 이런 자는 모든 것을 부정하며 궁지로 몰아넣어서 더 이상 내 보일 것이 없게 만들어야 한다. 다른 한편 부정적이고 무기력한 사람이라면, 긍정적인 측면을 열어 적극적으로 나아가게 해주어야만 한다.

　이 두 가지 방법은 옛날부터 선지식들이 사용했던 것이며, 오늘날에도 가장 중요한 지도법이라고 할 것이다.

　그러나 이것은 상대에 따라 적절하게 사용하지 않으면 오히려 부작용만 일으킴을 알아야 한다.

擧 僧이 問雲門호대 不是目前機며 亦非
거 승 문운문   불시목전기   역비

目前事是如何닛고 門이 云 倒一說이로다
목전사시여하   문 운 도일설

목전기(目前機) '눈앞의 기틀' 즉 지도할 사람.

목전사(目前事) '눈앞의 상황' 즉 지도할 상황.

도일설(倒一說) 뒤집힌 한마디, 뒤집힌 소리, 허튼 소리.

이런 얘기가 있다[擧]. 어떤 스님이[僧] 운문선사께[雲門] 물었다[問].

"지도할 상대도[目前機] 없고[不是] 또한[亦] 지도할 상황도[目前事] 아니라면[非] 어떻게 합니까[是如何]?

운문선사가[門] 답하였다[云].

"허튼[倒]소리[一說]!"

누군가 마음먹고 운문선사를 시험하려 들었다. 앞에 지도할 상대도 없고 그럴 상황도 아니라면 도대체 어떻게 할 것인가? 아마도 최강의 질문이라고 할 수 있겠다. 그러나 약한 사람이라면 옭아맬 수 있었겠지만 상대는 천하의 운문선사였다. 이미 질문 속에는 돌이킬 수 없는 오류가 있었다. 그것을 놓칠 운문선사가 아니다. 운문선사는 대뜸 후려쳐 버렸다.

"허튼소리 하는구나!"

◖ 대개 '도일설(倒─說)'을 풀이할 때 '일설을 뒤집다'라는 뜻으로 본다. 그래서 '아무 말도 하지 않지'라고 번역한다. 그런데 이것은 질문을 한 당사자를 곧바로 대하는 선사들의 어투가 아니다. 학자들의 머리에서 나온 풀이이다. 선사들은 상대를 곧바로 쏘아붙인다. 그러므로 '도일설'을 글자대로 풀이하면 '뒤집힌 한마디' '뒤집힌 소리' '허튼소리'라고 번역해야 적절할 것이다.

어설픈 솜씨로 칼 장난하는 것 아니다. 천하 고수에게 걸리면 자기 칼에 목이 달아나는 법이다.

이 친구가 무슨 잘못을 범한 것일까?

千手千眼觀世音
천수천안으로 모든 것을 다 보시고 다 들어주실 것 같다

金剛手菩薩

아만심을 비롯한 모든 망상을 다 부수고 태워버릴 듯하다

倒一說_은 分一節_{이니}
도 일 설　분 일 절

同死同生爲君訣_{이라}
동 사 동 생 위 군 결

八萬四千非鳳毛_요
팔 만 사 천 비 봉 모

三十三人入虎穴_{이라}
삼 십 삼 인 입 호 혈

別別_{이로다}
별 별

擾擾怱怱水裏月_{이여}
요 요 총 총 수 리 월

분일절(分一節) 한 덩이를 쪼갬. 즉 완전한 것의 반쪽.

비봉모(非鳳毛) 봉황의 깃털이 아님. 즉 봉황과 하나인 상태가 아님.

입호혈(入虎穴) 호랑이 굴에 듦. 호랑이를 만남.

요요총총(擾擾怱怱) 물이 출렁거리며 급히 흐르는 모양. 즉 어지럽게 돌아가는 현상 세계.

"허튼[倒]소리[一說]"여! 한 덩이를[一節] 쪼갬이니[分],

같이 죽고[同死] 같이 살아[同生] 그대[君] 위해[爲] 결단함이라[訣].

팔만 사천 청중은[八萬四千] 봉황의 깃털[鳳毛] 아니요[非],

삼십삼 조사는[三十三人] 호랑이 굴에[虎穴] 들었도다[入].

훌륭하고도[別] 훌륭하도다[別].

어지러이[擾擾] 내닫는[怱怱] 물속의[水裏] 달이여[月]!

 **松江**

"허튼소리"여!   한 덩이를 쪼갬이니,

생각으로 따지고 드는 스님에게 운문선사는 "허튼소리"라고 일갈하였지만, 사실 이것은 자상히 이끌어 준 것과 전혀 다르지 않은 것이다. 아니, 이보다 더 자상한 방법이 또 있겠는가.

같이 죽고 같이 살아 그대 위해 결단함이라.

선지식은 모름지기 자타일여(自他一如)의 경지에서 오직 상대로 하여금 모든 망상과 분별을 떠나게 하는 것이다.

팔만 사천 청중은 봉황의 깃털 아니요,
삼십삼 조사는 호랑이 굴에 들었도다.

같이 있다고 같음이 아니다. 그러므로 부처님께서 꽃을 드셨을 때 오직 가섭존자만 빙그레 웃었고, 나머지 대중은 그저 귀머거리가 되고 벙어리가 되었던 것이다.

호랑이를 만나려면 목숨을 던져 호랑이 굴로 들어가야 하며, 부처를 만나려면 '나'를 던져 버려야만 하는 것이다.

훌륭하고도 훌륭하도다.
어지러이 내닫는 물속의 달이여!

눈을 번쩍 떠 보라. 눈앞에 전개되는 멋들어지고 훌륭한 모습을 스스로 볼 수 있으리라. 고해라고 하는 그 속에 극락이 있으며, 허무한 그림자 속에 허무하지 않음이 있다. 어지러운 물결 따라 흐르지 말라. 흐름을 넘어선 거기 묘미가 있나니.

불상만을 보려 들면 꽃이 흐려지고

꽃에 집착하면 불상이 숨어버리고

제16칙

경청줄탁
(鏡淸啐啄)

경청의 껍질 깨기

다른 곳에서는 '경청의 껍질 깨는 솜씨(鏡淸啐啄機)' 또는 '경청의 형편없는 놈(鏡淸草裏漢)'으로도 되어 있음.

설두스님께서 선택한 열여섯 번째 애기는 어떤 스님과 경청선사와의 대화이다. 경청 도부(鏡淸道怤, 864~937)선사는 설봉(雪峰)선사의 법제자로 운문, 장경 보복선사와 사형제가 된다. 벽암록에는 세 번 등장하며, 절강성 월주(越州)의 경청사(鏡淸寺)에 주석하셨기에 법호가 되었다.

垂示

道無橫徑이라 立者孤危요 法非見聞이라
도 무 횡 경　　입 자 고 위　　법 비 견 문

言思逈絶이로다 若能透過荊棘林하고 解
언 사 형 절　　약 능 투 과 형 극 림　　해

開佛祖縛하야 得箇穩密田地하면 諸天이
개 불 조 박　　득 개 온 밀 전 지　　제 천

捧花無路하고 外道가 潛窺無門이라 終
봉 화 무 로　　외 도　　잠 규 무 문　　종

日行而未嘗行하고 終日說而未嘗說하
일 행 이 미 상 행　　종 일 설 이 미 상 설

며 便可以自由自在展啐啄之機하며 用
변 가 이 자 유 자 재 전 줄 탁 지 기　　용

殺活之劍하리라 直饒恁麼라도 更須知有
살 활 지 검　　직 요 임 마　　갱 수 지 유

建化門中에 一手擡一手搦하야사 猶較
건 화 문 중　　일 수 대 일 수 닉　　유 교

些子니라 若是本分事上인댄 且得沒交
사 자　　약 시 본 분 사 상　　차 득 몰 교

涉이로다 作麼生이 是本分事오 試擧看하
섭　　　　자마생　　　시본분사　　　시거간

라

입자(立者) (도에) 서 있는 자. 안심입명(安心立命)하고 있는 사람.

법비견문(法非見聞) 여기서 '법'은 내용상 앞의 '도'와 동일함.

형절(迥絕) 아득히 멀리 떨어져 있음.

형극림(荊棘林) 상대적인 지식에서 비롯되는 복잡한 엉킴 또는 그로 인한 언어.

불조박(佛祖縛) 부처님이나 조사님들이 제자나 후학을 깨달음으로 인도하려고 가르치신 것들로 인해 오히려 후학들이 속박당하는 모습이 된 것.

온밀전지(穩密田地) 일반 사람들은 알기 어려운 경지. 깨달음의 경지.

잠규(潛窺) 숨어서 엿봄.

미상(未嘗) 상(嘗)은 '체험하다'의 뜻이 있으므로 '미상'은 '~하지 않다'로 번역함.

변(便) '곧, 문득'의 뜻으로 쓰일 때는 '편'이 아니라 '변'으로 읽음.

줄탁지기(啐啄之機) '줄(啐)'은 알 속의 병아리가 어떤 낌새를 표현하는 것이며(빠는 소리, 우는 소리), '탁(啄)'은 어미 닭이 병아리의 낌새를 알아채고는 밖에서 껍질을 쪼아 깨뜨려 주는 행위를 가리킴. 선가(禪家)에서는 제자가 깨달음에 이를 준비가 되었을 때, 스승이 그것을 도와 깨닫게 해 주는 것을 일컬음.

직요(直饒) 가령, 비록.

임마(恁麼) 그러함, 이러함.

건화문(建化門) 방편문(方便門)이라고도 함. 교화를 위해 펼치는 여러 가지 방법들.

일수대일수닉(一手擡一手搦) 한 손은 들어올리고 한 손은 내리누름. 이는 선가에서 흔히 사용하는 '살림과 죽임' '놓아줌과 잡아들임' '차별과 평등' 이라는 용어와 같은 것임. 즉 부정 일변도로 빠져 있는 이에게는 긍정의 측면을 보여 깨닫게 하고(一手擡), 이미 깨달았다고 착각한 이나 들떠 있는 이는 모든 것을 깨뜨려 버림으로 해서 깨달음에 이르게 하는 것(一手搦).

교사자(較些子) 그런대로 쓸 만하다. 그런대로 도에 가깝다.

본분사(本分事) 본질적인 사안. 본성을 깨닫는 일.

차득(且得) 당·송 시대의 속어. '거의 ~에 가깝다'의 뜻. 앞뒤 문장을 연결할 경우에는 '그것은 그렇다 치더라도'의 뜻.

몰교섭(沒交涉) 아무런 상관이 없음.

도에는[道] 샛길이[橫徑] 없으며[無], 그 경지에 이른 사람은[立者] 접근하기가 험난하다[孤危]. 진리는[法] 보고 들을 수[見聞] 없으며[非], 언어와[言] 생각은[思] (진리로부터) 멀리 벗어났다[逈絶]. 만약[若] 언어와 사고의 갈등을[荊棘林] 능히[能] 뚫고 나가[透過], 부처님과 조사님들의 방편에 얽매이던 것을[佛祖縛] 풀어버리고[解開] 이[箇] 깨달음의 경지를[穩密田地] 얻는다면[得], 모든 천신들이[諸天] 꽃을[花] 바칠[捧] 방도가[路] 없고[無], 외도가[外道] 숨어서[潛] 엿볼[窺] 방법이[門] 없다[無]. (그 경지에서는) 종일[終日] 행하여도[行] 그러나[而] 행한 것이 아니고[未嘗行], 종일[終日] 설하여도[說] 그러나[而] 설한 것이 아니다[未嘗

說]. (그 경지에서는) 곧[便] 자유자재로[自由自在] 껍질을 안팎으로 깨는 솜씨를[啐啄之機] 전개함으로써[以~展] 죽이기도 하고 살리기도 하는 지혜검을[殺活之劍] 쓸 수[用] 있을 것이다[可].

비록[直饒] 그렇다고 해도[恁麼] 다시[更] 모름지기[須] 교화의 방법[建化門] 안에서[有~中] 한손은[一手] 들어 올리고[擡] 한손은[一手] 내리 누를 줄[搦] 알아야[知], 마땅히[猶] 그런대로 쓸 만하다고 하겠다[較些子].

만약[若] 이것이[是] 본질적인[本分] 사안에[事] 관해서라면[上] 아무런 상관이 없다고[沒交涉] 할 수 있겠다[且得]. 어떤 것이[作麼生] 무릇[是] 본질적인[本分] 사안인가[事]? 아래 이야기를 살펴보라[試擧看].

 **松江**

　깨달음의 길에 요령이 통할 리 없고, 대신할 그 무엇도 없다. 그래서 달마대사는 양무제에게 "아무런 공덕도 없다"고 하신 것이다. 양무제가 달마대사를 만나고도 뒤늦게 후회했듯이, 깨달음에 이른 이들은 천 길 바위산과 같다. 그래서 눈앞에 두고도 알아보기 어렵고, 접근하기는 거의 불가능하다.

　진리를 눈으로 보고 귀로 들을 수 있다면 얼마나 좋겠는가마는, 사람들의 생각도 언어도 진리로부터는 아득할 뿐이다. 누군가 세상의 빛나는 언어와 심오한 사상에 속지 않는 힘이 있다면, 그는 부처님과 조사님들이 범부들을 괴로움으로부터 보호하기 위해 부득이 설치한 갖가지 안전장치를 다 제거해 버리고 깨달음에 이른다. 그는 더 이상 천상의 즐거움 따위에도 연연치 않으며, 세상의 이런저런 것들을 기웃거리지 않는다. 그러므로 하루 종일 행하고 말하여도 그의 마음은 빈 허공 같을 뿐이다. 그는 이미 능수능란하게 지혜의 보검을 쓸 수 있기에, 껍질을 깰 준비가 된 사람을 위해서 언제든지 무명의 껍질을 깨뜨릴 수 있다.

비록 깨달았으나 혼자 고요적적하기만 해서는 안 된다. 마땅히 힘써 타인을 해탈로 인도해야 하는 것이다. 그때 끝없이 추락하는 사람이라면 무한한 능력이 있다는 것을 일깨워주어야 하고, 아만이 하늘을 치받는 사람이라면 몽땅 **빼앗을** 수도 있어야 하는 것이다. 그 정도라면 제법 쓸 만한 정도라고 할 수 있을 것이다.

그런데 이런 행위가 깨달음이라는 입장에서 보자면 아무 상관도 없는 일이다. 도대체 깨달음은 어떤 것일까? 다음 얘기가 도움이 되려나.

◖ 원오선사도 꽤나 답답했던 모양이다. 아주 친절하게도 다 설명한 후에, 사람들이 자신의 설명 때문에 다시 병이 날까봐 빗자루로 쓸기 바쁘다. 누군들 그렇지 않겠는가.

사자산 법흥사 적멸보궁

해인사 법보전 비로자나후불탱 1873

擧 僧이 問鏡淸호대 學人이 啐하리니
거 승　　 문경청　　　　학인　줄

請師啄하소서 淸이 云 還得活也無아
청사탁　　　　청　운 환득활야무

僧이 云 若不活인댄 遭人怪笑하리다
승　운 약불활　　　조인괴소

淸이 云 也是草裏漢이로다
청　운 야시초리한

환득활야무(還得活也無) 이때의 환(還)은 "그렇게 해서"의 뜻.

괴소(怪笑) 의심과 비웃음.

초리한(草裏漢) 당송 시대의 속어로 '멍청한 놈' '촌놈'의 뜻.

이런 얘기가 있다[擧]. 어떤 스님이[僧] 경청선사께[鏡淸] 요청하였다[問].

"제가[學人] 껍질을 깨고 나가려 합니다[啐]. 스님께서[師] 깰 수 있도록 도와주십시오[請~啄]."

경청선사가[淸] 말씀하셨다[云].

"그래서야[還] 살 수가[得活] 있겠느냐[也無]?"

요청한 스님이[僧] 말하였다[云].

"만약[若] (제가) 살지 못한다면[不活] (스님께서) 사람들의[人] 의심과[怪] 비웃음을[笑] 받겠지요[遭]."

경청선사가[淸] 말씀하셨다[云].

"이런[也是] 멍청한 놈[草裏漢]!"

　요청한 스님은 경청선사의 줄탁(啐啄)의 가풍을 알고는 그것으로 선사에게 들이대었다. "저는 이미 깨달을 준비가 되어 있습니다. 스님께서 도와주십시오." 그런데 이 친구 과대망상증이 있구나. 경청선사의 솜씨는 너무나 빨라서 숨 돌릴 겨를을 주지 않는다. "그러면 살아남을 수나 있으려나?" 경청선사께서 곧바로 껍질을 쪼아 주었으나 이 친구 여전히 알 속에 있구나. '그건 당신 책임'이라니, 웬 헛소리냐! 경청선사께서 번개처럼 휘둘러 버렸다. "이런 멍청한 놈!"

頌

古佛有家風이어늘　對揚遭貶剝이로다
고 불 유 가 풍　　　　대 양 조 폄 박

子母不相知라　是誰同啐啄이리요
자 모 불 상 지　　시 수 동 줄 탁

啄覺이나　猶在殼하니　重遭撲이라
탁 각　　　유 재 각　　　중 조 박

天下衲僧徒名邈로다
천 하 납 승 도 명 모

고불유가풍(古佛有家風) '옛 부처님에게는 가풍이 있었다.'는 이 말은 깨달은 분들에게 독특한 세계가 있다는 말이며, 경청선사 또한 그 경지라는 뜻임.

대양(對揚) 대답, 즉답, 맞서다.

조폄박(遭貶剝) '깎이고 벗겨짐을 당함' 즉 '아주 혼이 났음'

자모(子母) 병아리와 어미 닭. 제자와 스승.

탁각(啄覺) 쪼고 일깨움. 경청스님의 대응을 가리킴.

도명모(徒名邈) 부질없이 표현하고 더듬다. 邈자는 모(摸)의 뜻으로 쓰임. 따라서 '명막'이 아닌 '명모'로 읽음.

옛 부처님에게는[古佛] 독특한 세계가[家風] 있거늘[有]

함부로 맞섰다가[對揚] 아주 혼이 나는구나[遭貶剝].

제자와[子] 스승이[母] 서로[相] 알지[知] 못하는데[不],

여기[是] 누가[誰] 안팎에서 함께 쫄까나[同啐啄].

쪼고[啄] 깨우쳐 주었으나[覺]

그대로[猶] 껍질 안에[殼] 있나니[在],

거듭[重] 얻어맞음[撲] 당했구나[遭].

세상[天下] 수행자들[衲僧] 부질없이[徒] 표현하며[名] 더듬는구나[邈].

松江

옛 부처님에게는 독특한 세계가 있거늘
함부로 맞섰다가 아주 혼이 나는구나.

경청선사의 가풍은 옛 부처님으로부터 비롯되는 독특한
세계였다. 그런데 그 세계에 이르지 못한 스님이 우쭐거리며
덤볐다가 단단히 혼이 나고 있는 것이다.

제자와 스승이 서로 알지 못하는데,
여기 누가 안팎에서 함께 쫄까나.

껍질을 안팎에서 깨려면 안과 밖이 서로 하나의 경지가 되
어야 가능한 일인데, 비록 시도야 좋았다고 하더라도 시절인
연이 아님을 어쩌겠는가.

쪼고 깨우쳐 주었으나 그대로 껍질 안에 있나니,
거듭 얻어맞음 당했구나.

세상 수행자들 부질없이 표현하며 더듬는구나.

경청선사께서 쪼아주고 깨우쳐 주었으나, 상대는 여전히 제 껍질 속에 있는 것을 어쩌누. 그러니 '멍청한 놈'이라는 몽둥이나 맞아야지. 그나저나 고인의 언행이나 따라하는 짓거리를 언제나 멈추려는가.

얼어붙어 벽이 생긴 모습

하늘도 물도 맑으니 벽이 없다

제17칙

향림서래의
(香林西來意)

향림의 서쪽에서 오신 뜻

　다른 곳에서는 '향림의 오래 앉아 피곤함(香林坐久成勞)'
으로도 되어 있음.

　설두스님께서 선택한 열일곱 번째 얘기는 어떤 스님과 향
림선사와의 대화이다.

　향림 징원(香林澄遠, 908~987)선사는 운문(雲門)선사의
법제자로 사천성(四川省) 성도(成都) 향림사(香林寺)에 40

년간 주석하셨다.

여러 기록을 보면 자질이 뛰어나진 않았으나 대단히 성실한 분이었던 것 같다. 스승 운문선사를 18년간 모셨는데, 다음의 대화를 18년 동안이나 계속하였다고 한다.

운문 원시자(遠侍者)!
징원 예.
운문 그게 무엇이냐?

스승이나 제자나 어지간하다고 하겠다.

징원스님은 늘 종이옷을 입고 다니면서 스승의 말씀을 기록했는데, 그것이 모여 『운문광록(雲門廣錄)』이 되었다. 깨달음을 이룬 뒤 향림사에 주석하며 후학을 지도하기를 40년, 80세에 입적하셨다.

아래의 문답은 향림사에서 있었던 일이다.

垂示

斬釘截鐵하야사 始可爲本分宗師니라 避
참 정 절 철　　　　시 가 위 본 분 종 사　　피

箭隈刀하면 焉能爲通方作者리오 針箚
전 외 도　　　언 능 위 통 방 작 자　　침 차

不入處는 則且置하고 白浪滔天時如何
불 입 처　　즉 차 치　　백 랑 도 천 시 여 하

오 試擧看하라
　시 거 간

참정절철(斬釘截鐵) 못을 자르고 쇠를 끊음. 못이나 쇠 같은 어려운 일에 부딪쳐도 능히 해결하는 솜씨.

본분종사(本分宗師) 자기 본래의 면목(본분)을 깨달은 선지식.

피전외도(避箭隈刀) 화살을 피하고 칼을 피함. 어려운 문제로부터 도망침.

통방(通方) 사방에 통함. 이치를 통달함. 방편을 통달함.

작자(作者) 흔히 작가(作家)라고도 함. 뛰어난 인물. 훌륭한 선지식.

침차불입처(針箚不入處) 바늘로 찔러 들어가지 않는 곳. 논쟁의 여지를 없애 버린 경지. 절대의 자리.

백랑도천시(白浪滔天時) 흰 파도(거친 파도)가 하늘을 뒤덮을 때.

수시

못을[釘] 자르고[斬] 쇠를[鐵] 끊을 수 있어야[截] 비로소[始] 본래면목을 깨달은 위대한 스승[本分宗師]이라고 할 수[爲] 있을 것이다[可]. 화살을[箭] 피하고[避] 칼을[刀] 피해서야[隈] 어찌[焉] 진리를 깨달은[通方] 뛰어난 지도자라고[作者] 할 수[爲] 있겠는가[能]. 바늘로[針] 찔러[箚] 들어가지[入] 않는[不] 곳은[處] 그렇다 하더라도[則且置] 흰[白] 파도가[浪] 하늘을[天] 뒤덮을[滔] 때는[時] 어떻게 하겠는가[如何]? 아래 이야기를 살펴보라[試擧看].

아무리 어려운 문제에 부딪쳐도 척척 해결해 버리는 사람이라야 비로소 자기의 본래모습을 깨달은 위대한 선지식이라고 할 수 있다. 깨달은 이에게 문제 될 것은 아무것도 없기 때문이다. 만약에 상대가 화살이나 칼 같은 질문을 할 때 그저 피하기만 한다면 어찌 뛰어난 지도자라고 할 수 있겠는가. 상대를 파악하고 지도할 능력이 없다면 헛된 이름만 얻었을 뿐이다. 논쟁의 여지가 없는 자리는 우선 그렇다 치더라도, 하늘을 뒤덮을 기세로 덤빌 때는 어떻게 하겠는가? 선지식이라면 이런 놈을 만났을 때 본때를 보이는 법이지.

원오선사는 그 한 예를 다음의 본칙으로 보았다.

擧 僧이 **問香林**호대 **如何是祖師西來**
거 승 　 문향림 　 여하시조사서래

意닛고 **林**이 **云 坐久成勞**니라
의 　 림 　 운 좌구성로

여하시조사서래의(如何是祖師西來意)　선수행하는 이들이 가장 많이 의심하는 공안 중의 하나이며, 선문답에도 가장 많이 등장하는 질문임. '무엇이 달마조사께서 천축으로부터 중국에 오신 뜻인가?' 하는 의문 또는 질문.

➡ 조사(祖師)는 각 종파에서 그 맥을 이은 분이라는 뜻이나, 여기서는 달마선사를 가리킴.

➡ 서래의(西來意)는 서쪽에서 오신 뜻. 즉 인도로부터 중국으로 건너오신 뜻.

좌구성로(坐久成勞)　중국 사람들이 오래 앉아 있어 다리도 저리고 허리도 아프다고 할 때 주로 쓰는 말. 즉 오래 앉아 있어 피곤하다는 말.

이런 얘기가 있다[擧].

어떤 스님이[僧] 향림선사께[香林] 여쭈었다
[問]. 조사께서[祖師] 서쪽에서[西] 오신[來] 뜻
이[意] 무엇입니까[如何是]?

향림선사께서[林] 말씀하셨다[云].

오래 앉았더니[坐久] 피곤하구나[成勞].

松江

　질문을 던진 스님은 이미 달마대사에 대한 역사적인 사실은 다 알고 있다. 그러니 달마대사의 이력 따위를 말해주는 것이나 또는 통상적인 설명을 듣고자 하는 것이 아니다.

　이미 불교가 널리 전파된 마당에 왜 달마대사께서 중국에 오시어 소림사의 동굴에서 9년이나 벽만 보며 앉아 있었는가?

　이것은 사실적 설명을 요구한 것이 아니다. 자신이 부딪친 벽을 말하고 있는 것이다. 어쩌면 이 질문자는 미치기 직전인지도 모른다. 그런 절박한 심정으로 향림선사의 답을 기다려야만 한다.

　향림선사는 위대한 스승 운문선사 밑에서 18년이나 참구하여 겨우(?) 깨달았던 분이다. 그래서일까? 향림선사의 답은 언어의 꾸밈을 벗어나 있다. 너무 담박하여 복잡한 사람의 접근을 막아버렸다.

　"오래 앉아 있었더니 참 피곤하구만!"

　너무 자상한 것인가, 아니면 너무 박절한 것인가.

　아하, 오래 앉았다고 하니 또 달마대사의 9년 면벽을 떠올리시나? 이미 삼천포로 **빠졌다.**

보드가야의 불족적

一箇兩箇千萬箇_여
일개양개천만개

脫却籠頭卸角駄_{로다}
탈각롱두사각타

左轉右轉隨後來_{하니}
좌전우전수후래

紫胡要打劉鐵磨_{로다}
자호요타유철마

일개양개천만개(一箇兩箇千萬箇) 여기 사용된 개(箇)자는 흔히 물건을 헤아릴 때 사용되며, 한 개 두 개 등의 뜻임. 사람일 경우에도 인(人)자를 생략한 채로 사용됨. 여기에서는 '한 사람 두 사람 천만 사람'으로 번역됨.

농두(籠頭) 짐승의 입에 씌워 음식을 먹지 못하게 하는 굴레.

각타(角駄) 타(駄) 자는 駄 자와 같은 자이며 발음도 '타'와 '태'로 쓰임. '각타'는 짐승의 등에 양쪽으로 나눠 실은 짐.

좌전우전(左轉右轉) '좌로 돌고 우로 돌다'의 뜻이지만 뒤의 구절과 연관해서 사용한 말임.

자호요타유철마(紫胡要打劉鐵磨) 자호화상이 유철마를 칠 수밖에 없지.

➡ 자호(紫胡)~자호 이종(紫胡利蹤: 800~880)선사. 자호(紫胡)선사 또는 신력(神力)선사라고도 함.『전등록』10권에 다음 기록이 있음. 어릴 때 유주(幽州)의 개원사(開元寺)에 출가하여 나이가 차자 구족계를 받았다. 후에 남전 보원(南泉普願)선사의 법제자가 된 후 바로 구주(衢州)의 마제산(馬蹄山)에 가 띠집을 짓고 살았다. 이후 옹천귀(翁遷貴)라는 이가 자호산을 기증하여 절을 짓게 하니 안국원(安國院)이다. 선사는 이곳에서 오래 후학을 지도했다.

어느 날 어떤 비구니가 와서 인사를 여쭈자 선사가 물었다.
"그대는 유철마가 아닌가?" "외람되오나 그렇습니다."
"왼쪽으로 도는 맷돌인가, 오른쪽으로 도는 맷돌인가?"
"화상께서는 뒤집힌(顚倒) 말씀 하지 마십시오."
대사가 바로 후려쳤다.
[다른 일화는 생략]

➡ 유철마(劉鐵磨)~생몰 연대 미상. 당대(唐代)의 비구니 스님. 속성은 유(劉)씨. 워낙 거칠고 상대하기 힘들어 '쇠맷돌(鐵磨)'이라는 별명으로 불림. 담주의 위산(潙山)에 암자를 짓고 살면서 그 산의 어른이셨던 위산 영우(潙山靈祐; 771~853)선사에게 지도를 받고 깨달았다고 함.

➡ 원오선사는 평창에서 자호선사가 유철마를 찾아갔다고 하고 있으나,『전등록』에는 유철마가 찾아간 것으로 되어 있음.

한 사람[一箇] 두 사람[兩箇] 천만의 사람이여
[千萬箇],

굴레를[籠頭] 풀어 버리고[脫却] 등짐을[角馱]
벗었구나[卸].

좌로 돌고[左轉] 우로 돈다는[右轉] 그 말을 따
르니[隨後來],

자호 선사가[紫胡] 유철마를[劉鐵磨] 칠 수밖에
없지[要打].

 **松江**

한 사람 두 사람 천만의 사람이여,

굴레를 풀어 버리고 등짐을 벗었구나.

달마스님께서 오신 뜻을 두고 그 얼마나 많은 사람들이 굴레에 갇히고 등짐을 진 것처럼 부질없는 짐을 지고 있었을까? 설두스님은 향림선사의 말 한마디로 그 모든 굴레와 등짐을 벗을 수 있는 기회가 제공되었다고 칭찬했다. 이처럼 극찬을 아끼지 않다니…. 하지만 스스로 굴레와 짐을 자청한 것이니 어찌 향림선사가 굴레를 벗겨주고 등짐을 내려주겠는가. 착각들 하지 말라!

좌로 돌고 우로 돈다는 그 말을 따르니,

자호 선사가 유철마를 칠 수밖에 없지.

마치 거칠 것 없는 것처럼 다 갈아버리던 유철마가 자호선사의 말에 끌려가는 어리석음을 범하듯이 또 얼마나 많은 사람들이 그 뒤를 따를까? 그래서 설두스님은 이 얘기를 가져와 경고를 하고 있는 것이다. 자호선사의 몽둥이를 맞지 않으려면 정신 차려라. 무엇이 달마스님이 오신 뜻이냐? 아차차! '오래 앉았더니 피곤하다'고 되뇌지 말라. 향림선사의 몽둥이가 날아들기 직전이구나.

보이지 않는다고 출구가 없는 것은 아니다

어둠 속에서 밝음을 보면 아무것도 보이지 않는다

궁금하면 건너가 보라

松江

다른 곳에서는 '혜충스님의 무봉탑(慧忠無縫塔)' '숙종이 탑 모양을 묻다(肅宗請塔樣)'로도 되어 있음.

설두스님께서 선택한 열여덟 번째 얘기는 숙종황제와 혜충국사, 그리고 탐원선사와의 대화이다.

혜충국사(?~775)는 육조대사의 법제자로 남양(南陽)의 백애산(白崖山)에 40년간 두문불출하셨기에 흔히 남양 혜충국사로 존칭된다. 명성이 드높아 당(唐) 제7대 숙종(肅宗), 제8대 대종(代宗) 2대 황제의 국사로 존경받았다. 입적하실 때의 연세가 130세 정도였다고 하나 확실하지는 않다.

탐원선사는 혜충선사의 법제자인 응진(應眞)선사로 탐원산(眈源山)에 주석하였기에 '탐원'이 호가 되었다.

本則

擧 肅宗皇帝가 問忠國師호대 百年後
거 숙종황제　문충국사　백년후

所須何物이닛고 國師云호대 與老僧作箇
소수하물　국사운　여노승작개

無縫塔하소서 帝曰 請師塔樣하소서 國師
무봉탑　제왈 청사탑양　국사

良久云호대 會麼아 帝云호대 不會니다 國
양구운　회마 제운　불회 국

師云호대 吾有付法弟子耽源하야 卻諳
사운　오유부법제자탐원　각암

此事하니 請詔問之하소서 國師遷化後에
차사 청조문지　국사천화후

帝詔耽源問此意如何오하니 源云호대
제조탐원문차의여하　원운

湘之南潭之北에
상지남담지북

〈雪竇着語云 獨掌不浪鳴이라〉
설두착어운 독장불랑명

中有黃金充一國이라
중 유 황 금 충 일 국

〈雪竇着語云 山形拄杖子니라〉
설 두 착 어 운 산 형 주 장 자

無影樹下合同船이니
무 영 수 하 합 동 선

〈雪竇着語云 海晏河淸이로다〉
설 두 착 어 운 해 안 하 청

瑠璃殿上無知識이로다
유 리 전 상 무 지 식

〈雪竇着語云 拈了也라〉
설 두 착 어 운 염 료 야

숙종(肅宗) 당(唐) 756~762년간의 임금. 실제로는 다음의 대종(代宗, 763~779) 임금이라야 맞음.

백년후(百年後) 이 경우는 '백년 후'라는 뜻이 아니라 '입적하신 후'의 뜻.

소수(所須) 필요한 것.

무봉탑(無縫塔) '꿰맨 자국(이음매, 흠)이 없는 탑'이란 의미. 상징적이며, 실제로 있는 탑은 아님.

양구(良久) 법문 또는 답변의 한 방법으로 한참을 침묵하는 것.

부법제자(付法弟子) '법을 준 제자, 법을 부탁한 제자'의 뜻이나 '법'이라는 객관적인 무엇을 주었다는 뜻이 아니라, 부처님의 가르침을 펼칠 책임을 맡겨도 좋겠다고 인정한 제자라는 뜻.

천화(遷化) 이 세상의 교화를 끝내고 다른 세상의 교화를 위해 옮겨 갔다는 뜻으로 고승의 입적을 일컫는 말.

상지남담지북(湘之南潭之北) 상강의 남쪽, 담수의 북쪽. 특정한 어떤 장소를 지칭한 것이 아님.

➥ 상강(湘江)~중국(中國) 호남성(湖南省)에 있는 강. 남령에서 발원하여 북으로 흘러 호남성(湖南省)에 들어가 동정호(洞庭湖)에 이름. 상수(湘水) 길이 1천1백 50km.

➥ 담수(潭水)~중국(中國) 호남성(湖南省)에 있는 강. 성옥산(成玉山)에서 시작됨.

착어(着語) 공안, 화두에 붙이는 짧은 평.

주장자(拄杖子) 본디 노약한 스님들의 지팡이 또는 험한 산에서 수행하던 스님들의 지팡이였던 것. 후학을 지도할 때 이 지팡이를 많이 활용하게 되면서부터 큰스님들의 상징적 도구가 됨.

무영수(無影樹) 그림자 없는 나무. 청정한 본성 또는 깨달음의 세계를 상징적으로 표현한 것.

유리전(瑠璃殿) '유리의 전각'이라는 이 말을 두고 구구한 해석들이 많음. 그러나 복잡하게 생각할 것 없이 '무영수(無影樹)'라는 앞 구절의 말을 받아서 '투명한 전각'으로 풀이하는 것이 가장 적합함.

이런 얘기가 있다[擧].

숙종 황제가[肅宗皇帝] 혜충국사에게[忠國師] 물었다[問].

"입적하신 후에[百年後] 어떤 물건이[何物] 필요하십니까[所須]?"

국사가[國師] 답하였다[云].

"나에게[老僧] 이음매 없는 탑[無縫塔] 하나[箇] 만들어[作] 주십시오[與]."

황제가[帝] 말했다[曰].

"국사께서[師] 탑[塔] 모양을[樣] 말씀해 주십시오[請]."

국사가[國師] 한동안 침묵한 후에[良久] 물었다[云].

"아시겠습니까[會麽]?"

황제가[帝] 답하였다[云].

"모르겠습니다[不會]."

국사가[國師] 말했다[云].

"나에게[吾] 법제자[付法弟子] 탐원이[耽源] 있는데[有], 이[此] 일을[事] 잘 알 것이니[卻諳] 불러서[詔] 이것을[之] 물어[問] 보십시오[請]."

혜충국사께서[國師] 입적하신 후[遷化後] 황제가[帝] 탐원스님을[耽源] 초청하여[詔] 이[此] 뜻이[意] 무엇인지를[如何] 물었더니[問], 탐원스님이[源] 답하였다[云].

"상강의[湘之] 남쪽[南] 담수의[潭之] 북쪽에[北],

〈설두스님이[雪竇] 평해 말하였다[着語云]. "한[獨] 손바닥으로는[掌] 소리가 울리지[浪鳴] 않는다[不]."〉

그 가운데[中] 황금이[黃金] 가득한[充] 한 나라가[一國] 있다네[有].

〈설두스님이[雪竇] 평해 말하였다[着語云]. "산 같은[山形] 주장자로구나[拄杖子]."

그림자 없는 나무[無影樹] 아래[下] 같은 배를[同船] 탔으니[合],

〈설두스님이[雪竇] 평해 말하였다[着語云]. "바다는[海] 잠잠하고[晏] 강은[河] 맑도다[淸]."〉

유리 전각에서는[瑠璃殿上] 앎도[知] 인식도[識] 없다네[無]."

〈설두스님이[雪竇] 평해 말하였다[着語云]. "다 말해 버렸다[拈了也]."〉

 **松江**

숙종 황제가 혜충 국사에게 물었다.

"입적하신 후에 어떤 물건이 필요하십니까?"

지금도 필요한 물건이 따로 없는데 죽은 뒤에 무슨 물건을 필요로 하겠는가? 황제의 존경심 정도로 봐 주자.

국사가 답하였다.

"나에게 이음매 없는 탑을 하나 만들어 주십시오."

과연 혜충국사이시다. 신심과 존경심에 귀한 답을 해 주셨다. 이음매가 없는 탑은 어떤 모양일까? 탑 형상을 연구하느라 또 많은 사람의 눈썹이 빠지겠구먼!

황제가 말했다. "국사께서 탑 모양을 말씀해 주십시오."

국사가 한동안 침묵한 후에 물었다. "아시겠습니까?"

황제가 답하였다. "모르겠습니다."

내 그럴 줄 알았다. 첫 단추가 어긋났는데, 두 번째 단추가 맞을 리 있겠는가. 혜충국사께서 그림 없는 설계도를 건넸으니, 황제가 어찌 알리요. 부처님께는 가섭존자가 있었고, 유마거사에게는 문수보살이 있어 환하게 드러내 보였다. 하지만 황제의 그릇은 전혀 미치지 못하고 있는 것이다.

국사가 말했다.
"나에게 법제자 탐원이 있는데, 이 일을 잘 알 것이니 불러서 이것을 물어 보십시오."
혜충국사는 기다림의 명수이시다. 백애산에 한번 들자 40년을 두문불출하신 분 아닌가. 황제가 두 번의 가르침에도 미처 깨닫지 못하자 다시 한번 기회를 주고 싶었던 모양이다.

혜충국사께서 입적하신 후 황제가 탐원스님을 초청하여 이 뜻이 무엇인지를 물었더니, 탐원스님이 답하였다.
"상강의 남쪽 담수의 북쪽에,
〈설두스님이 평해 말하였다. "한 손바닥으로는 소리가 울리지 않는다."〉
그 가운데 황금이 가득한 한 나라가 있다네.
〈설두스님이 평해 말하였다. "산 같은 주장자로구나."〉

　　탐원스님은 혜충국사의 제자답게 멋진 답을 하고 있다. 무봉탑을 만들어 달라는 스승의 의도가 어디에 있는지를 잘 드러내 보였다. 하지만 황제에겐 너무나 어려운 일인지라 손을 마주치지도 못하고, 주장자를 건네주어도 휘두를 수가 없구나. 아, 천지에 가득한 그 보물을 쓸 자가 누구일까.

　　그림자 없는 나무 아래 같은 배를 탔으니,
〈설두스님이 평해 말하였다. "바다는 잠잠하고 강은 맑도다."〉
　유리 전각에서는 앎도 인식도 없다네."
〈설두스님이 평해 말하였다. "다 말해 버렸다."〉
　이제 흠 하나 없는 멋진 탑의 실체를 완전히 드러내었다. 탐원스님은 '툭 트여 성스러울 것도 없다'던 달마조사의 경계를 다시 한번 보이고 있는 것이다. 부처를 만난 사람은 대장경을 뒤적이며 보물을 찾지 않고, 달마를 만난 사람이라면 오래 앉음을 탐하지 않는다. 그림자 없는 나무나 투명한 전각을 보는 자 몇이나 될는지.

이 광할한 곳에서 무봉탑을 찾아보시길

無縫塔 見還難이라
무 봉 탑 견 환 난

澄潭不許蒼龍蟠이로다
징 담 불 허 창 룡 반

層落落 影團團이여
층 낙 낙 영 단 단

千古萬古與人看이로다
천 고 만 고 여 인 간

징담(澄潭) 맑은 못. 청정한 본성의 세계. 혜충국사가 침묵으로 보인 경지.

창룡(蒼龍) 푸른 용. 인간의 욕망.

낙낙(落落) 우뚝한 모습.

영단단(影團團) 영(影)은 자태를 뜻하고, 단단(團團)은 원만함을 뜻함.

이음매[縫] 없는[無] 탑이여[塔]! 보려니[見] 도리어[還] 어렵구나[難].

맑은 못은[澄潭] 푸른 용의[蒼龍] 웅크림을[蟠] 허락하지[許] 않도다[不].

층층이[層] 우뚝 솟아[落落] 그 자태[影] 원만함이여[團團]!

영원하고[千古] 영원토록[萬古] 사람들에게[人] 보여주도다[與～看].

이음매 없는 탑이여! 보려니 도리어 어렵구나.

눈 앞에 형상으로 보이는 탑이면 어찌 이음매가 없겠는가. 그런 탑이라면 천하의 혜충국사가 황제에게 애길 했겠는가. 그러니 설계도를 보자고 조르지도 말고, 사진으로 보여 달라고도 하지 말라. 차라리 조용히 눈을 감고 마음의 분별을 쉰다면 조금은 가능성이 있으려나. 견성성불(見性成佛)이라고 하니 눈에 핏발을 세우고 두리번거리며 성품을 찾는 친구로구나.

맑은 못은 푸른 용의 웅크림을 허락하지 않도다.

훤히 들여다보이는 못에 어찌 용이 몸을 숨길 수 있겠는가. 괜스레 혜충국사에게 필요한 것이 뭐냐고 묻는구나. 부처님께 열반 후의 일을 물었더니, 그건 재가의 신도들에게나 맡겨 두라고 하셨지. 부처님께서는 아무것도 필요한 것이 없었으나, 재가불자들의 마음에는 필요한 것이 있었을 테니까.

충층이 우뚝 솟아 그 자태 원만함이여!

세상에 무봉탑보다 우뚝하고 멋진 것이 있을까? 그보다 완전한 것이 또 있을까? 팔만사천법문으로도 그 모습 제대로 그려내지 못했고, 부처님도 조사님들도 최후엔 입을 닫고 말았지.

영원하고 영원토록 사람들에게 보여주도다.

모든 선지식이 손가락으로 그 탑을 가리키고 있지만, 사람들은 그저 손가락을 보고 있구나. 어쩌겠는가, 밤낮으로 만지면서도 알지 못하는 것을. 하지만 번쩍 눈을 뜨기만 한다면, 언제라도 그 멋진 모습 볼 수 있으리.

수많은 탑 중에는 이런 탑도 있다

이런 탑을 좋아해서 목숨을 걸고 가는 이도 있다

松江

다른 곳에서는 '구지선사 단지 한 손가락만 세우다(俱胝
只竪一指)' '구지선사의 손가락 선(俱胝指頭禪)'으로도 되
어 있음.

설두스님께서 선택한 열아홉 번째 얘기는 구지선사의 지
도법이다.

구지선사는 생몰연대가 정확하지 않다. 마조선사의 문하

대매 법상(大梅法常, 552~839)선사의 법제자인 항주 천룡 (杭州天龍)선사의 법제자이다.

구지화상은 절강성(浙江省) 금화산(金華山)에 머물고 있었다. 어느 날 마조대사의 제자인 실제(實際)라는 비구니가 찾아왔다. 삿갓도 벗지 않고 방 안에 들어와 구지화상이 좌선하는 자리를 세 바퀴 돌고 나서 말했다.

"한마디 하시면 삿갓을 벗겠습니다."

이렇게 세 번을 말했는데도 구지화상은 말을 하지 못했다. 그러자 비구니는 떠나려 하였고, 구지화상은 머물기를 청하였다.

"곧 날도 저물 것이니, 하룻밤 쉬어 가시지요."

"한마디 하시면 머물지요."

구지화상이 아무 말도 못하자 비구니는 떠나 버렸다. 비구니에게 당한 구지화상은 자신의 모습에 참담함을 느꼈다.

"이러고도 내가 대장부라고 할 수 있겠는가!"

구지화상은 고승들을 만나 가르침을 받고자 바랑을 꾸린 뒤 잠자리에 들었다. 그런데 꿈속에서 산신이 나타나 말했다.

"곧 대보살이 나타나 스님에게 가르침을 줄 것이니, 이 암자를 떠나지 마시오."

다음날 과연 한 노승이 찾아왔는데, 바로 천룡(天龍)선사였다. 구지화상은 정중히 예를 갖춘 후에 전날 있었던 일을 설명하였다. 그리고는 간절한 마음으로 여쭈었다.

"무엇이 한마디입니까?"

그러자 천룡선사는 손가락 하나를 세워 보였다. 그 순간 구지화상은 큰 깨달음에 이르렀다. 그 다음부터 구지화상은 어떤 질문을 받더라도 오직 손가락 하나만을 세워 보였다.

垂示

一塵擧大地收하고 一花開世界起라 只
일 진 거 대 지 수　　　일 화 개 세 계 기　　지

如塵未擧花未開時는 如何著眼고 所
여 진 미 거 화 미 개 시　　여 하 착 안　　소

以로 道호대 如斬一綟絲하야 一斬一切
이　　도　　여 참 일 려 사　　일 참 일 체

斬이며 如染一綟絲하야 一染一切染이라
참　　여 염 일 려 사　　일 염 일 체 염

只如今에 便將葛藤截斷하고 運出自己
지 여 금　　변 장 갈 등 절 단　　운 출 자 기

家珍하면 高低普應하고 前後無差하야 各
가 진　　고 저 보 응　　전 후 무 차　　각

各現成하리라 儻或未然인댄 看取下文하
각 현 성　　당 혹 미 연　　간 취 하 문
라

착안(著眼) 어떤 일을 눈여겨보거나 그 일에 대한 기틀을 깨달음.

여금(如今) 지금, 현재.

변(便) 문득, 갑자기의 뜻으로 사용될 때는 '변'으로 읽음.

갈등(葛藤) 문제를 일으키는 언어와 생각.

자기가진(自己家珍) 자기 집안의 보물. 본래면목(本來面目). 주인공(主人公)

당혹(儻或) 만약, 혹시.

수시

티끌 하나가[一塵] 생기면[擧] (거기에) 대지가 [大地] 거두어지고[收], 꽃 한 송이[一花] 피어나면[開] 세계가[世界] (그로부터) 시작된다 [起]. 그러나[只] 가령[如] 티끌이[塵] 생기지 [擧] 않고[未] 꽃이[花] 피지[開] 않은[未] 때에는[時] 어떻게[如何] 깨달을까[著眼]? 그러므로[所以] "한 타래[一緺] 실을[絲] 자르는 것과 [斬] 같아서[如] 한 번[一] 자르면[斬] 전체가 [一切] 잘리며[斬], 한 타래[一緺] 실을[絲] 물들임과[染] 같아서[如] 한 번[一] 물들이면[染] 전체가[一切] 물든다[染]."고 하였다[道]. 다만 [只] 지금[如今] 문득[便] 문제점들을[葛藤] 취하여[將] 잘라버리고[截斷] 자기[自己] 집안의

[家] 보물을[珍] 운용해[運] 낸다면[出], 높고
[高] 낮음에[低] 널리[普] 응하고[應] 앞과[前]
뒤에[後] 어긋남이[差] 없어서[無] 제각기[各
各] 완전하게 드러낼 것이다[現成].
만약[儻或] 그렇지 못하다면[未然] 아래 글을
[下文] 살펴보라[看取].

 **松江**

　일어난 현상을 통하여 이치를 깨닫는 것이 쉬운 것은 아니지만, 그래도 열심히 공부한 사람이라면 어려운 일도 아니다. 그러나 현상이 일어나기 이전의 소식을 깨닫지 않으면 늘 바쁠 수밖에 없을 것이다. 그러니 가지를 자르느라고 바쁠 것이 아니라 뿌리를 확 뽑아 버려야 한다. 그러면 다시는 가지치기를 할 필요가 없어진다. 그 경지에 이르면 눈을 가리는 것들이 사라져 버렸으므로 언제나 주인공이 본래모습 그대로 드러날 것이다. 이런 사람은 언제 어느 때라도 가장 조화로운 모습으로 세상과 통할 것이다.

擧 俱胝和尙이 凡有所問하면 只竪一
거 구지화상   범유소문   지수일

指라
지

이런 얘기가 있다[擧].

구지화상은[俱脂和尙] 무릇[凡] 어떤[有] 질문을 받아도[所問] 다만[只] 손가락 하나를[一指] 세웠다[竪].

 **松江**

숨이 턱 막히는 소식이다. 아니 숨이 뻥 뚫리는 소식이다. 헤아리려고 들면 이빨도 들어가지 않고 손잡을 틈새도 없다. 그저 숨이 턱 막힐 뿐이다. 그러나 헤아림을 놓아버리면 이보다 더 통쾌한 소식도 드물 것이다.

꽃이 피기 전인가 핀 후인가

頌

對揚深愛老俱胝로다
대 양 심 애 노 구 지

宇宙空來更有誰리오
우 주 공 래 갱 유 수

曾向滄溟下浮木하니
증 향 창 명 하 부 목

夜濤相共接盲龜로다
야 도 상 공 접 맹 구

대양(對揚) 대등함. 필적함. 임금의 명령을 받들어 널리 알림. ☞ 여기서는 구지선사가 말로 설명하지 않고 손가락 하나를 세우는 것을 가리킴.

심애(深愛) 깊이 사랑하다. 아주 좋아하다. 아주 마음에 들다.

공래(空來) 통틀어. 어느 곳이건.

창명(滄溟) 큰 바다.

부목(浮木). 맹구(盲龜) '뜬 나무'와 '눈먼 거북'은 잡아함 15권 406경 《맹구경(盲龜經)》에 설명한 '맹구우목(盲龜遇木)'의 얘기를 가리킴.

「부처님께서 베살리의 원숭이 연못 옆 중각강당에 있을 때의 일이다. 어느 날 제자들과 함께 연못 주변을 산책하시던 부처님께서 문득 아난다에게 이런 것을 물었다.

"아난다야, 큰 바다에 눈먼 거북이 한 마리가 살고 있다. 이 거북이는 백 년에 한 번씩 물 위로 머리를 내놓았는데 그때 바다 한가운데 떠다니는 구멍 뚫린 나무판자를 만나면 잠시 거기에 목을 넣고 쉰다. 그러나 판자를 만나지 못하면 그냥 물속으로 들어가야 한다. 그런데 이때 눈먼 거북이가 과연 나무판자를 만날 수 있겠느냐?"

"그럴 수 없습니다."

"그래도 눈먼 거북이는 넓은 바다를 떠다니다 보면 서로 어긋나더라도 혹시 구멍 뚫린 나무판자를 만날 수 있을지도 모른다. 그러나 어리석고 미련한 중생이 육도윤회의 과정에서 사람으로 태어나기란 저 거북이가 나무판자를 만나기보다 더 어렵다. 왜냐하면 저 중생들은 선(善)을 행하지 않고 서로서로 죽이거나 해치며, 강한 자는 약한 자를 해쳐서 한량없는 악업을 짓기 때문이니라. 그러므로 비구들이여, 너희들은 사람으로 태어났을 때 내가 가르친 '네 가지 진리(四聖諦)'를 부지런히 닦으라. 만약 아직 알지 못하였다면 불꽃같은 치열함으로 배우기를 힘써야 한다."」

노련한[老] 구지화상의[俱胝] 멋진 대응[對揚]
썩 좋다네[深愛].
온 세상을[宇宙] 통틀어[空來] 다시[更] 누가
[誰] 있으리오[有].
일찍이[曾] 큰 바다[滄溟] 향해[向] 나무를[木]
던져[下] 띄워[浮],
밤[夜] 파도[濤] 속에서[相共] 눈먼 거북[盲龜]
제도하였네[接].

 松江

노련한 구지화상의 멋진 대응 썩 좋다네.
온 세상을 통틀어 다시 누가 있으리오.

설두스님은 구지화상의 손가락 세우는 지도법을 대단히 높이 평가하고 있다. 그와 같은 이가 다시 또 있겠는가 하고 밝힐 정도니까. 하긴 그보다 완벽한 대응이 어디 있으랴. 손가락 하나로 모든 것을 다 밝혀버렸으니, 정말 탁월한 선지식이다.

문제는 그 지도법에 따라 깨달음에 이르기가 결코 쉽지가 않다는 것이다. 복잡한 사람은 손가락 하나 세운 것을 두고도 다시 스스로 복잡하게 얽혀 들어가니까.

그럼 손가락 하나만 세우면 만사형통일까?

구지선사에게는 동자승 제자가 있었다. 동자승은 법을 묻고자 찾아온 스님들을 향해 스승 구지선사가 어떻게 하는지를 잘 알고 있었다. 어느 날 스승이 출타한 사이에 법을 묻고자 찾아온 스님이 있었다. 그 스님은 구지선사가 어떻게 지도하는지를 동자승에게 물었다. 동자승이 객스님에게 예를 갖춘 후에 질문을 하라고 말했다.

객스님이 큰절을 올리고 자신이 궁금한 것을 물었다. 그러자 동자승이 손가락 하나를 세워 보였고, 객스님은 너무나 감사하다며 인사를 하고 떠났다.

구지선사가 돌아오시자 동자승은 자랑삼아 낮에 있었던 일을 말씀드렸다. 구지선사가 동자승에게 말씀하셨다.

"나에게도 그대로 할 수 있겠느냐?"

"예!"

"불법이 무엇이냐?"

동자승이 손가락을 세웠다. 그때 구지선사의 칼이 번쩍하더니 동자승의 손가락이 잘렸다. 피가 흐르는 손을 움켜주고 비명을 지르는 동자승을 구지선사가 불렀다.

"얘 동자야!"

동자가 돌아보자, 구지선사가 손가락을 세워 보였다. 바로 그 순간 동자가 깨달았다. 동자승은 무엇을 보았는가?

자칫 잘못하다간 손가락만 잘리고 소득이 없을지도 모른다.

일찍이 큰 바다 향해 나무를 던져 띄워,

밤 파도 속에서 눈먼 거북 제도하였네.

구지선사가 손가락 세운 것은 캄캄한 밤 거친 바다에 널빤지를 던진 것과 같다. 그러나 그 널빤지를 만나 살아날 자가 누구인가? 먼 나라 흘러간 애기 듣듯이 하다간 파도에 목숨을 보전키 어려울 것이다.

사람 몸 받기 어렵고, 불법 만나기 어려우며, 선지식 만나기 어렵고, 깨닫기 어렵다. 그러나 불가능한 일은 없다네.

주인공은 어디에 있는가

松江

다른 곳에서는 '취미선사의 선판(翠微禪板)'으로도 되어 있음.

설두스님께서 선택한 스무 번째 얘기는 용아스님이 취미 선사와 임제선사에게 조사님이 인도로부터 중국으로 오신 뜻을 묻는 얘기이다.

용아 거둔(龍牙居遁, 835~923)스님은 14세에 출가하여

제방을 편력하면서 취미, 임제, 덕산 등의 대선지식의 지도를 받았지만 깨닫지 못하다가, 동산 양개(洞山良价)선사에게 참학하여 깨달음에 이른다. 그 후 담주(潭州) 용아산(龍牙山)에 머물며 89세까지 후학을 지도하였다.

堆山積嶽하고 撞墻磕壁이나 佇思停機
퇴산적악　　당장개벽　　저사정기

하면 一場苦屈이라 或有箇漢이 出來하야
　일장고굴　　혹유개한　　출래

掀翻大海하고 踢倒須彌하며 喝散白雲하
흔번대해　　척도수미　　할산백운

고 打破虛空하야 直下에 向一機一境하야
　타파허공　　직하　향일기일경

坐斷天下人舌頭하면 無儞近傍處하리라
좌단천하인설두　　무이근방처

且道하라 從上來가 是什麼人이 曾恁麼
차도　　종상래　시십마인　증임마

오 試擧看하라
　시거간

퇴산적악(堆山積嶽) : 보통 산에도 쌓이고 큰 산에도 쌓임. 즉 온통 쌓여 있음. 가득함.

당장개벽(撞墻磕壁) : 담장에도 부딪치고 벽에도 부딪침. 담장이나 벽이나 다 있음.

저사정기(佇思停機) : 생각을 멈칫거리고 기회를 주저함.

일장고굴(一場苦屈) : 완전히 헛수고함.

개한(箇漢) : 어떤 사람.

흔번(掀翻) : 번쩍 들어 뒤엎음.

척도(踢倒) : 발로 차서 넘어뜨림.

수미(須彌) : 수메루(sumeru)의 소리 옮김. 세상의 중심인 산. 우주라고 할 수 있음.

할산(喝散) : 고함을 쳐 흩어버림.

직하(直下) : 당장 그 자리에서. 곧바로.

향일기일경(向一機一境) : 어느 때(一機) 어떤 경우(一境)를 만나더라도(向)

좌단(坐斷) : 완전히 끊음.

수시

산에도[山] 쌓였고[堆] 큰 산에도[嶽] 쌓였으며[積], 담장에도[墻] 부딪치고[撞] 벽에도[壁] 부딪치지만[礙], 생각을[思] 멈칫거리고[佇] 기회를[機] 망설이면[停] 완전히[一場] 헛수고가 된다[苦屈].

혹시[或] 어떤[箇] 이가[漢] 있어[有] 썩 나서서[出來], 큰[大] 바다를[海] 번쩍 들어[掀] 뒤엎고[翻], 수미산을[須彌] 걷어차[踢] 넘어뜨리며[倒], 호통을 쳐[喝] 흰[白] 구름을[雲] 흩어버리고[散], 허공을[虛空] 쳐[打] 부수어[破], 당장 그 자리에서[直下] 어느[一] 때[機] 어떤[一] 경우를[境] 만나더라도[向] 세상[天下] 사람들의[人] 혀끝을[舌頭] 완전히 끊어버린다면[坐斷], 어느 누구도[儞] 곁에[傍] 가까이 갈[近] 방법이[處] 없으리라[無].

자[且], 말해 보라[道]. 예로부터[從上來] 이[是] 어떤[什麽] 사람이[人] 일찍이[曾] 이러했는가[恁麽]. 시험 삼아[試] 제시하는 것을[擧] 살펴보라[看].

松江

진리란 온 산천에 쌓여 있고 온갖 벽마다 부딪칠 정도로 우리 곁에 가득한 것이다. 하지만 분별을 일삼으며 기회를 놓치는 사람에게는 모든 노력이 부질없어질 따름이다.

만약 뛰어난 선지식이 나서서 큰 바다와 같은 불법이라고 내세우는 것도 뒤엎어 버리고, 태산 같은 전통이라며 움쩍 않는 것도 걷어차 버리며, 고상한 품격이라고 내세우는 것도 호통 쳐 흩어버리고, 천하를 품은 듯 일체를 부정하는 태도까지 쳐부수어 버려서, 어느 때 어떤 경우를 만나더라도 세상 모든 사람들이 한 마디도 할 수 없게 해 버린다면, 아무도 그를 어쩌지 못할 것이다.

자, 어떤 사람이 일찍이 이런 모습을 보였는가.

사막의 유적에 황혼이 깃들다

사막의 유적에 어김없이 달이 떠오른다

擧 龍牙問翠微호대 如何是祖師西來意닛고 微云 與我過禪板來하라 牙過禪板與翠微어늘 微接得便打하니 牙云 打卽任打어니와 要且無祖師西來意니다 牙又問臨濟호대 如何是祖師西來意닛고 濟云 與我過蒲團來하라 牙取蒲團過與臨濟어늘 濟接得便打하니 牙云 打卽任打어니와 要且無祖師西來意니다

거 용아문취미 여하시조사서래의 미운 여아과선판래 아과선판여취미 미접득변타 아운 타즉임타 요차무조사서래의 아우문임제 여하시조사서래의 제운 여아과포단래 아취포단과여임제 제접득변타 아운 타즉임타 요차무조사서래의

선판(禪板) 오래 좌선하여 피곤할 때 잠시 기대어 쉬기 위한 도구.

포단(蒲團) 좌선할 때 깔고 앉는 도구.

이런 얘기가 있다[擧].

용아스님이[龍牙] 취미선사께[翠微] 여쭈었다[問].

"무엇이[如何是] 조사께서[祖師] 서쪽에서[西] 오신[來] 뜻입니까[意]?"

취미선사께서[微] 말씀하셨다[微云].

"내게[我] 선판을[禪板] 가져다[過來] 주게[與]."

용아스님이[牙] 선판을[禪板] 가져다[過] 취미선사께[翠微] 드리니[與], 취미선사가[微] 받자마자[接得] 곧바로[便] (선판으로) 쳤다[打].

용아스님이[牙] 말씀드렸다[云].

"때리시려면[打卽] 맘대로[任] 때리십시오[打]. 그렇지만[要且] 조사께서[祖師] 서쪽에서[西]

오신[來] 뜻은[意] 없습니다[無].”

용아스님이[牙] (뒷날) 다시[又] 임제선사께[臨濟] 여쭈었다[問].

“무엇이[如何是] 조사께서[祖師] 서쪽에서[西] 오신[來] 뜻입니까[意]?”

임제선사께서[濟] 말씀하셨다[云].

“내게[我] 포단을[蒲團] 가져다[過來] 주게[與].”

용아스님이[牙] 포단을[蒲團] 집어[取] 임제선사께[臨濟] 가져다[過] 드리니[與], 임제선사가[濟] 받자마자[接得] 곧바로[便] (포단으로) 쳤다[打].

용아스님이[牙] 말씀드렸다[云].

“때리시려면[打卽] 맘대로[任] 때리십시오[打]. 그렇지만[要且] 조사께서[祖師] 서쪽에서[西] 오신[來] 뜻은[意] 없습니다[無].”

 **松江**

역대로 수많은 수행자가 달마조사께서 인도로부터 중국으로 건너오신 뜻을 두고 목숨을 걸었었다. 그리고 웃은 이가 간혹 있었고, 무수한 이가 목숨을 잃었다. 만약 두렵다면 그만 두면 된다. 그래도 죽음을 면할 수는 없다. 그게 싫다면 용감하게 목숨을 걸 일이다. 그래도 목숨을 잃는다.

용아스님은 대단한 용기를 지녔다. 대선지식 앞에서도 결코 주눅이 들지 않고 공부하는 자세를 보였다. 그러나 안타깝게도 아직 시절인연은 아니었던 모양이다. 그랬기 때문에 달마조사께서 중국에 오신 뜻을 밖에서 찾고 있는 것이다. 물론 열심히 추구하기는 했으나 찾는다고 찾아지는 것이 아님을 어쩌겠는가. 취미선사와 임제선사는 두 번씩이나 가르침을 베풀었다. 그러나 젊은 용아스님은 있음과 없음의 구렁텅이를 벗어나지 못하고 있다.

선판과 포단을 들고 오면서도 깨닫지 못했고, 얻어맞으면서도 깨닫지 못했다. 선판과 포단은 깨달음을 목적으로 수행하는 이가 사용하는 도구이다. '무엇이 조사께서 서쪽으로부터 오신 뜻인가?'라고 추구하는 것은 무슨 목적인가? 두 선지식은 너무나 친절하게 지도해 주셨지만, 안타깝게도 아직 외가 익지 않아 쓰디쓴 맛이 난다.

열사의 사막 하늘을 뒤덮는 모래바람의 뜻을 묻지 말라

龍牙山裏龍無眼이라
용 아 산 리 용 무 안

死水何曾振古風고
사 수 하 증 진 고 풍

禪板蒲團不能用하니
선 판 포 단 불 능 용

只應分付與盧公하라
지 응 분 부 여 노 공

〈這老漢이 也未得勦絶일새
저 로 한　야 미 득 초 절

復成一頌하노라〉
부 성 일 송

盧公付了亦何憑고
노 공 부 료 역 하 빙

坐倚休將繼祖燈하라
좌 의 휴 장 계 조 등

堪對暮雲歸未合하고
감 대 모 운 귀 미 합

遠山無限碧層層이로다
원 산 무 한 벽 층 층

고풍(古風) 옛 가풍. 부처님과 조사님들이 마음과 마음이 서로 통하는 경지. 치열하게 깨달음을 추구하는 전통. 한 말씀에 곧바로 깨달음에 이르는 전통.

노공(盧公) 육조대사의 성이 노(盧)씨인 까닭으로 육조대사라고 보기도 했으나, 원오스님은 '평창(評唱)'에서 설두스님이 자신을 '노공'이라고 자칭한 일이 있으므로 설두 자신이라고 했음. 참고로 설두스님의 성은 이(李)씨임. 송의 흐름으로 보아 설두스님 자신을 가리킨다고 보는 것이 옳음.

좌의(坐倚) 앉고 기댐. 앞에 나온 포단과 선판을 가리킴.

감대(堪對) 너무나 아름다운 모습을 대하는 것.

모운귀미합(暮雲歸未合) 여기저기 흩어진 석양의 구름이 어둠에 잠기려 하는 모습.

용아산[龍牙山] 속의[裏] 용에게는[龍] 눈이
[眼] 없구나[無].
죽은 물에서[死水] 어찌[何] 거듭[曾] 옛 가풍
[古風] 펼치랴[振].
선판도[禪板] 포단도[蒲團] 능히[能] 쓰지를
[用] 못하니[不],
그만[只] 노공에게[盧公] 넘겨주는 것이[分付
與] 마땅하리[應].
〈이[這] 늙은이가[老漢] 완전히 끝맺지[勦絶]
못했다[未得] 싶어[也], 다시[復] 한[一] 게송을
[頌] 짓는다[成].〉
노공이[盧公] 넘겨받아도[付了] 또한[亦] 어찌
[何] 의지하랴[憑].

앉고[坐] 기대[倚] 조사 등불[祖燈] 이으려[繼]

하지[將] 말라[休].

아름다워라[堪對], 해 질 무렵[暮] 구름은[雲]

어둠에 잠기려 하고[歸未合],

먼 산은[遠山] 아득히[無限] 푸른빛으로[碧] 늘

어섰네[層層].

용아산 속의 용에게는 눈이 없구나.
죽은 물에서 어찌 거듭 옛 가풍 펼치랴.
선판도 포단도 능히 쓰지를 못하니,
그만 노공에게 넘겨주는 것이 마땅하리.

용아스님은 아직 안목을 갖추지 못했기에 그저 '조사가 서쪽에서 오신 뜻'에 매달리고 있을 뿐이다. 그러니 어찌 조사와 조사가 마음과 마음으로 통하여 더 이상 의심이 없는 경지에 도달할 수 있었겠는가. 취미선사와 임제선사가 너무나 친절하게도 선판과 포단을 써서 이끌어 주었건만, 애석하게도 후려칠 기회를 상대에게 넘기고도 여전히 모르는구나.

아아! 나(설두)라면 멋지게 보여주었을 터인데.

〈이 늙은이가 완전히 끝맺지 못했다 싶어, 다시 한 게송을 짓는다.〉

설두 노인네가 용아스님을 나무라느라고 '조사서래의'를
제대로 밝히지 못한 것을 안타깝게 생각했나 보다. 참 노인
네들 마음이란 어쩔 수 없다. 쯧쯧!

노공이 넘겨받아도 또한 어찌 의지하랴.
앉고 기대 조사 등불 이으려 하지 말라.
아름다워라, 해 질 무렵 구름은 어둠에 잠기려 하고,
먼 산은 아득히 푸른빛으로 늘어섰네.

포단이나 선판 등의 방편 따위를 구태여 쓸 게 무어 있겠
는가. 그런 방편을 좇아 조사들의 흉내를 내어 봐야 아무 소
용이 없지. 암 그렇고말고. 달마조사께서 중국에 오신 뜻을
알려고 하는가? 눈을 들어 보라. 마침 석양이라. 구름은 여
기저기서 아름다운 색으로 어둠에 잠기기 전이고, 겹겹이 늘
어선 산들은 아득히 푸른빛을 보이고 있지 않는가.

달마대사를 모신 달마동 가는 길의 초조암

달마동을 오르는 급한 계단

달마동 입구의 돌문

松江

다른 곳에서는 '지문스님의 연꽃과 연잎(智門蓮花荷葉)'으로도 되어 있음.

설두스님께서 선택한 스물한 번째 얘기는 어떤 스님과 지문선사와의 문답이다. 지문 광조(智門光祚)선사는 향림 징원(香林澄遠)선사의 제자이며, 이 벽암록 100칙을 선별하여 송을 붙인 설두(雪竇)선사의 스승이다. 호북성(湖北省)의 지문사(智門寺)에서 오래 후학을 지도했다.

垂示

建法幢_과 立宗旨_는 錦上舖花_요 脱籠
건법당   입종지   금상포화   탈농

頭_와 卸角駄_는 太平時節_{이라} 或若辨得
두   사각타   태평시절   혹약변득

格外句_{하면} 擧一明三_{이어니와} 其或未然
격외구   거일명삼   기혹미연

_{인댄} 依舊伏聽處分_{하라}
의구복청처분

법당(法幢) 범어로는 dharmaketu라 하며 불법을 말함. 불법은 중생의 괴로움을 항복받고 개선가를 부른다는 뜻으로, 싸워 이긴 깃발인 당(幢)에 비유하여 법당이라 한다. 옛날에는 우리나라에도 대표적인 사찰마다 큰 도량이라는 표시로 깃발을 높이 걸었고, 티베트나 부탄에는 지금도 이 깃발을 올린다.

종지(宗旨) 불교의 핵심. 따라서 입종지(立宗旨)는 설법(說法)하는 것.

격외구(格外句) 일상적인 지식의 수준을 넘어선 절대적 진리를 드러내는 구절. 절대적인 한 마디.

의구(依舊) 주로 '이전처럼, 여전히'의 뜻으로 사용되지만, 여기서는 '옛 공안을 의지하여'의 뜻.

법의[法] 깃발을[幢] 내걸고[建] 불교의[宗] 핵
심을[旨] 설파하는 것은[立] 비단 위에[錦上]
꽃을[花] 늘어놓음이요[舖], 굴레를[籠頭] 풀고
[脫] 등짐을[角馱] 벗어버리면[卸] 태평한[太
平] 시절이다[時節].

혹[或] 만약에[若] 절대적 한 마디를[格外句]
분명하게[辨] 깨닫는다면[得] 하나를[一] 들자
[擧] 셋을[三] 밝히겠지만[明], 그것이[其] 만약
에[或] 그렇지[然] 못하다면[未] 옛 공안을[舊]
의지하여[依] 어떻게 하는지를[處分] 겸손히
[伏] 살펴보라[聽].

松江

    본래 있는 진리를 정리하여 내보이고 다시 설명하는 것은, 마치 화려한 비단 위에다 꽃을 늘어놓듯이 크게 신통한 일은 아닌 것이다. 부처님께서 스스로 말씀하셨듯이 설파하신 모든 진리는 부처님께서 만들어낸 것이 아니라 이미 있는 이치를 깨달으시고 설명한 것일 뿐이다. 그러니 본래의 자리에서 보자면 부처님의 가르침만을 줄줄 외우고 있는 것은 참 쓸데없는 일인 것이다. 부처님의 가르침이 쓸데없는 일이 되지 않게 하려면 어떻게 해야 할까?

    부처님께서 교화하신 목적은 사람들이 진리를 깨달아 해탈하라는 것이었다. 해탈하기 위해서는 각자 스스로 만들어 뒤집어쓰고 있는 구속의 굴레를 풀어버려야 하는 것이며, 스스로 지어서 스스로 짊어진 고뇌를 벗어버려야만 부처님의 은혜를 갚게 되는 것이다.

    이 이치를 파악했다면 더 이상 수고를 더할 것이 없겠지만, 아직도 남의 집안 보물을 부러워하고 있다면 옛 선사들이 어떻게 하는지를 잘 살펴 깨달아야 할 것이다.

擧 僧이 問智門호대 蓮花未出水時如
거 승 문지문 연화미출수시여

何닛고 智門云호대 蓮花니라 僧云호대 出
하 지문운 연화 승운 출

水後如何닛고 門云호대 荷葉이니라
수후여하 문운 하엽

이런 얘기가 있다[擧].

어떤 스님이[僧] 지문선사께[智門] 여쭈었다[問].

"연꽃이[蓮花] 물에서[水] 나오지[出] 않았을[未] 때는[時] 뭐라고 합니까[如何]?"

지문선사께서[智門] 말씀하셨다[云].

"연꽃이니라[蓮花]."

그 스님이 다시 물었다[僧云].

"물 위로 솟은[出水] 뒤에는[後] 뭐라고 합니까[如何]?"

지문선사께서[門] 말씀하셨다[云].

"연잎이니라.[荷葉]"

　“연잎만 무성하여 아직 꽃이 피기 전의 모습은 어떠합니까?” “연꽃이니라.” “연꽃이 활짝 피었을 때는 어떠합니까?” “연잎이니라.”

　질문을 던진 스님은 제법 날카로운 질문을 한답시고 물었지만, 스스로 분별에 떨어져 있음을 어쩌랴. 부처와 중생이 둘이라고 착각한 상태에서는 부처를 말해줘도 모르고 중생을 갈파해주어도 모른다. 지문선사는 상대를 정확히 파악하였기에 상대의 생각을 부수어 진실을 보여주려 하셨다.

　과연 보았을까? 모양 없는 진실을.

시든 뒤엔 연꽃인가 연잎인가

蓮花荷葉報君知하노니
연 화 하 엽 보 군 지
出水何如未出時오
출 수 하 여 미 출 시
江北江南問王老하면
강 북 강 남 문 왕 노
一狐疑了一狐疑하리라
일 호 의 료 일 호 의

왕노(王老) 왕노사(王老師)의 줄임. 이 말은 남전(南泉)선사께서 당신의 성씨를 빌려 스스로를 지칭하여 사용했던 말이다. 남전선사께서 입적하신 후에는 점차 '선지식(善知識)' 정도의 뜻으로 사용하게 되었다.

일호의(一狐疑) '한 마리 여우가 의심하다'의 뜻이 아니라, '한 가지 의심'이라는 뜻임. 호의(狐疑)라는 단어는 여우가 쫓기면서도 계속 의심해서 돌아본다고 하여 나온 말이라 함.

연꽃과[蓮花] 연잎으로[荷葉] 그대에게[君] 알려주려[知] 답했으니[報],

물에서 나온 후와[出水] 나오지 않았을[未出] 때는[時] 어떠한가[何如]?

강의 북쪽이나[江北] 강의 남쪽에서[江南] 선지식에게[王老] 물어본다면[問],

한 가지[一] 의심[狐疑] 풀리면[了] 또 한 가지[一] 의심이네[狐疑].

 **松江**

연꽃과 연잎으로 그대에게 알려주려 답했으니,

물에서 나온 후와 나오지 않았을 때는 어떠한가?

지문선사의 저 친절한 답을 보라. 그대를 위해 얼마나 애쓰셨는지 알겠는가. 물속에서 헤매고 있을 때는 번쩍 물 밖으로 내던지더니, 물에 나왔다고 착각하는 순간 다시 물속에 처박아 버리네. 그나저나 지문선사와 설두 영감님의 따스한 미소를 보기나 한 것인가. 차라리 노파심이라고 해야 할 지경이다.

강의 북쪽이나 강의 남쪽에서 선지식에게 물어본다면,

한 가지 의심 풀리면 또 한 가지 의심이네.

그대가 이 공안에 대한 답을 묻기로 작정한다면 세상 천지에 답할 이는 부지기수다. 그런데 그 답이 그대의 안목을 열어줄 것이라고 착각하지는 말라. 그건 마치 두꺼운 커튼으로 빛을 가린 방안에서 성냥불을 켜는 것과 비슷한 일이다. 보인다고 생각하는 순간 다시 어둠이다. 꺼지지 않는 빛을 찾는 방법이야 잘 알 것이니, 어디 행동으로 한번 옮겨 보시게나.

그대가 찾던 것이 여기 있는가

松江

별비사(鼈鼻蛇) – 글자대로 풀이하면 '자라 코처럼 생긴 뱀'이 되는데, 이는 코브라를 가리키는 듯함. '무서운 독사'라는 뜻으로 풀면 무난함.

설두스님께서 선택한 스물두 번째 얘기는 설봉 의존[雪峰義存, 822~908]선사가 대중에게 법문한 것과 제자인 장경 혜릉[長慶慧稜, 854~932], 현사 사비[玄沙師備, 835~908], 운문 문언[雲門文偃, 864~949]의 의견을 담고 있는 내용이다.

설봉(제5칙), 장경(제8칙), 운문(제65칙)선사는 앞에 나온 분들이고, 현사 사비선사는 처음 등장한다.

현사 사비[玄沙師備, 835~908]

호는 종일(宗一), 불법을 편 곳의 지명을 별칭으로 삼은 현사(玄沙)라는 호로 더 잘 알려져 있다.

30세 때 부용산 영훈(靈訓)선사에게 출가하여 864년(함통 5) 개원사 도현(道玄)율사로부터 구족계를 받았다. 수행 초기부터 의식을 절제하며 극단적인 고행을 하였고, 스승인 설봉 의존(雪峰義存)은 그를 비두타(備頭陀)라 부르며 지도하였다. 설봉선사를 따라 상골산에 들어가 수행정진하던 중 《능엄경》을 읽다가 깨달았다. 설봉을 모시며 지내다 매계장(梅谿場) 보응원(普應院)에 잠시 머문 뒤 다시 현사산(玄沙山)으로 돌아와 생애를 보냈다. 13명의 제자 중 나한원(羅漢院) 계침(桂琛)선사가 유명하다. 어록집으로 《현사사비선사어록(玄沙師備禪師語錄)》 3권, 《현사광록(玄沙廣錄)》 3권이 있다.

大方無外_며 細若隣虛_라 擒縱非他_며
대방무외　세약인허　금종비타

卷舒在我_{로다} 必欲解粘去縛_{인댄} 直須
권서재아　필욕해점거박　직수

削迹吞聲_{이니} 人人_이 坐斷要津_{하고} 箇
삭적탄성　인인　좌단요진　개

箇_가 壁立千仞_{이라} 且道_{하라} 是什麼人
개　벽립천인　차도　시십마인

境界_오 試擧看_{하라}
경계　시거간

인허(隣虛) '빈 것에 가깝다'는 뜻으로 불교에서 아주 감지할 수 없을 만큼 작은 것을 가리키는 말임. 요즘 표현으로는 '원자(原子)'와 비슷함.

좌단요진(坐斷要津) 깨달음의 요로(要路＝要津)를 차지함(坐斷). 진리의 핵심을 깨닫는 것.

너무 커서[大方] 밖이[外] 없으며[無], 작기는 [細] 원자와[隣虛] 같다[若]. 잡고[擒] 놓는 것이[縱] 남이[他] 아니며[非], 말고[卷] 펴는 것이[舒] 나에게[我] 있다[在]. 반드시[必] 집착을 [粘] 풀고[解] 속박을[縛] 벗어버리려[去] 한다면[欲] 즉시[直] 자취를[迹] 지워버리고[削] 소리를[聲] 삼켜야만[呑] 할 것이다[須]. (그러면) 사람마다[人人] 진리의 핵심을[要津] 깨닫고[坐斷], 모든 이들이[箇箇] 천 길[千仞] 벼랑처럼 [壁] 우뚝 설 것이다[立].

자, 말해보라[且道]. 이것이[是] 어떤 사람의 [什麼人] 경지인가[境界]? 시험 삼아[試] 다음 이야기를 할 테이니[擧] 잘 살펴보라[看].

松江

본래의 모습은 너무나 크기에 안과 밖을 나눌 수 없고, 너무나 미세하여 보려고 해도 볼 수가 없다.

사람들은 어느 순간 주인인 듯 건방을 떨고 또 다른 순간 노예처럼 쩔쩔매지만, 그건 세상이 그렇게 만드는 것이 아니다. 모든 것은 자신이 펼칠 수도 있고 거둘 수도 있는 것인데, 어리석어서 그것을 깨닫지 못하고 경계 따라 꼭두각시 노릇을 한다.

만약 진정으로 자유의 경지에 들고자 한다면, 이제까지 배우고 익힌 것을 다 놓아버릴 것이며, 이러쿵저러쿵 분별하며 따지고 있지 말라. 그렇게만 할 수 있다면 누구라도 깨달을 수 있고, 누구라도 세상의 가장 귀한 사람으로 우뚝 서게 될 것이다.

어떤가. 그럴 자신이 있는가? 그렇지 못하다면 옛 선지식의 모습을 다시 보라.

산치대탑의 부처님 족적 조각

擧 雪峰이 示衆云 南山에 有一條鼈鼻
거 설봉   시중운 남산   유일조별비

蛇하니 汝等諸人은 切須好看이어다 長
사   여등제인   절수호간   장

慶云 今日堂中에 大有人喪身失命이로
경운 금일당중   대유인상신실명

다 雲門은 以拄杖으로 攛向雪峰面前하고
  운문   이주장   찬향설봉면전

作怕勢러라 僧擧似玄沙하니 玄沙云 須
작파세   승거사현사   현사운 수

是稜兄始得이라 雖然如此나 我卽不恁
시릉형시득   수연여차   아즉불임

麼하리라 僧云 和尙作麼生고 玄沙云 用
마   승운 화상자마생   현사운 용

南山作什麼오
남산작십마

운문~작파세러라 벽암록에서는 제일 뒤에 나오는 구절이지만《선문염송(禪門拈頌)》제19권의 '789 별비(鱉鼻)'에 의하면, 운문스님이 주장자를 내던진 대목이 장경스님의 대꾸 다음에 바로 나옴. 어떤 스님이 현사스님에게 전달한 것은 그 다음의 일이므로,《선문염송》에 따라 순서를 바꾸었음. 내용상으로 장경과 운문은 법문하는 자리에 있었고, 현사스님은 불참한 것임.

릉형(稜兄) '혜릉스님' 정도로 번역함이 마땅함. 장경 혜릉스님은 사형인 현사 사비스님에게서 지도를 받기도 했으며, 나이로 봐도 현사 사비스님이 훨씬 위임. 따라서 '혜릉 사형'으로 번역하면 잘못임. 혹은 전달한 스님이 장경 혜릉의 사제가 된다면, 그 사제의 입장에 맞춘 것일 수 있음.

이런 얘기가 있다[舉].

설봉스님이[雪峰] 대중에게 말씀하셨다[示衆云].

"남산에[南山] 한 마리[一條] 코브라가[鼈鼻蛇] 있으니[有], 그대들[汝等] 모든[諸] 사람은[人] 각별히[切] 잘[好] 살펴야[看] 할 것이다[須]."

장경이[長慶] 말했다[云].

"오늘[今日] 이 자리에[堂中] 많은 사람이[大有人] 목숨을 잃을 것입니다[喪身失命]."

운문은[雲門] 주장자를[以拄杖] 설봉선사의[雪峰] 면전을[面前] 향해[向] 내던지고는[攛] 두려워하는[怕] 모양을[勢] 지었다[作].

어떤 스님이[僧] 현사스님에게[玄沙] 이 일을

설명하니[擧似], 현사스님이[玄沙] 말했다[云].

"모름지기[須] 이[是] 혜릉스님처럼[稜兄] 해야 한다네[始得]. 비록[雖] 그렇긴[如此] 하지만[然] 나라면[我卽] 그렇게 하진[恁麼] 않겠네[不]."

그 스님이 물었다[僧云].

"스님께서는[和尙] 어떻게 하시겠습니까[作麼生]?"

현사스님이[玄沙] 말했다[云].

"남산을[南山] 말해[用] 무엇 하시렵니까[作什麼]?" (라고 스승님께 말했을 걸세.)

松江

설봉선사는 참 좋은 스승이시다. 멍청하게 시간만 보내는 후학들에게 경각심을 불러일으켰다.

"남산에는 물리기만 하면 바로 목숨을 잃게 되는 맹독의 코브라가 한 마리 있으니, 너희들은 언제나 발밑을 잘 살피고 다녀야 할 것이다."

장경 혜릉이 나서서 한 마디 했다.

"이 방안에 있는 사람 대부분이 목숨을 잃게 될 겁니다."

그렇지! 코브라가 나타난 순간 대중들은 이미 죽은 목숨이었지. 하지만 너무 겁먹은 것 아닌가? 장경도 벌써 물렸구먼. 어떻게 살아나려나?

운문이 대뜸 나서서 주장자를 스승의 바로 앞에다 휙 던지고는 코브라를 보듯 두려워하는 모습을 하였다. 천하의 운문인지라 바로 코브라를 파악한 것이다.

"그 코브라가 바로 여기 있다. 대중들이여, 보라!"

과연 몇 사람이나 보았을까? 그렇지만 뱀에 발을 그리듯 지나치지 않은가.

어떤 스님이 이 자리에 없었던 현사스님에게 달려가 손짓 발짓을 하며 이일을 설명하니, 별일 아니라는 듯이 한 마디 했다.

"장경스님이 제대로 한 마디 했구먼! 그런데 나라면 그렇게 하진 않겠네."

얘기를 전한 스님이 호기심이 발동하여 물었더니, 마치 스승 설봉스님을 대하듯 쏘아 붙였다. "쓸데없이 남산을 말해서 뭘 하시려는 겁니까?" (라고 했을 걸세.)

천하의 설봉스님도 말을 뱉고 보니 또 허물이 생긴 것이라. 괜스레 남산에 가서 헤맬 놈이 많구나. 그것을 놓치지 않고 현사스님이 지적한 것이다. 하지만 현사 자신의 허물은 어쩔꼬?

물리면 죽는다. 뱀을 죽이지 않고 자신도 사는 법이 무엇일까

象骨巖高人不到_여
상 골 암 고 인 부 도

到者須是弄蛇手_{로다}
도 자 수 시 롱 사 수

稜師備師不奈何_라
릉 사 비 사 불 나 하

喪身失命有多少_오
상 신 실 명 유 다 소

韶陽知重撥草_나
소 양 지 중 발 초

南北東西無處討_{로다}
남 북 동 서 무 처 토

忽然突出拄杖頭_{하야}
홀 연 돌 출 주 장 두

抛對雪峰大張口_{하니}
포 대 설 봉 대 장 구

大張口兮同閃電_{이라}
대 장 구 혜 동 섬 전

剔起眉毛還不見이로다
척 기 미 모 환 불 견

如今藏在乳峯前하니
여 금 장 재 유 봉 전

來者一一看方便하라
내 자 일 일 간 방 편

師高聲喝云 看脚下하라
사 고 성 할 운 간 각 하

상골암(象骨巖) 상골산에 있는 바위. 설봉스님. 설봉스님의 경지. 《경덕전등록》 제16권 '복주 설봉 의존선사'조에 "당나라 함통(咸通) 때에 민중(閩中)으로 돌아와서 상골산에 올라가 설봉(雪峰)에다 선원을 지으니…"라고 하였다.

소양(韶陽) 운문스님. 운문스님이 주석한 절이 광동성 소주부에 있었는데, 이 소주(韶州)를 일명 소양(韶陽)이라고도 했음.

유봉(乳峯) 설두스님이 주석한 설두산의 한 봉우리.

상골산[象骨] 바위[巖] 드높아[高] 사람이[人]
오르지[到] 못하니[不],
오르는 사람은[到者] 반드시[須] 이[是] 뱀[蛇]
다루는[弄] 솜씨 있어야 하리[手].
혜릉스님과[稜] 사비스님이[師備師] 어쩌지[奈
何] 못함이라[不],
목숨을[身命] 잃은 자가[喪失] 얼마나[多少] 많
을꼬[有].
운문스님[韶陽] 알고서[知] 거듭[重] 풀을[草]
헤쳤으나[撥]
동서남북에[南北東西] 찾을[討] 곳이[處] 없음
이로다[無].
갑자기[忽然] 주장자를[拄杖頭] 불쑥 내밀어서
[突出]

설봉을[雪峰] 향해[對] 던져[拋] 크게[大] 입을
[口] 벌리니[張],

크게 입 벌림이[大張口兮] 번갯불과[閃電] 같은
지라[同].

눈썹을[眉毛] 치켜 올려도[剔起] 전혀[還] 볼
수[見] 없도다[不].

지금은[如今] 유봉[乳峯] 앞에[前] 숨겨져[藏]
있으니[在],

오는 자[來者] 낱낱이[一一] 묘한 수단[方便]
잘 살펴보라[看].

〈설두스님이[師] 큰 소리로[高聲] 외치셨다[喝
云].

"발밑을[脚下] 보라[看]!"〉

상골산 바위 드높아 사람이 오르지 못하니,
오르는 사람은 반드시 이 뱀 다루는 솜씨 있어야 하리.

상골산에 주석하시는 설봉스님은 그 경지가 참으로 아득하여 보통 사람은 접근할 수가 없다. 스스로 목숨을 지키는 솜씨를 갖추지 못했다면 설봉스님을 만나는 순간 이미 죽은 목숨이다.

혜릉스님과 사비스님이 어쩌지 못함이라,
목숨을 잃은 자가 얼마나 많을꼬.

설봉스님 앞의 대중들을 구하고자 혜릉스님도 사비스님도 최선을 다했다. 혜릉스님은 그 자리에서 "이 자리의 많은 사람이 코브라를 제대로 보지 못해 목숨을 잃을 것입니다." 하고 밝혔으며, 사비스님은 설봉스님이 남산이라는 말로 함정을 파고 있음을 밝혀 대중을 구하려 했던 것이다. 그러나 이미 늦었다. 자기 목숨 지키는 일은 누가 대신해줄 수 있는 일이 아님에야 어쩌겠는가.

　　운문스님 알고서 거듭 풀을 헤쳤으나
　　동서남북에 찾을 곳이 없음이로다.
　　갑자기 주장자를 불쑥 내밀어서
　　설봉을 향해 던져 크게 입을 벌리니,
　　크게 입 벌림이 번갯불과 같은지라.
　　눈썹을 치켜 올려도 전혀 볼 수 없도다.

　　운문스님 또한 곧바로 스승의 의중을 파악하였다. 그래서 대중들에게 코브라의 정체를 밝혀주려고 했다. 설봉스님을 향해 마치 코브라가 머리를 곧추세우고 큰 입 벌리듯 해 보였던 것이다. 하지만 그 솜씨를 간파할 자라면 어찌 당하고 있었겠는가. 하긴 그 코브라가 눈을 부릅뜨고 찾는다고 찾아지는 것이던가.

　　지금은 유봉 앞에 숨겨져 있으니,

오는 자 낱낱이 묘한 수단 잘 살펴보라.

설두스님이 다시 기회를 제공했다. 설봉스님이 보여주려 했던 코브라를 아직 찾지 못했다면 당신이 있는 설두산 바로 '여기'에 있으니 와서 잘 찾아보라고 일러준다. 그렇지만 코브라를 다루는 솜씨가 있어야만 가능한 일임도 밝혔다.

그런데 이 영감님이 약간 노망기가 있다. 하필 당신 있는 곳을 가리킬게 뭐람!

〈설두스님이 큰 소리로 외치셨다.
"발밑을 보라!"〉

설두 영감님은 노파심이 너무 지나친 감이 있다. 결국 참지 못하고 비밀을 누설하고 만다. "발밑을 보라!" 이래도 모르겠다고? 이미 코브라에 물려 정신을 차리지 못하는 친구로구먼.

코브라 찾는 중입니다

 **松江**

다른 곳에서는 '보복스님의 묘봉 꼭대기(保福妙峰頂)' '보복과 장경의 산놀이(保福長慶遊山)' 또는 '보복과 장경이 산놀이할 때(保福長慶遊山次)'라고도 했음.

설두스님께서 선택한 스물세 번째 얘기는 (제8칙에 나온) 보복스님과 (제8칙과 제 22칙에 나온) 장경스님의 대화를 기본으로 하여, 설두스님 의견과 (제16칙에 나온) 경청스님의 의견으로 구성된 내용이다.

垂示

玉將火試하고 金將石試하며 劍將毛試하고 水將杖試라 至於衲僧門下하야 一言一句 一機一境과 一出一入 一挨一拶에 要見深淺하며 要見向背인댄 且道하라 將什麼試오 請擧看하라

옥장화시(玉將火試) 옥이 진짜인지를 알아보기 위해 불어 넣어 시험함.

금장석시(金將石試) 금이 진짜인지를 알아보기 위해서 시금석(試金石)으로 마찰해 봄. 시금석이란 귀금속의 순도(純度)를 판정하는데 쓰이는 검은 빛의 현무암이나 규질의 암석임.

검장모시(劍將毛試) 검의 날카로움을 알아보기 위해서는 터럭을 대어 시험함.

수장장시(水將杖試) 물의 깊고 얕음은 지팡이로 재어보면 알 수 있음.

일기일경(一機一境) 한 가지 행동과 사물을 빌린 한마디 말.

➡ 일기(一機)는 마음을 표현하는 단순한 행동으로, 주먹을 쥐어 보이거나 눈을 깜박이는 것과 같은 것.

➡ 일경(一境)은 자기의 뜻을 바깥의 사물을 빌려 표현하는 것으로, '뜰 앞의 측백나무'나 '마른 똥 막대기'와 같은 표현.

일출일입(一出一入) 일진일퇴(一進一退)와 같은 뜻.

일애일찰(一挨一拶) 한번 밀치고 한번 짓누르다. 일문일답(一問一答)과 같은 뜻.

향배(向背) 좇음과 등짐. 진리를 마주 대하는 것과 진리를 등지는 것.

옥은[玉] 불을[火] 가지고[將] 검사하고[試], 금은[金] 시금석을[金石] 가지고[將] 검사하며[試], 칼은[劍] 터럭을[毛] 가지고[將] 시험하고[試], 물은[水] 지팡이를[杖] 가지고[將] 조사한다[試].

선지식의[衲僧] 문하에[於~門下] 이르러[至] 한마디 말이나[一言] 한 구절[一句], 한 가지 행위나[一機] 사물을 빌린 표현 하나[一境], 한 번 나아감과[一出] 한번 물러남[一入], 한번 맞닥뜨림과[一挨] 한번 응답함으로[一拶] (상대가) 깊은지 얕은지를[深淺] 보고자 하고[要見] (상대가) 마주 대하고 있는지 등지고 있는지를[向背] 보고자 한다면[要見], 무엇으로[將什麼]

시험할지[試] 말해보라[且道].

다음 얘기를[擧] 자세히 살펴보도록[看] 하라
[請].

 **松江**

모든 일에는 적절한 방법이 있다. 예컨대 옥의 질이 어떠한지를 알고 싶으면 불에 넣어보면 되고, 금의 순도를 알고 싶으면 시금석으로 갈아보면 된다. 칼이 정말 잘 자를 수 있는 상태인지를 알고 싶으면 칼날 위에 가는 터럭을 떨어뜨려 보면 되고, 물의 깊고 얕음을 알고 싶으면 지팡이를 넣어보면 된다.

만약 선지식을 만난다면 그가 이른 경지를 어떻게 파악할 수 있겠는가. 그는 아주 간단한 언어를 통해서나 간단한 행위 또는 비유 등을 통해 그의 경지를 보여줄 수 있고, 능동적이거나 수동적인 방법을 통해서도 보여줄 수 있으며, 한 번의 문답을 통해서도 보여줄 수 있다. 그런 것을 통해서 그가 이른 경지의 깊고 얕음을 알고 싶거나, 또는 그가 정말 진리와 마주하고 있는지 등진 상태인지를 파악하고 싶다면 어떻게 시험할 수 있는 것일까?

다음의 얘기가 그 좋은 예가 될 것이다.

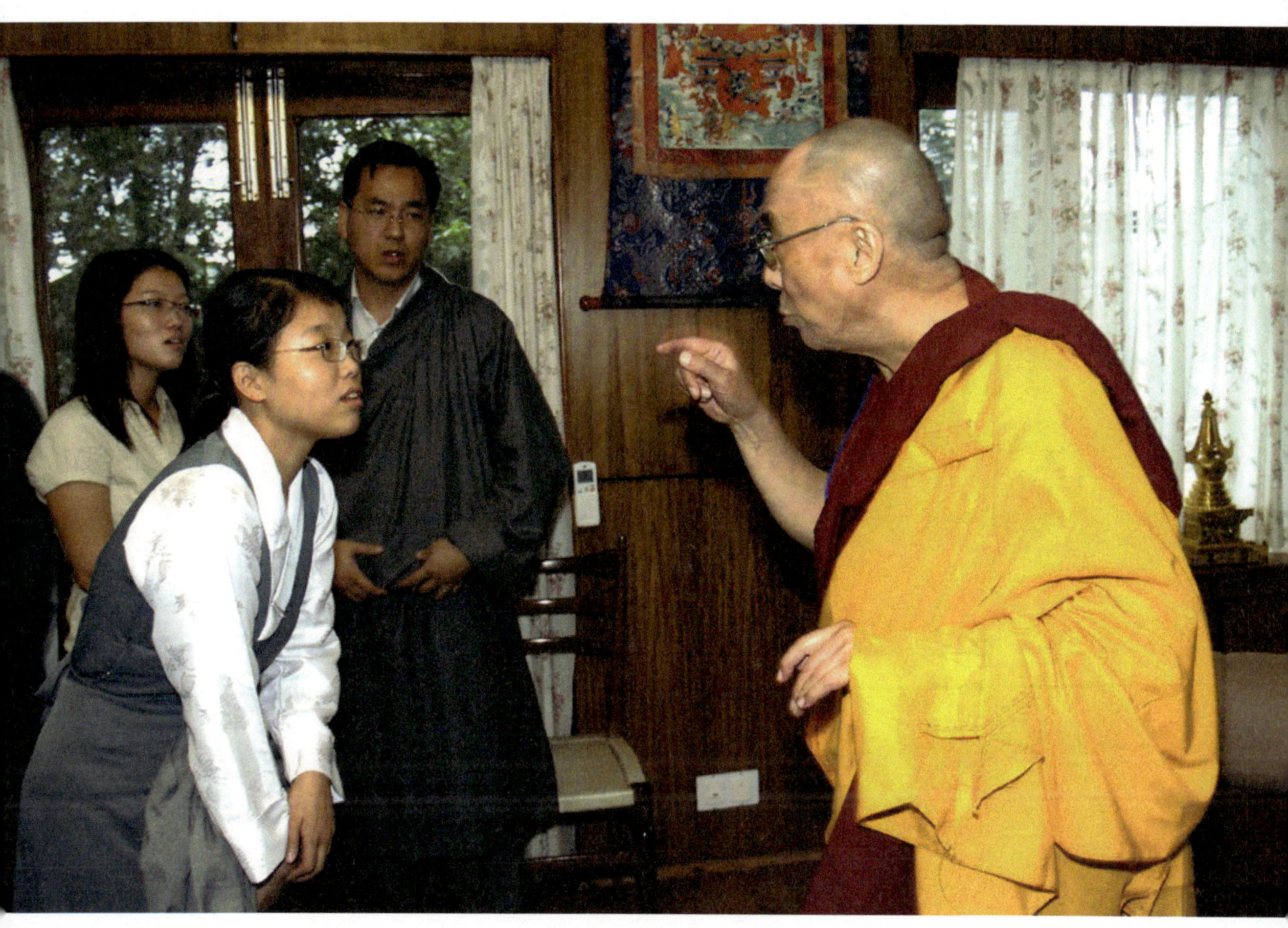

마음도 통역이 되나요

舉 保福長慶遊山次에 福以手指云 只
거 보복장경유산차　　복이수지운 지

這裏便是妙峰頂이니라 慶云 是則是나
저리변시묘봉정　　　　경운 시즉시

可惜許로다 雪竇着語云 今日共這漢
가석허　　설두착어운 금일공저한

遊山에 圖箇什麼오 復云 百千年後不
유산　　도개십마　　부운 백천년후부

道無나 只是少로다 後擧似鏡清하니 清
도무　　지시소　　　후거사경청　　　청

云 若不是孫公이면 便見髑髏遍野로다
운 약불시손공　　　변견촉루편야

묘봉정(妙峰頂) 《화엄경(華嚴經)》 '입법계품(入法界品)'에 나오는 명칭.

"묘봉고정(妙峰高頂)의 덕운(德雲)비구는 일찍이 이 산을 내려온 적이 없었다. (문수보살의 가르침에 따라) 선재(善財)가 찾아가 7일간을 헤맸으나 만나지 못하다가, 어느 날 다른 봉우리에서 서로 만났다. (덕운비구는 선재를 위해) 한 생각 속에 영원한 시간이 있다(一念三世)는 가르침을 설했고, 또 모든 부처님의 지혜와 그 지혜를 설할 수 있는 능력(一切諸佛智慧光明普見法門)에 대해 설명해 주었다."

경의 내용에 따르면 한 번도 묘봉정을 떠나지 않았다는 덕운비구를 선재는 다른 봉우리에서 만나 설법을 들은 셈이다. 그럼 묘봉정은 무엇일까? 우리 모두가 한 번도 떠나지 않은 자리이다. 그것은 말로 설명되어지는 자리가 아니다. 또한 나와 상대가 있을 수 없는 자리이다. 그러므로 선재는 그곳에서는 덕운비구를 만날 수 없는 것이다. '방편'이라는 다른 봉우리에서만 만남과 가르침이 가능한 것이다.

저한(這漢) 보복스님과 장경스님.

손공(孫公) 장경스님의 속성이 손씨(孫氏)임.

촉루(髑髏) 해골. 모양만 갖추고 있으면서 영혼이 없는 상태. 깨닫지 못한 이.

이런 얘기가 있다[擧].

보복스님과[保福] 장경스님이[長慶] 산놀이를 할 때[遊山次] 보복스님이[福] 손가락으로[以手] 가리키며[指] "바로 여기가[只這裏] 곧[便是] 묘봉정이라네[妙峰頂]"라고 하였다[云].

장경스님이[慶] "그건 확실히 그렇지만[是則是] 애석하구만[可惜許]" 하였다[云].

설두스님이[雪竇] 한마디 붙여[着語] 말했다[云] "오늘[今日] 이 양반들이[這漢] 함께[共] 산놀이를 하면서[遊山] 무슨 일을[箇什麼] 꾀하는가[圖]?"

다시[復] 말했다[云]. "백 천년 뒤에[百千年後] 없다고는[無] 말하지[道] 않겠으나[不], 극히

적을 것이다[只是少].”

뒤에[後] (누가) 경청스님에게[鏡淸] 이 일을 거론하니[擧似], 경청스님이[淸] “만약[若] 장경스님이[孫公] 아니었다면[不是] 곧[便] 해골이[髑髏] 들판에[野] 널린 것을[遍] 봤을 것이다[見].”고 하였다[云].

松江

우리가 이르고자 하는 절대의 세계는 어디일까? 과연 어떤 모습일까? 이르기 전에는 알 수 없기에 갖가지 추측이 난무하는 문제이기도 하다. 여기에 재미있는 얘기가 있다.

설봉선사의 법제자인 보복스님과 장경스님이 산에 올라 구경을 하고 있었는데, 갑자기 보복스님이 바로 앞의 봉우리를 가리키며 한마디 했다.

"이곳이 《화엄경》에서 덕운 비구가 한 번도 떠난 적이 없다던 바로 그 묘봉(妙峰)의 꼭대기라네."

이 말 한마디에는 온갖 설명이 다 들어 있다. 《화엄경》에서는 문수보살의 지도를 받아 선재동자가 덕운 비구를 만나러 묘봉정에 이르러 7일간을 찾았으나 만나지 못했다고 한다. 그리고 다른 봉우리에서 겨우 만나 가르침을 받았다고 했다. 분명 덕운 비구는 단 한 번도 묘봉정을 떠난 일이 없다고 했는데, 어째서 다른 봉우리에서 겨우 만났단 말인가? 어찌 경에서 모순되는 얘기를 태연히 해 놓은 것인가? 분별의 입장에서 보면 일견 모순되는 것 같지만, 분별을 놓아버리면 전혀 모순되지 않기에 그렇게 설명한 것이다.

보복스님은 바로 그 묘봉정을 언급했다.

"선재는 참 쓸데없는 일을 한 것이다. 어찌 멀리 있는 묘봉정을 찾는단 말인가! 게다가 덕운 비구를 그곳에서 찾다니."

보복스님이 아니라면 누가 이렇게 말할 수 있겠는가. 하지만 좋은 약도 잘못 쓰면 목숨을 잃는다.

눈 밝은 장경스님이 옆에 없었더라면, 보복스님의 애기를 들은 이들은 모두 목숨을 잃었을 것이다.

다행히 장경스님이 있어 다음과 같이 보복스님이 자청해서 만든 허물을 덮었다.

"참 좋은 말씀이지만, 허물을 만든 것은 애석한 일이구면."

설두스님은 "두 스님이 산놀이를 하면서 묘봉정 애기를 들먹여 사람들을 어쩌려고 하는가?" 하여 대중들의 경각심을 일깨워 주었고, 다시 "오랜 세월 후에 두 스님의 의도를 알아챌 사람이 없다고는 못하겠지만 결코 많지는 않을 것이다."고 하였다. 경청스님은 보복스님이 만든 함정을 간파해 버렸기에 "장경스님이 아니었더라면 그 애기를 들은 이들이 모두 목숨을 잃었을 것이다." 하였다.

평지풍파를 조심하라!

妙峰孤頂草離離_여
묘 봉 고 정 초 리 리

拈得分明付與誰_오
염 득 분 명 부 여 수

不是孫公辨端的_{이면}
불 시 손 공 변 단 적

髑髏着地幾人知_{리오}
촉 루 착 지 기 인 지

묘봉고정(妙峰孤頂) 묘봉의 외로운 꼭대기. 묘봉은 상대적인 여러 봉우리 중의 하나를 가리키는 것이 아님. 그러므로 고(孤)는 절대적인 것을 뜻하는 표현이기도 함.

초리리(草離離) 풀이 무성한 모양.

묘봉 외로운 봉우리에[妙峰孤頂] 풀이 우거졌으니[草離離],

드러낸 것은[拈得] 분명한데[分明] 누구에[誰] 전해 줄까[付與].

장경스님의[孫公] 참뜻[端的] 밝힌 것[辨] 아니었다면[不是],

해골이[髑髏] 땅 뒤덮을 줄[着地] 몇[幾] 사람이나[人] 알까[知].

 松江

묘봉 외로운 봉우리에 풀이 우거졌으니,

절대의 자리에 대해서 얼마나 많은 설명이 있었던가. 그러나 그럴수록 사람들은 무명(無明)의 잡초에 뒤덮이게 된다. 보복스님이 "여기가 묘봉정이라네." 한 그 말을 따라 온갖 망상을 일으킨다면 곧 죽은 목숨이나 같다.

드러낸 것은 분명한데 누구에 전해 줄까.

보복스님은 간결하게 "여기가 묘봉이다"라고 밝혔는데, 문제는 그걸 바로 볼 수 있는 눈 밝은 이가 있느냐 하는 것이다.

장경스님의 참뜻 밝힌 것 아니었다면,
해골이 땅 뒤덮을 줄 몇 사람이나 알까.

비록 보복스님이 간결하게 표현했어도 마음이 계합하지

못하는 사람이라면 결국 낭떠러지가 되고 만다. 아마도 줄줄이 그 낭떠러지를 향해 나아갔을 것이다. 장경스님이 그것을 바로 짚어 "애석하다"고 밝혔기에 망정이지, 그렇지 않았다면 아마도 시체가 산을 이뤘을 것이다.

아차! 여기 시체 한 구 더 보탰다.

히말라야의 일출

제24칙

철마자우
(鐵磨牸牛)

암소 철마

松江

다른 곳에서는 '늙은 암소 철마(鐵磨老牸牛)' '철마가 위산에 갔을 때(鐵磨到潙山)'로도 되어 있음.

설두스님께서 선택한 스물네 번째 얘기는 (제4칙에 나온) 위산선사와 (제17칙의 〈송〉에 나온) 유철마 비구니의 대화로 구성된 내용이다.

☙ 위산선사는 제 4칙의 설명을 참고할 것.

☙ 유철마는 제 17칙의 설명을 참고할 것.

高高峰頂立하니 魔外莫能知요 深深海
고 고 봉 정 립　　　마 외 막 능 지　　　심 심 해

底行하니 佛眼覷不見이라 直饒眼似流
저 행　　　불 안 처 불 견　　　직 요 안 사 유

星하고 機如掣電이라도 未免靈龜曳尾니
성　　　기 여 체 전　　　미 면 영 구 예 미

라 到這裏하야 合作麽生고 試擧看하라
도 저 리　　　합 자 마 생　　　시 거 간

마외(魔外) 마라(魔羅)와 외도(外道). 마라는 깨달음을 방해하는 훼방꾼이며, 외도는 불교의 가르침이 아닌 다른 주장을 펴는 이들.

직요(直饒) 비록~라도, 가령~라도.

영구예미(靈龜曳尾) 총명한 거북이가 모래벌판에 알을 낳고는 그 흔적을 없애느라고 자신의 자취를 꼬리로 없애며 가는 것. 그러나 꼬리를 쓸며 간 흔적 때문에 다른 동물들이 알을 찾아낸다고 함.

수시

높고[高] 높은[高] 봉우리[峰] 꼭대기에[頂] 서면[立] 마라와[魔] 외도가[外] 알 수가[能知] 없고[莫], 깊고[深] 깊은[深] 바다[海] 밑으로[底] 가면[行] 부처의 눈으로[佛眼] 엿보아도[覷] 볼 수[見] 없다[不]. (이런 사람 앞에서는) 비록[直饒] 눈이[眼] 유성과[流星] 같고[似] 솜씨가[機] 번갯불을[電] 잡을[掣] 정도라도[如], 총명한[靈] 거북이가[龜] 꼬리를[尾] 끄는 수준을[曳] 면치[免] 못한다[未]. 이런[這] 경우를[裏] 만나면[到] 어떻게 해야[作麼生] 맞을까[合]? 다음 이야기를 살펴보라[試舉看].

松江

초월적인 경지에 이른 사람이라면 더 이상 그를 방해할 것이 없고, 궁극의 깊은 곳으로 들어간 이에게는 지혜의 눈으로도 그를 가늠할 수가 없는 것이다. 이런 인물을 대할 경우, 유성이 흐르듯 순식간에 간파하고 대응하는 솜씨가 번개처럼 빠르다 하더라도, 마치 영리한 거북이가 알을 낳아 묻은 후 자신의 흔적을 없앤다고 꼬리로 발자취를 쓸지만 결국 그것 때문에 오히려 발각되듯이, 그 의도가 간파되고 마는 것이다.

만약 이와 같은 인물을 맞닥뜨리게 되면 어떻게 해야 하는 것일까? 아래 본칙의 얘기를 잘 살펴보도록 하자.

擧 劉鐵磨到潙山하니 山云 老牸牛汝
거 유철마도위산   산운 노자우여

來也아 磨云 來日臺山大會齋에 和尙
래야 마운 내일대산대회재   화상

還去麽아 潙山이 放身臥어늘 磨便出去
환거마 위산   방신와   마변출거

하다

노자우(老牸牛) 늙은 암소. 제자 유철마에 대한 위산선사의 아끼는 마음을 읽을 수 있다. 위산선사도 스스로를 '수고우(水牯牛)'라고 지칭하기도 했다. '소'는 스님들이 즐겨 쓰는 비유이다. 특히 깨달음을 '소 찾는 일'로 설명하는 것은 잘 알려진 일.

이런 얘기가 있다[擧].

비구니 유철마가[劉鐵磨] 위산선사의 처소에[潙山] 들어서니[到], 위산선사가[山] 말씀하셨다[云].

"늙은 암소[老牸牛] 자네[汝] 왔는가[來也]."

유철마가[磨] 받아서 말하였다[云].

"내일[來日] 오대산의[臺山] 큰 법회에[大會齋] 큰스님께서[和尙] 가시겠습니까[還去麼]?"

위산선사가[潙山] 벌렁 누워 버리니[放身臥], 유철마가[磨] 바로[便] 나가 버렸다[出去].

松江

때로는 한마디 말로 팔만대장경을 대신할 수 있고, 때로는 한 행위로 십만 팔천 법문을 대신할 수 있다.

비구니 유철마는 위산선사께서 주석하시던 큰 절에서 그리 멀지 않은 곳에 암자를 짓고 살면서, 스승 위산선사를 찾아뵙고 법을 물었다. 어느 날도 유철마가 기세도 당당하게 위산선사의 거처를 찾았는데, 선사께서는 아끼는 마음을 담아 한마디 하셨다.

"여, 늙은 암소! 자네 왔는가?"

일반인이 듣기에 정말 평범한 인사말이지 않은가? 그런데 여기에 대한 유철마의 대응이 너무나 엉뚱하다.

"내일 오대산에 큰 법회가 열린답니다. 큰스님 가시겠습니까?"

위산에서 오대산까지의 거리는 당시 하루에는 절대로 갈 수 없는 먼 곳이었다. 그런데 왜 이런 질문을 한 것일까? 오대산은 핵심이 아니다. 그냥 가져다 쓴 표현일 뿐이다. 그럼 무엇을 물은 것인가? 그것은 처음 위산선사의 인사에 그 힌

트가 있다. 얼핏 인사처럼 보이는 위산선사의 말씀은 날카로운 질문이기도 했던 것이다. 위산선사의 질문을 유철마는 질문으로 응한 셈이다. 보통 사람들은 언제 칼을 뽑아 휘둘렀는지를 보기 어렵다. 그러나 고수는 처음부터 다 지켜보고 방어도 하고 공격도 한다.

유철마의 질문에 위산선사는 벌렁 드러누워 버렸다. 아무 일도 없다는 듯이. 이보다 더 좋은 답이 어디 있으랴. 유철마 역시 더 이상 있을 필요가 없었다. 그래서 나가 버렸다.

참 군더더기 없는 모습이다.

인도 델리국립박물관의 좌대 – 모든 것을 다 끝낼 즈음의 부처님

曾騎鐵馬入重城하니
증기철마입중성

勅下傳聞六國淸이라
칙하전문육국청

猶握金鞭問歸客하니
유악금편문귀객

夜深誰共御街行고
야심수공어가행

기철마(騎鐵馬) '철마를 타고'는 완전무장한 장수의 모습 같은 당당한 유철마를 가리킨 말.

중성(重城) '첩첩한 성'은 위산선사의 깊은 경지를 가리킴.

육국(六國) 여섯 가지 감각기관과 그로 인한 여섯 가지의 인식.

귀객(歸客) 모든 일을 다 마친 경지의 사람.

어가(御街) 대궐 안의 길. 깨달음의 경지.

어느 날[曾] 무쇠 말을[鐵馬] 타고[騎] 첩첩한

[重] 성으로[城] 들어가니[入],

여섯 나라가[六國] 평정되었다는[淸] 칙령[勅]

내림[下] 전해[傳] 들었네[聞].

그래도[猶] 황금[金] 채찍[鞭] 쥐고는[握] 돌아

오는[歸] 길손에게[客] 묻나니[問],

밤 깊어 고요한 때[夜深] 누구와[誰] 더불어

[共] 대궐 길을[御街] 거닐거나[行]?

어느 날 무쇠 말을 타고 첩첩한 성으로 들어가니,
여섯 나라가 평정되었다는 칙령 내림 전해 들었네.

이것은 유철마가 위산선사의 처소에 이르러 선사의 말씀을 들은 대목을 짚었다.

법을 묻는 자는 모름지기 유철마처럼 해야 할 것이다. 그 험난하고 첩첩한 위산선사의 깊은 성 안으로 깊숙이 들어간다. 하지만 이미 분별 망상이 다 평정되었음을 통고 받으니, 장부의 일이 문득 끝났구나. 다시 무슨 전쟁 따위를 치를까 보냐.

그래도 황금 채찍 쥐고는 돌아오는 길손에게 묻나니,
밤 깊어 고요한 때 누구와 더불어 대궐 길을 거닐거나?

이것은 유철마가 위산선사께 묻고, 위산선사가 누워버리자 유철마가 나간 대목을 짚었다. 만약 조금이라도 의심이 있다면 확실하게 점검하라. 유철마는 정말 모든 것이 필요 없는 평화가 실현된 것인지를 확인하고 싶었을 것이다. 위산 선사는 지체 없이 그것을 확인시켜 주셨고, 유철마 또한 더 이상 확인할 필요가 없어진 것이다.

자! 모든 것 다 끝나 고요하고 깊은 그 본성의 대궐을 거닐 때, 과연 누가 함께할 수 있을 것인가.

녹야원의 일몰 – 부처님은 일없는 일을 시작하셨다

松江

　다른 곳에서는 '연화주장(蓮花拄杖)' '연화봉에서 주장자를 집다(蓮華峰拈拄杖)'로도 되어 있음.

　설두스님께서 선택한 스물다섯 번째 얘기는 송대(宋代) 초기 천태산(天台山) 연화봉(蓮花峰) 아래에 암자를 짓고 산 '상(祥)'이라는 선승(禪僧)에 대한 얘기이다. 예전엔 스님의 법호 중 뒤의 한 글자를 지칭한 경우가 많아서 '상선사(祥

禪師)’로만 알려져 있는데, 운문 문언선사(雲門文偃禪師, 864~949)의 법제자인 금릉(金陵) 봉선사(奉先寺) 도심선사(道深禪師)의 제자라는 것 외에는 알려진 것이 없다.

공부하는 이들이 찾아오면 주장자를 잡고서 “옛사람은 여기 이르러 무엇 때문에 머물기를 즐겨하지 않았는가?” 하고 묻기를 20년 동안을 계속했으나 그의 마음에 드는 답을 한 이가 아무도 없었다고 한다.

機不離位_{하면} 墮在毒海_요 語不驚群_{하면}
기 불 리 위　　　타 재 독 해　　　어 불 경 군

陷於流俗_{이라} 忽若擊石火裏別緇素_하
함 어 유 속　　　홀 약 격 석 화 리 별 치 소

고 閃電光中辨殺活_{인댄} 可以坐斷十方
　섬 전 광 중 변 살 활　　　가 이 좌 단 시 방

하고 壁立千仞_{이리라} 還知有恁麼時節麼
　　벽 립 천 인　　　환 지 유 임 마 시 절 마

아 試擧看_{하라}
　시 거 간

기불리위(機不離位)　'마음의 작용(機)이 정해진 틀(位)을 벗어나지 않으면'의 뜻. 기(機)는 마음의 작용이고 위(位)는 정해진 자리나 틀.

타재독해(墮在毒海)　독의 바다에 떨어져 있음. 마음의 작용이 고정된 틀 속에 갇히면 결국 자유로운 삶이 불가능하다는 뜻.

어불경군(語不驚群)　말이 군중을 놀라게 할 정도가 못 되면.

함어유속(陷於流俗)　통속적인(俗) 흐름에 빠져 버림.

좌단시방(坐斷十方)　천하(十方)를 제압함.

마음의 작용이[機] 정해진 틀을[位] 벗어나지[離] 못하면[不] 독의[毒] 바다에[海] 떨어져[墮] 있음이요[在], 말이[語] 군중을[群] 놀라게 할 정도가[驚] 아니면[不] 평범한 수준에[於流俗] 떨어져 버린다[陷].

문득[忽] 만약[若] 부싯돌 치는 불꽃[擊石火] 가운데서[裏] 검고 흰 것을[緇素] 구별하고[別] 번갯불[電光] 번쩍하는[閃] 가운데[中] 죽임과 살림을[殺活] 가릴 수 있다면[辨], 천하를[十方] 제압하고[坐斷] 천 길[千仞] 벼랑을[壁] 세울 수[立] 있을 것이다[可以].

도리어[還] 이러한[恁麼] 시절이[時節] 있음을[有] 알겠는가[知~麼]? 다음의 얘기를 살펴보라[試擧看].

松江

마음이 무언가에 고정되어 있다면 이미 괴로움의 나락에 떨어져 있는 것이다. 마음이 틀에 갇힌 것은 아직 해탈의 경지가 아니기 때문이다.

누구나 다 아는 얘기를 앵무새처럼 되풀이하는 것은 어떤 감동도 줄 수 없고 새로운 길을 제시할 힘도 없는 것이다. 그것은 이미 살아 있는 언어라고 할 수가 없기 때문이다. 그러니 자신의 살아 있는 언어를 구사해야 비로소 다른 사람들을 움직이게 할 수 있다.

자료를 모아 분석하고 종합하는 것은 학자들이 흔히 하는 일이지만, 남을 해탈의 길로 인도하는 선지식은 찰나에 곧바로 해탈의 길인지 아니면 속박의 길인지를 파악할 수 있어야 하고, 순간에 상대를 긍정으로 지도할지 부정으로 인도할지를 가릴 수 있어야 한다. 이런 경지에 이른 사람이라면 천하의 그 누구도 그를 어쩔 수 없을 것이고, 아무도 넘볼 수 없는 경지에 우뚝한 사람일 것이다. 자, 과연 이런 사람이 있었던가? 다음의 본칙을 살펴보면 알게 될 것이다.

푸른 사자를 탄 문수보살 – 개화사 주지실, 대천거사 조성

중국 오대산 동대 망해사 문수보전 내의 총명문수상

擧 蓮花峰庵主가 拈拄杖示衆云호대
거 연화봉암주 염주장시중운

古人이 到這裏하야 爲什麼不肯住오 衆
고인 도저리 위십마불긍주 중

無語라 自代云 爲他途路不得力이니라
무어 자대운 위타도로부득력

復云 畢竟如何오 又自代云 楖槄橫擔
부운 필경여하 우자대운 즐률횡담

不顧人하고 直入千峯萬峯去로다
불고인 직입천봉만봉거

주장(拄杖) : 주장자. 선지식들이 법문할 때 즐겨 사용하는 지팡이.
본래면목(本來面目), 청정본성을 상징하는 말이기도 함.

즐률(楖槄) : 즐률나무는 주로 주장자를 만드는 데 사용하는 나무이
기에 '주장자'라는 뜻임.

이런 얘기가 있다[擧].

연화봉의[蓮花峰] 암주가[庵主] 주장자를[拄杖] 집어 들어[拈] 대중에게[衆] 보이며[示] 말했다[云]. "옛사람들은[古人] 여기에[這裏] 이르러서[到] 무엇[什麽] 때문에[爲] 머물려고[住] 하지[肯] 않았을까[不]?"

대중이[衆] 답을 하지 않자[無語], 자신이[自] 대중을 대신하여[代] 말했다[云].

"그들이[他] 가는 길에[途路] 소용이[得力] 없었기[不] 때문이지[爲]."

다시[復] 말했다[云].

"결국에는[畢竟] 어떻게 하는가[如何]?"

또[又] 자신이[自] 대중을 대신하여[代] 답했다
[云].

"주장자를[榔栗] 둘러멘 채[橫擔] 사람을[人]
돌아보지[顧] 않고[不], 곧장[直] 천 봉 만 봉
그 속으로[千峯萬峯] 들어간다네[入~去]."

 **松江**

〈주장자를 둘러멘 채 사람을 돌아보지 않고 천 봉 만 봉 깊은 산속으로 들어가련다.〉

이 구절은 조주선사의 법제자인 엄양존자(嚴陽尊者)가 길에서 만난 스님에게 묻고 답한 것에서 가져온 것이라고 함 ← 圜悟 評唱에서

「엄양존자가 길에서 한 스님을 만나 주장자를 집어 들고 물었다.

"이것이 무엇인가?"

"모르겠습니다."

"한 자루 주장자도 모르는군."

엄양존자가 주장자를 땅에 탁 꽂고는 물었다.

"알겠는가?"

"모르겠습니다."

"땅에 움푹 파인 구덩이도 모르는군."

엄양존자가 주장자를 둘러메고 물었다.

"알겠는가?"

"모르겠습니다."

"주장자를 둘러멘 채 사람을 돌아보지 않고 곧장 천 봉 만 봉 그 속으로 들어간다네."

깨닫지 못하고 우왕좌왕하는 이들을 위해서는 목적지를 제시해 주어야 비로소 앞으로 나아갈 마음을 낸다. 그래서 괴로움으로부터 탈출하고자 하는 사람에게는 괴로움이 없는 자리를 제시했다. 그것을 '본래의 모습[본래면목(本來面目)]'이니, '청정한 본래의 성품[청정자성(淸淨自性)]'이니, 있는 '그대로의 모습인 변하지 않는 본성[진여자성(眞如自性)]'이니 하는 표현을 했다.

객지에서 남루한 모습으로 거지 노릇을 하는 사람에게 문전옥답이 있는 고향집으로 돌아가라고 하는 것은, 고향집에서 낮잠이나 자라는 뜻이 아니다. 그러니 고향집에 돌아왔다고 끝이라는 생각을 하지는 말지라.

그럼 어떻게 해야 한다는 말인가?

고향집에 이른 사람은 타향살이도 잊어버리지만 '고향집'에도 연연하지 않는 법이다. 집이나 지키는 사람은 아직 '고향집'을 모르는 사람이다.

주장자 둘러메고 사람을 돌아보지 않는다는 것은 어떤 경지인가?

경허(鏡虛)선사께서는 오도가(悟道歌)에서 "사방을 둘러봐도 사람 따위 없는데 누가 가사와 발우를 전한다는 헛소리를 하느냐![사고무인 의발수전(四顧無人 衣鉢誰傳)]"고 일갈하셨다.

그럼 천 봉 만 봉 그 속으로 곧장 들어간다는 말은 무엇인가?

혹시 히말라야와 같은 첩첩 산중으로 숨는다고 생각했다면 그대는 지금 연화봉 암주를 오물 구덩이에 밀어 넣은 것이다.

달마대사가 마지막 모습을 보였다는 총령 파미르고원 – 어디로 가셨나

깨달으신 부처님의 발길이 향한 곳을 따라

眼裏塵沙耳裏土여
안 리 진 사 이 리 토

千峯萬峯不肯住로다
천 봉 만 봉 불 긍 주

落花流水太茫茫이라
낙 화 류 수 태 망 망

剔起眉毛何處去오
척 기 미 모 하 처 거

척기미모(剔起眉毛) 눈썹을 치켜뜸. 눈을 부릅뜨고 찾아봄.

눈[眼] 안엔[裏] 티끌모래[塵沙], 귀[耳] 속엔[裏] 흙이여[土]!

천 봉[千峯] 만 봉에도[萬峯] 머물길[住] 즐겨[肯] 않네[不].

떨어지는 꽃[落花] 흐르는 물[流水] 너무나[太] 아득해라[茫茫]

눈썹[眉毛] 치켜뜨고 찾아도[剔起] 어디론가[何處] 가 버렸네[去].

 **松江**

눈 안엔 티끌모래, 귀 속엔 흙이여!

설두 영감님은 연화봉 암주의 경지를 멋지게 표현하고 있다. 눈을 반짝이고 귀를 세우는 일이야 누군들 하지만, 눈과 귀에 티끌모래와 흙이 가득하여 바보와 같이 된 그 경지로 나아가기가 힘든 것이다.

천 봉 만 봉에도 머물길 즐겨 않네.

암주의 마지막 말을 오해할까 염려하여 설두노인은 다시 한번 뒤집어 보였다. 그는 결코 천 봉 만 봉에 머물려 한 것이 아니다. 봉우리라는 말에 놀아나지 말라. 그럼 도대체 어디로 갔다는 말인가?

떨어지는 꽃 흐르는 물 너무나 아득해라
눈썹 치켜뜨고 찾아도 어디론가 가 버렸네.

연화봉 암주는 이미 분분하게 떨어지는 꽃잎이 되고 도도히 흘러가는 물이 되어 아득할 뿐이다. 그러니 설사 눈을 부릅뜨고 찾으려 해도 그는 더 이상 모습을 보여주지 않을 것이다. 찾고자 한다면 스스로가 그 경지에 이르는 수밖에 다른 방도가 없다.

성혈사 나한전 꽃살문 – 연잎 위에서 노 젓는 동자

백장대웅봉
(百丈大雄峰)

백장스님의 대웅봉

松江

다른 곳에서는 '백장의 홀로 대웅봉에 앉았음(百丈獨坐 大雄峰)' '백장의 기특한 일(百丈奇特事)'로도 되어 있음.

설두스님께서 선택한 스물여섯 번째 얘기는 백장선사와 어떤 스님의 문답이다.

백장선사(百丈禪師, 749~814)는 마조 도일선사(馬祖道 一禪師)의 법제자인 회해(懷海)선사를 가리킨다. 회해선사에게 귀의한 사람들이 강서성(江西省) 홍주(洪州)의 대웅산(大雄山)에 대지성수선사(大智聖壽禪寺)를 세워드리니, 그곳에서 후학을 지도하셨다. 대웅산은 높고 험준하여 일명 백장산(百丈山)으로 불리기도 했는데, 그 이름을 따서 백장선사라고 존칭하게 되었다.

회해선사는 이곳에서 선원의 자세한 규칙을 제정하여 시행하였는데, 그것이 유명한 백장청규(百丈淸規)이다. 선사는 말년에도 계속 대중과 함께 작업을 하셨는데, 좀 쉬게 해드리려고 농기구를 감췄더니 그날 공양을 드시지 않으셨다. 바로 유명한 '하루 일하지 않으면 하루 먹지 않는다.'는 일일부작 일일불식(一日不作一日不食)을 몸소 보여주신 것이다.

선사의 제자로서는 중국 선종에 우뚝한 위산 영우(潙山靈祐)선사와 황벽 희운(黃檗希運)선사 등이 있다.

擧 僧問百丈호대 如何是奇特事닛고 丈
거 승문백장　　　여하시기특사　　　장

云 獨坐大雄峰이니라 僧이 禮拜하니 丈이
운 독좌대웅봉　　　승　예배　　　장

便打하다
변 타

기특사(奇特事) 기이하고 특별한 일. 흔히 쓰는 '가장 뛰어난 성스러운 진리'라는 뜻의 성제제일의(聖諦第一義)라는 말과 같은 말.

이런 얘기가 있다[擧].

어떤 스님이[僧] 백장선사께[百丈] 여쭈었다[問].

"어떤 것이[如何是] 기이하고 특별한 일입니까[奇特事]?"

백장선사가[丈] 답하였다[云].

"홀로[獨] 대웅봉에[大雄峰] 앉은 것이니라[坐]."

그 스님이[僧] 절을 하니[禮拜], 백장선사가[丈] 바로[便] 후려쳤다[打].

한 스님이 백장선사께 "어떤 것이 기특한 일입니까?"하고 여쭌 것은 가장 궁극적인 것에 대한 질문이다. 양무제도 달마대사께 "무엇이 가장 으뜸가는 성스러운 진리입니까?" 하고 질문한 일이 있다. 그때 달마대사께서는 "툭 터져서 성스럽다고 할 것이 없습니다."고 답하였다. 백장선사는 참 위대한 선지식이다. 선사는 곧바로 "홀로 여기(대웅봉)에 앉아 있는 것!"이라고 답하셨다. 이것은 석가세존의 '유아독존(唯我獨尊)'이라는 일갈과도 같은 것이다. 모든 문제의 해답은 결코 밖에 있는 것이 아니다.

이 질문은 선문답에서 대단히 자주 등장한다. 그러나 천하의 선지식에게 곧바로 이 질문을 던질 수 있는 사람이 그리 많지는 않다. 백장선사께 질문을 던진 이는 대단한 용기를 지닌 인물이다. 뿐만 아니라 어느 정도 안목도 갖춘 사람이다. 그렇기에 선사의 답을 듣자마자 큰절을 올렸다.

그에게 용기도 있었고 어느 정도의 안목도 있었으나 다음 순간 벌써 바닥을 보였으니 어쩌겠는가. 백장스님의 자비를 그가 알기는 했을까?

祖域交馳天馬駒하니
조 역 교 치 천 마 구

化門舒卷不同途로다
화 문 서 권 부 동 도

電光石火存機變이나
전 광 석 화 존 기 변

堪笑人來捋虎鬚로다
감 소 인 래 랄 호 수

조역(祖域) 조사의 영역. 달마대사로부터 시작된 중국 선의 세계.

화문(化門) 교화의 방법. 제자 또는 후학을 지도하는 방법.

서권(舒卷) 펴는 것과 마는 것. 밖으로 펼치는 것과 거두어들이는 것. 긍정하는 것과 부정하는 것.

조사의[祖] 영역을[域] 질주하는[交馳] 천리마
여[天馬駒],

지도하는 방법에서[化門] 쥐락펴락함이[舒卷]
다르구나[不同途].

신속하게[電光石火] 상황 따라[機] 바꾸는[變]
능력 있으나[存],

우습다[堪笑], 범[虎] 수염[鬚] 잡으러[捋] 온
[來] 사람이네[人].

 **松江**

조사의 영역을 질주하는 천리마여,

백장선사의 지도법은 달마조사께서 보이신 경지를 너무
나 잘 펼쳐 보임이로다.

지도하는 방법에서 쥐락펴락함이 다르구나.

후학을 지도함에 있어 놓아 주기도 하고 잡아들이기도 하
는 방법이 자재하여 다른 선사들과는 차이가 있다. 상대가
파고들 때와 예를 갖출 때의 대응을 잘 살펴보라.

신속하게 상황 따라 바꾸는 능력 있으나,

우습다, 범 수염 잡으러 온 사람이네.

질문을 던진 스님이 비록 상황 따라 대응하는 재치가 있긴
했다. 그러나 그의 능력은 거기까지였다. 천하의 호랑이 같
은 백장스님의 수염을 잡으려 하는 꼴이 되고 말았음을 어찌
하랴.

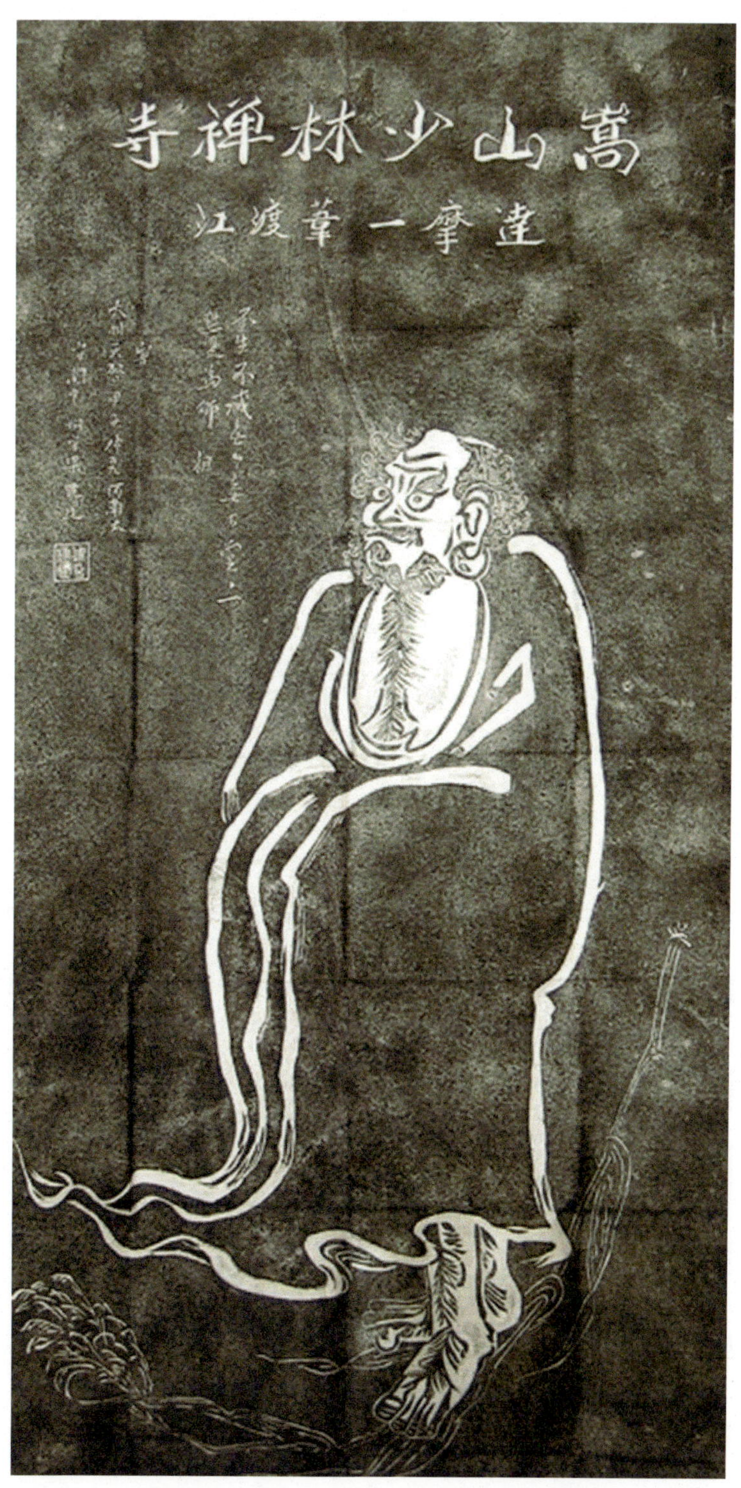

갈대를 타고 강을 건너는 달마대사

다른 곳에서는 '운문의 체로금풍(雲門體露金風)'으로도 되어 있음. '가을바람에 온몸이 드러났다'라는 뜻임.

설두스님께서 선택한 스물일곱 번째 얘기는 어떤 스님의 물음에 운문선사가 답한 것이다.

운문선사는 이미 제6칙에서 자세히 설명하였다.

垂示

問一答十하고 擧一明三하며 見兎放鷹하
문일답십　　거일명삼　　견토방응

고 因風吹火라 不惜眉毛則且置하고 只
　인풍취화　불석미모즉차치　　지

如入虎穴時는 如何오 試擧看하라
여입호혈시　여하　시거간

견토방응(見兎放鷹) 토끼를 보자 매를 풂. 꼭 필요한 때에 적절한 일을 함.

인풍취화(因風吹火) 바람을 의지해 불을 지핌. 불을 피우는 데 바람을 이용함. 아주 적절한 활용.

불석미모(不惜眉毛) 눈썹을 아끼지 않음. 이는 진리에 어긋나는 말을 하면 눈썹이 빠진다는 데서 연유한 말로, 후학을 지도하기 위해 자신의 허물을 마다하지 않음. 즉 모든 노력을 기울임.

즉차치(則且置) 곧 다음으로 미루어 문제를 삼지 않음. 자, 그건 그렇다고 치고. 자, 그건 그만해 두고.

지여(只如) 말을 바꿀 때 사용하는 표현으로 '예컨대' '그건 그렇고' 등의 뜻임.

하나를[一] 물으면[問] 열을[十] 답하고[答], 하나를[一] 거론하면[擧] 셋을[三] 밝힌다[明]. 토끼를[兎] 보면[見] 매를[鷹] 풀고[放], 바람을[風] 이용하여[因] 불을[火] 지핀다[吹].

눈썹을[眉毛] 아끼지[惜] 않음은[不] 곧[則] 그렇다 치고[且置], 예컨대[只如] 호랑이[虎] 굴에[穴] 들어갈[入] 때는[時] 어떻게 해야 할까[如何]? 다음 이야기를 잘 살펴보라[試擧看].

松江

뛰어난 선지식은 그 솜씨가 능수능란하여 후학이 알고자 하는 그 이상을 항상 밝혀 준다. 뿐만 아니라 어느 정도의 역량이 보이기만 하면 적절하게 도와서 깨달음에 이르도록 한다. 어디 그뿐이랴! 바른 길로 이끌기 위해서라면 가령 눈 밝은 이들의 빈축을 살만한 일이라도 마다하지 않는다. 그건 그렇다 치자. 만약 호랑이를 잡고자 굴로 들어간다면 어떻게 할까? 스스로 답할 수 없다면 다음 본칙을 잘 살필 일이다.

영취산 여래향실 – 부처님 꽃 한 송이 드시다

擧 僧問雲門호대 樹凋葉落時如何닛고
거 승문운문 수조엽락시여하

雲門云 體露金風이니라
운문운 체로금풍

수조엽락(樹凋葉落) 나무에 물기가 마르고 잎이 떨어짐. 늦가을 나무의 모습. 번뇌가 다 떨어지고 본체만 남음.

체로(體露) (나무의) 본체가 고스란히 드러남.

금풍(金風) 서풍 즉 가을바람. 오행(五行)에서 서쪽은 금(金)에 해당하기에 가을에 부는 서풍을 금풍이라고도 함.

이런 얘기가 있다[擧].

어떤 스님이[僧] 운문선사께[雲門] 여쭈었다[問].

"나무가[樹] 마르고[凋] 잎이[葉] 떨어진[落] 때는[時] 어떻습니까[如何]?"

운문선사가[雲門] 답하였다[云].

"가을바람에[金風] 온몸이[體] 드러났지[露]."

松江

　불교를 공부하는 사람이라면 누구나 본체 또는 본래면목을 궁금해 한다. 물론 깨닫고 나면 물을 것도 없겠지만, 아직 깨닫지 못한 상태에서는 궁금한 것을 어쩌겠는가. 하긴 썩은 동태눈만 멀뚱거리고 졸고 있는 것보단 이렇게 묻는 놈이 훨씬 더 나을 것이다.

　여기 등장한 스님은 천하의 운문선사께 본래면목에 대한 질문을 던졌다. 그러나 은유적인 표현으로 질문한 솜씨를 보면 분명 평범한 인물은 아니다.

　"나무가 삐쩍 마르고 잎이 다 떨어져 버린 때는 어떠합니까?"

　이렇게 질문하기가 그리 쉬운 일은 아니다. 참 멋진 질문 아닌가. 적어도 질문을 던질 때는 이 정도는 되어야 한다.

　이 질문에 운문선사는 아주 시원한 답을 하셨다.

　"가을바람에 온몸 드러났지."

질문한 뜻에 따라 적절한 상황을 답한 것이라고 생각했다면 이미 돌이킬 수 없는 곳으로 떨어져 버렸다.

운문선사는 뼛속까지 시원한 경지를 보여주신 것이다.

산 구름 내려앉는 가을의 풍경

問旣有宗하니 答亦有同이요
문기유종　　답역유동

三句可辨하면 一鏃遼空하리라
삼구가변　　일촉요공

大野兮凉飇颯颯하고
대야혜량표삽삽

長天兮疎雨濛濛이라
장천혜소우몽몽

君不見가 少林久坐未歸客이
군불견　　소림구좌미귀객

靜依熊耳一叢叢이로다
정의웅이일총총

문기유종(問旣有宗)　종(宗)은 근원 또는 근본. 따라서 물음 자체에 불교의 근원적인 것을 담고 있다는 뜻.

삼구(三句)　운문스님의 상수제자인 덕산 연밀(德山緣密)스님이 『운문광록(雲門廣錄)』에서 스승의 지도를 세 가지로 정리한 것.

① 함개건곤(函蓋乾坤) : 하늘과 땅을 덮고 포용한다는 뜻으로, 절대의 진리가 온 천지에 그대로 드러나 있음을 가리킴.

② 절단중류(截斷衆流) : 모든 흐름을 끊어 버린다는 뜻으로, 제자의 모든 망상을 단번에 잘라 버리는 것을 가리킴.

③ 수파축랑(隨波逐浪) : 파도를 타고 물결을 따른다는 뜻으로, 제자의 자질에 따라 가장 적절한 방법으로 지도함을 가리킴.

삽삽(颯颯)　바람이 쌀쌀하게 부는 소리.

몽몽(濛濛)　비안개가 자욱함.

웅이(熊耳)　소림사가 있는 숭산(崇山)의 다른 이름인 웅이산.

질문에[問] 이미[旣] 근본이[宗] 있으니[有],

답에도[答] 또한[亦] 같은 것이[同] 있구나[有].

세 구절이[三句] 가히[可] 헤아려진다면[辨],

한[一] 화살이[鏃] 멀리[遼] 허공이로다[空].

넓은 들녘이여[大野兮], 서늘한[凉] 바람[飈]

쌀쌀히 불고[颯颯],

아득한 하늘이여[長天兮], 성근[疎] 비[雨] 자

욱하구나[濛濛].

그대[君] 보지[見] 못하는가[不]!

소림에[少林] 오래[久] 앉아[坐] 돌아가지[歸]

않은[未] 객[客],

고요히[靜] 웅이산[熊耳] 한[一] 숲속에[叢叢]

살아 있음을[依].

松江

질문에 이미 근본이 있으니,
답에도 또한 같은 것이 있구나.

"나무가 삐쩍 마르고 잎이 다 떨어져 버린 때는 어떠합니까?"라는 질문도 근본을 지적하고 있는 것이고, "가을바람에 온몸 드러났지."라는 답 또한 본질을 확연히 드러낸 답이라는 것이다.

세 구절이 가히 헤아려진다면,
한 화살이 멀리 허공이로다.

설두스님은 운문스님의 답에 온 천지가 진여의 모습임을 드러낸 가르침과, 수행자의 일체 분별을 다 끊어버리는 가르침과, 자질에 맞춰 적절히 지도하는 가르침의 세 가지가 다 갖춰져 있음을 지적하고 있다. 만약 이 도리를 분명히 보았다면, 운문의 심장을 관통하여 허공으로 나를 수 있을 것이다.

넓은 들녘이여, 서늘한 바람 쌀쌀히 불고,
아득한 하늘이여, 성근 비 자욱하구나.

설두 영감님은 운치를 아는 분이다. "가을바람에 온몸 드러났지."라는 운문스님의 답을 이처럼 멋지게 풀어 놓다니. 스스로 그와 같은 경계를 맛보지 못한 이라면, 아마도 쌀쌀한 바람과 비를 이기지 못해 심한 감기만 앓게 될 것이다.

그대 보지 못하는가!
소림에 오래 앉아 돌아가지 않은 객,
고요히 웅이산 한 숲속에 살아 있음을.

설두노인의 자비심은 거의 노파가 집 나간 환갑 지난 아들 염려하는 수준이다.
이미 앞에서 지나칠 정도로 친절을 베풀었건만, 이제 다시 달마조사의 경계에 빗대어 일깨워 주려고 하고 있다.

허공을 유유히 날고 있는 히말라야의 황금 독수리

제28칙

불시심 불시불 불시물
(不是心 不是佛 不是物)

마음도 부처도 사물도 아님

松江

다른 곳에서는 '남전의 말하지 못한 진리(南泉不說底法)'
'열반화상의 모든 성인(涅槃諸聖)' 등으로도 되어 있음.

설두스님께서 선택한 스물여덟 번째 얘기는 남전 보원선
사와 백장 열반화상의 대화이다.

남전 보원(南泉普願, 748~834)선사는 마조 도일(馬祖道
一)선사의 법제자이며 조주선사의 스승이시다. 조주스님에게 '평상심시도(平常心是道)'의 가르침을 설파하셨다. 또 동당과 서당의 스님들이 고양이의 소유권으로 시끄럽게 하자, "누구라도 적절한 말을 한마디 한다면 이 고양이를 살려 주겠다."고 하였으나 아무도 답을 하지 못하자 바로 칼로 고양이를 두 동강 내었다는 선사이시다.

백장 열반(百丈涅槃)화상은 마조선사의 법제자인 백장 회해(百丈懷海, 720~814)선사의 제자인 백장 유정(百丈惟政)화상이다. 회해선사의 뒤를 이어 백장산의 제2대 책임을 맡았던 상수제자였으며, 황벽선사 등도 존경했던 분인데, 열반경에 정통하였기에 흔히 열반화상으로 존칭되었다. 정확한 전기는 전하지 않는다.

남전스님이 열반스님의 스승인 백장 회해선사와 사형제가 되기에 열반화상의 사숙(師叔 – 삼촌)이 된다. 그러나 대화의 표현을 보면 남전스님이 열반화상을 어른 대접하고 있고, 자신을 낮추고 있음을 볼 수 있다. 미루어 짐작건대 열반화상이 나이가 많거나 선배이기 때문이라고 볼 수 있다.

擧 南泉參百丈涅槃和尙한대 丈問 從
거 남전참백장열반화상　　　장문 종

上諸聖이 還有不爲人說底法麽닛가 泉
상제성　　환유불위인설저법마　　　전

云 有니다 丈云 作麽生是不爲人說底
운 유　　　장운 자마생시불위인설저

法이닛가 泉云 不是心不是佛不是物이
법　　　　전운 불시심불시불불시물

니다 丈云 說了也닛가 泉云 某甲只恁麽
　　　장운 설료야　　　전운 모갑지임마

어니와 和尙作麽生이닛고 丈云 我又不是
　　　　화상자마생　　　　장운 아우불시

大善知識이거니 爭知有說不說이리오 泉
대선지식　　　쟁지유설불설　　　　전

云 某甲不會니다 丈云 我太煞爲儞說
운 모갑불회　　　장운 아태쇄위이설

了也니다
료 야

남전(南泉) '남천'으로 읽으면 안 됨.

참(參) 보통은 아랫사람이 어른을 찾아뵙고 가르침을 청한다는 뜻으로 쓰이지만, 여기에서는 방문하였다고 풀이하는 것이 좋음.

태쇄(太煞) 매우, 심히.

이런 얘기가 있다[擧].

남전스님이[南泉] 백장 열반화상을[百丈涅槃和尙] 방문하였는데[參], 백장스님이[丈] 물었다[問].

"예로부터[從上] 모든[諸] 성인이[聖] 도리어[還] 사람들을[人] 위해[爲] 설명하지 못한[不說底] 진리가[法] 있습니까[有麽]?"

남전스님이[泉] 답하였다[云].

"있습니다[有]."

백장스님이[丈] 물었다[云].

"어떤 것이[作麽生] 곧[是] 사람들을[人] 위해[爲] 설명하지 못한[不說底] 진리입니까[法]?"

남전스님이[泉] 답하였다[云].

"마음도 아니요[不是心], 부처도 아니며[不是

佛], 사물도 아닙니다[不是物].”

백장스님이[丈] 물었다[云].

“다 말씀하신 것입니까[說了也]?”

남전스님이[泉] 말하였다[云].

“저는[某甲] 다만[只] 이렇습니다만[恁麼] 스님께서는[和尙] 어쩌합니까[作麼生]?”

백장스님이[丈] 답하였다[云].

“나[我] 또한[又] 곧[是] 대선지식이[大善知識] 아니거니[不] 어찌[爭] 설명할 수 있었는지[有說] 설명할 수 없었는지를[不說] 알겠습니까[知]?”

남전스님이[泉] 말하였다[云].

“저는[某甲] 모르겠습니다[不會].”

백장스님이[丈] 말하였다[云].

“내가[我] 스님에게[爲儞] 너무 많이[太煞] 말했습니다[說了也].”

열반화상을 방문한 남전스님은 아마도 스승 마조선사로
부터 인정을 받은 후 자기의 소견을 거침없이 펼치는 단계에
있었던 것으로 보인다. 이것을 간파한 열반스님이 단도직입
적으로 물었다.

"모든 성인이 설명할 수 없었던 진리가 있을까요?"

여기에 대해 남전스님은 자신만만하게 답하였다.

"그것은 마음도 부처도 사물도 아닙니다."

이건 이미 모든 성인이 다 밝혔던 내용이다. 전혀 새로울
것이 없다. 그래서 열반화상은 바로 몰아쳤다.

"다 말한 것입니까?"

아마도 이 물음을 받는 순간 남전스님은 오싹했을 것이다.
하지만 자신의 실수를 정확히 안다면 얼마든지 만회할 수도
있는 법이다.

남전스님은 바로 공격자세를 취했다.

"그럼 스님은 뭐라고 하시겠습니까?"

　열반화상께서 얼마나 능수능란한지를 보여주는 대목이 전개된다.

“나야 뛰어난 사람도 아닌데 어찌 그런 것을 알겠습니까?”

이번에는 남전스님도 당하고만 있지는 않는다. 다시 열반화상을 몰아붙였다.

“저는 스님의 말씀을 모르겠는데요.”

이쯤 되면 열반화상도 남전스님을 인정할 수밖에 없겠다. 그래서 손을 거두어 버린다. 번개와 같이 빠른 솜씨다.

“그러고 보니 나도 참 말을 너무 많이 했습니다.”

남전 보원선사 진영

祖佛從來不爲人이어늘
조 불 종 래 불 위 인

衲僧今古競頭走로다
납 승 금 고 경 두 주

明鏡當臺列像殊라
명 경 당 대 열 상 수

一一面南看北斗니라
일 일 면 남 간 북 두

斗柄垂하니 無處討로다
두 병 수　　　무 처 토

拈得鼻孔失却口하리라
염 득 비 공 실 각 구

조불(祖佛) 조사님과 부처님.

불위인(不爲人) 본칙의 불위인설(不爲人說). 사람들에게 설하지 않은 것.

납승(衲僧) 누더기를 입은 스님. 수행자.

두병(斗柄) 북두칠성을 국자 모양으로 보았을 때 그 자루가 되는 자리에 있는 세 개의 별.

무처토(無處討) 찾을 곳이 없음. 찾을 수 없음.

비공(鼻孔) 본래면목, 실상(實相).

조사님과[祖] 부처님이[佛] 이제껏[從來] 사람
[人] 위해[爲] (설하지) 못했는데[不],
수행자들[衲僧] 예나[古] 지금이나[今] 앞다투
어[競頭] 내닫누나[走].
밝은 거울[明鏡] 대에[臺] 걸리면[當] 차례차례
[列] 형상이[像] 다른데[殊],
모두가[一一] 남쪽을[南] 향해서[面] 북두칠성
을[北斗] 보는구나[看].
북두의[斗] 자루가[柄] 기우니[垂]
찾을[討] 곳이[處] 없도다[無].
콧구멍을[鼻孔] 잡으니[拈得] 입을[口] 잃게 되
는구나[失却].

 **松江**

조사님과 부처님이 이제껏 사람 위해 (설하지) 못했는데,
수행자들 예나 지금이나 앞다투어 내닫누나.

꿀맛은 꿀을 먹은 사람만 안다. 꿀을 먹어 보지 못한 이에
게는 어떤 설명으로도 그 맛을 전해줄 수가 없다. 깨달음의
경지가 말로 전해질 수만 있다면야 어느 누가 목숨을 걸고
수행하겠는가. 그렇지만 수행자들 또한 그 자리에 이를 때까
진 이런 분석 저런 짐작으로 부질없는 논쟁을 일삼으며 밖에
서 그 경지를 찾으려 내닫는다.

밝은 거울 대에 걸리면 차례차례 형상이 다른데,
모두가 남쪽을 향해서 북두칠성을 보는구나.

거울은 있는 그대로를 비춰줄 뿐이다. 거울은 분석하고 취
사선택하지 않는다. 소가 지나가면 소를 비춰 보이고, 말이
지나가면 말을 비춰 보일 뿐이다. 그러나 그 거울이 엎어져

있다면 그 무엇도 비춰 보일 수 없다.

그런데 거울에 비친 영상들이 진짜일까? 진짜를 보려면 거울마저도 깨뜨려 버려야 한다. 그게 가능한 일인가? 잘 살펴봐야 한다. 만약 거울을 깨뜨릴 수 없다면 남쪽을 향해서 절대로 북두칠성을 볼 수 없을 것이다. 하지만 거울을 깨뜨려버릴 수 있다면 어디를 향하건 그 무엇인들 보지 못하랴.

북두의 자루가 기우니, 찾을 곳이 없도다.
콧구멍을 잡으니 입을 잃게 되는구나.

북두칠성 찾는 것도 어두운 밤에나 하는 일이다. 날이 밝은 뒤에는 그 누구도 북두칠성을 찾으려 하지 않는다. 찾을 필요가 없기 때문이다. 콧구멍을 낚아채 확연히 깨달았다면 더 이상 떠들 필요가 없다. 그거야말로 부질없는 짓이기 때문이다. 마음이 서로 통한 사람이라면 눈빛만으로도 모든 말을 대신할 수 있다.

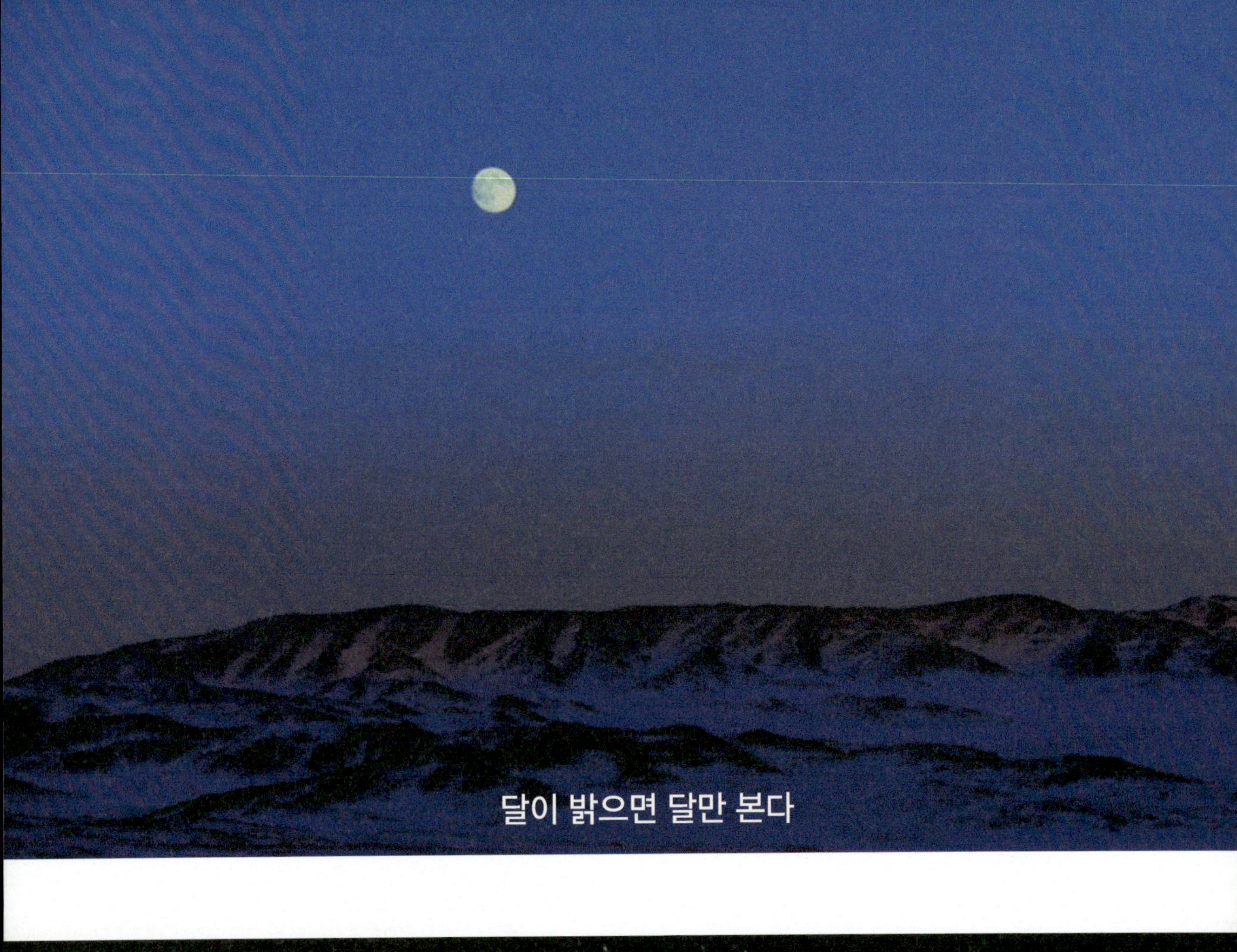
달이 밝으면 달만 본다

어둠이 사라지면서 별빛도 사라진다

해가 뜰 때면 이미 별빛은 사라지고 없다

제29칙

대수겁화통연
(大隋劫火洞然)

대수스님의 활활 타는 겁의 불길

松江

　다른 곳에서는 '대수스님의 겁의 불길(大隋劫火)' '대수스님의 그렇게 되고 말지(大隋隨他去)'로도 되어 있음.

　설두스님께서 선택한 스물아홉 번째 얘기는 당말(唐末)의 대수 법진(大隋法眞)선사가 어떤 스님의 질문에 답한 내용이다.

　대수선사(834~919)는 사천성(四川省) 염정현(鹽亭縣)

출신이다. 혜의사(慧義寺)에서 출가하였고, 60여 선지식을 참방하였다고 한다. 위산 영우선사의 회하에 있을 때는 아궁이의 불을 책임지는 화두(火頭) 소임을 보았는데, 위산스님이 어느 날 물었다.

"자네는 여기 온 지 여러 해가 되었는데 아무 것도 묻지를 않는구나."

"제가 무엇을 물어야 할까요?"

"잘 모르겠다면 무엇이 부처인지를 묻도록 해라."

대수스님이 손으로 위산선사의 입을 막아버렸다. 그러자 위산스님이 감탄하였다.

"자네 이후로도 모든 것을 쓸어버리는 사람을 만날지 모르겠군."

복주 대안(福州大安)선사의 법을 이어받고 사천성으로 돌아가 붕구산(堋口山)으로 가는 길목에서 찻집을 열고는 3년간 길손을 대접하였다. 이후 대수산(大隋山)에 주석하면서 후학을 지도하였다.

魚行水濁하고　鳥飛毛落이라　明辨主賓
어행수탁　　조비모락　　명변주빈

하고　洞分緇素하면　直似當臺明鏡이요　掌
통분치소　　직사당대명경　　장

內明珠라　漢現胡來하고　聲彰色顯하나니
내명주　　한현호래　　성창색현

且道하라　爲什麼如此오　試擧看하라
차도　　위십마여차　　시거간

주빈(主賓) 주인과 손님. 주객(主客)이라고도 함.

　주(主)는 선지식, 선사(禪師), 정(正), 이치(理致) 등.

　빈(賓)은 학인(學人), 제자(弟子), 편(偏), 현상(現象) 등.

통분(洞分) 분명하게 구분함.

치소(緇素) 검은 것과 흰 것. 승속(僧俗)이라는 뜻으로도 쓰임.

직사(直似) 마치~처럼. 마치~ 같다.

수시

물고기가[魚] 헤엄치면[行] 물이[水] 흐려지고
[濁], 새가[鳥] 날면[飛] 깃털이[毛] 떨어진다
[落]. 주인과[主] 손님을[賓] 확실히[明] 판별
하고[辨] 검은 것과[緇] 흰 것을[素] 분명하게
[洞] 구분하면[分], 마치[直] 대에[臺] 있는[當]
밝은[明] 거울[鏡] 같고[似], 손바닥[掌] 안의
[內] 밝은[明] 구슬[珠] 같다[似]. (한나라 사람이
오면) 한나라 사람이[漢] 나타나고[現] (오랑캐
가 오면) 오랑캐가[胡] 보이며[來], 소리로[聲]
나타나고[彰] 모양으로[色] 드러난다[顯]. 말해
보라[且道]. 어째서[什麼] 이렇게[如此] 되는가
[爲]? 다음 이야기를 살펴보라[試舉看].

 松江

아무리 은밀한 일이라도 밝게 보면 다 드러나게 되어 있다. 마치 물이 흐려지면 물고기가 움직였음을 알 수 있는 것 같고, 새의 깃털이 머리 위에서 내려온다면 금방 새가 날아올랐음을 알 수 있는 것과 같다. 이 정도야 그리 어려운 일이 아니지 않은가. 아하! 현실적으로는 그런 사람이 흔치 않다는 것이니 어쩌랴.

근본 원리를 분명히 알 뿐만 아니라 그로 인해 일어나는 갖가지 차별적 현상을 자세히 구분할 수 있다면, 마치 흠 하나 없는 완벽한 거울이 제자리에 있는 것과도 같고, 원하는 모든 것을 다 보여주는 여의주를 손에 지닌 것과도 같은 것이다.

아무 의미 없이 나타난 영상이 없고, 그냥 일어난 소리 하나 없다. 어느 모양인들 홀로 그렇게 있는 것이 아니다. 그러니 눈을 번쩍 뜨고 제대로 보라. 부처님 손바닥 안이라는 말을 알게 될 것이다.

이 장면 하나로 어디까지 볼 수 있는가

이 속에서도 있는 그대로를 읽을 수 있을까

보여주는 것과 보여주지 않은 것이 함께 있다

擧 僧問大隋호대 劫火洞然에 大千俱
거 승문대수　　　겁화통연　　　대천구

壞라 未審這箇壞不壞오 隋云 壞니라 僧
괴 미심저개괴불괴　수운괴　　　승

云 恁麼則隨他去也닛가 隋云 隨他去
운 임마즉수타거야　　　수운 수타거

니라

겁화(劫火) 이 세상이 허물어질 때에는 큰불이 일어나 모든 것을 태우다고 하는데, 그때의 불을 겁화라고 함. 겁(劫)은 범어 kalpa를 소리대로 옮긴 것이며, 이 세상이 무너질 때를 괴겁(壞劫)이라고 함.

통연(洞然) 막힘없이 탁 트이어 밝고 환함. 여기서는 불이 활활 타는 것.

대천(大千) 대천세계(大千世界)의 줄임말. 태양계×1000×1000×1000으로 우주 전체를 일컫는 불교의 용어.

저개(這箇) 이것. 본래면목, 불성, 본성, 진여 등을 가리킴.

수타거(隨他去) (앞에서 말한) 겁화에 의해 무너지는 것을 따른다. 겁화에 의해 무너진다.

이런 얘기가 있다[擧].

어떤 스님이[僧] 대수선사께[大隋] 여쭈었다[問].

"세상이 허물어질 때의 큰불이[劫火] 활활 타오르면[洞然] 이 우주가[大千] 함께[俱] 무너진다는데[壞], '이것'(본래면목)도[這箇] 무너지는지[壞] 무너지지 않는지를[不壞] 잘 모르겠습니다[未審]."

대수스님이[隋] 답하였다[云].

"무너진다[壞]."

그 스님이[僧] 여쭈었다[云].

"그러면[恁麼] 곧[則] (이것도) 겁화에 의해 무너지는 것을[他] 따르는 것이군요[隨~去也]?"

대수스님이[隋] 답하였다[云].

"겁화에 의해 무너지는 것을[他] 따르느니라[隨
~去]."

  부처님과 선지식들의 말씀을 잘못 들으면 엉뚱한 곳에 가버린다. 예컨대 부처님께서 "어리석은 중생들의 삶은 괴롭다(一切皆苦)." 고 가르치신 것에 대해 '깨달아야 괴로움에서 벗어난다.'는 가르침의 핵심은 모르고, '세상은 본래 괴로운 것이다'고 오해하는 것이다.

  대수스님께 질문한 스님도 전혀 엉뚱한 곳을 짚고 있다. '겁화통연(劫火洞然) 대천구괴(大千俱壞)'라는 말은 이 우주 또한 연기(緣起)의 법칙에 따라 이루어지고, 유지되다가, 허물어지고, 빈 상태를 되풀이한다는 것을 설명하는 한 대목이다. 그중에서도 '우주도 겁화에 허물어진다.'는 예를 들고 있는 까닭은, 게으름 피울 여유가 없으니 서둘러 수행해서 깨달으라는 뜻이다. 그럼에도 불구하고 이 스님은 여전히 허물어지는 현상을 벗어나지 못하고 있다. 만약 자신이 원하는 것을 찾아가는 것에 전심전력하는 사람이라면 길이 먼 것을 염려하지 않고, 찾지 못했을 경우를 가정해서 미리 걱정하지 않는다.

　아직 인식의 범주에 속하고 있는 경지는 허물어지는 현상을 벗어날 수 없다. 그것을 대수선사는 일깨워 주셨다. 그러나 이 친구 아직도 꿈속을 헤매고 있다. 대수선사께서 가르쳐 준 곳을 보지는 못하고 제가 보는 것에만 연연하고 있는 것이다. 물론 그 경지는 겁화에 무너지고 말지!

고구려 고분벽화 – 상상도 하나의 관문이다

劫火光中立問端하니
겁 화 광 중 립 문 단

衲僧猶滯兩重關이라
납 승 유 체 양 중 관

可憐一句隨他語여
가 련 일 구 수 타 어

萬里區區獨往還이로다
만 리 구 구 독 왕 환

립문단(立問端) 질문의(問) 실마리를(端) 세움(立). 질문을 함. 질문을 던짐.

양중관(兩重關) 두 겹의 관문. '이것'이라는 본질과 '겁화에 대천세계가 허물어지는 것'의 현상이라는 두 가지 관문.

구구(區區) 떳떳하지 못하고 구차함.

겁의 불길[劫火] 활활 타는 속에[光中] 질문을 던지니[立問端]

수행자[衲僧] 오히려[猶] 두 겁의 관문에[兩重關] 갇히네[滯].

가련하다[可憐] 한마디[一句] 그것을[他] 따른다는[隨] 말에[語]

만 리 길[萬里] 구차하게[區區] 홀로[獨] 오고 가누나[往還].

손가락만 바라보면 바보가 된다. 안내도에만 집착하면 실체에 이를 수 없다. 공부하는 사람이 언제나 잊지 말아야 할 바이다. 스님이 비록 중요한 문제를 언급하긴 했으나 손가락의 가락지에 속고 말았다. 가락지도 잊고 손가락에도 머물지 않아야 달을 볼 수 있다. 설두스님이 질문한 스님에 대해 안타까워하는 대목이다.

대수선사가 기껏 "멍청한 짓 하지 말라!"고 일깨워 주었으나, 이 친구 다시 한번 더 멍청한 짓을 하는구나. 그러니 대수선사의 번개 같은 솜씨를 피할 길이 없었구나.

결국 이 친구 아직 문밖 먼 곳에서 서성이고 있다고 설두스님은 재차 안타까워하셨다.

수행자도 관문에 갇힌다 – 갠지스의 힌두 수행자

벽암록 맛보기 상권
(1칙~29칙)

글, 사진	시우송강 時雨松江

표지 그림	방혜자
발행일	2025년 6월 25일
펴낸곳	도서출판 도반
펴낸이	김광호
편집	김광호, 이상미
대표전화	031-983-1285
이메일	dobanbooks@naver.com
홈페이지	http://dobanbooks.co.kr
주소	경기도 김포시 고촌읍 신곡리 1168번지